병자호란 47일의 굴욕

세 번 절하고 아홉 번 머리를 조아리다

병자호란 47일의 굴욕

윤용철 지음

말글빛냄

병자호란, 다시 그 전장(戰場)으로 가다.

병자호란은 우리 역사에 있어서 가장 치욕적인 사건 중의 하나이다. 역사 이래 많은 외침을 당하고 국권 침탈 등의 수난을 당하긴 했지만, 우리나라의 국왕이 공개적으로 외국의 왕에게 무릎을 꿇고 항복의 머리를 조아린 사례는 없었다. 물론 백제의 의자왕과 고구려의 영류왕이 당나라에 포로로 잡혀간 일은 있지만 그 이후의 사실은 알 길이 없을 뿐이다.

그런데도 병자호란과 관련된 국내의 도서는 찾아보기가 쉽지 않다. 물론 많은 논문집들이 있긴 하지만 일반 대중을 위한 도서는 드물다. 이는 대중의 정서에 내재되어 있는 치욕의 역사에 대한 거부 반응 때문이기도 할 것이다.

따라서 일반인이 기억하고 있는 병자호란에 대한 지식은 매우 협소할 수밖에 없다. 단지 남한산성으로의 피난과 삼전도의 항복, 그리고 주화파와 척화파에 대한 개념 정도에 머물고 있는 게 사실이다.

역사적 사건은 늘 무수한 이야깃거리를 파생해 낸다. 그렇게 파생되어 흘러넘치는 이야기들이 야사로 정리되어 진실처럼 호도되기도 한다. 이 책은 그러한 부분에 철저히 눈을 감았다. 따라서 가능한 글쓴이의 추론을 삼가고 기록을 통한 사실 전달에 주력하고자 했다.

이 책은 병자호란 당시 남한산성의 식량관리를 책임지고 있던 양향사 나만갑의 〈병자록〉과 정사(正史)인 〈조선왕조실록〉, 그리고 정약용이 정리한 〈임진왜란과 병자호란〉을 토대로 병자호란 47일을 재구성하여 정리한 것이다. 병자호란이 일어나게 된 원인에서부터 남한산성으로 피난해 있던 47일간의 기록과 그 이후 전란으로 야기된 이야기를 시간별·사건별·주제별로 나누어 정리했다.

이 책 내용의 주 토대가 된 〈병자록〉의 저자 나만갑은 전란 당시 남한산성에서 군량과 물품 관리를 책임지고 있던 양향사였다. 이는 〈병자록〉의 진실성에 대한 대단히 중요한 의미를 지닌다. 임금을 보좌하는 최측근 중의 측근이라는 직책이었기 때문이다. 남한산성 47일 동안 그는 거의 인조의 곁에서 떠나지 않았다. 따라서 그는 산성 안에서 일어났던 이야기들을 직접 접하고 이를 일기 형식으로 기록할 수 있었을 것이다. 물론 〈병자록〉 말고도 한참 후에 저술된 〈산성일기〉가 있긴 하지만 이는 〈병자록〉의 축약본에 불과하다. 어느 궁녀가 썼다고 알려진 이 〈산성일기〉는 전체적인 내용과 문맥의 흐름을 볼 때 후세의 어느 누가 〈병자록〉을 참고로 하여 일반이 알기 쉽게 언해본으로 정리한 것으로 추측된다. 물론 이것은 나의 개인적인 생각이다. 일개 궁녀의 신분으로서 모든 조정 회의와 상소문을 접할 수는 없었을 것이기 때문이다. 정약용이 쓴 〈임진왜란과 병자호란〉 역시 이 범주를 벗어나지 못한다. 내용의 대부분이 〈병자록〉에서 발췌했다고 밝히고 있기 때문이다.

〈조선왕조실록〉 역시 이 책을 엮는데 있어 매우 중요한 자료였음을 밝힌다. 〈조선왕조실록〉은 그야말로 가장 신뢰할 수 있는 조선조의 정사 기록이다. 추상같던 사관들에 의해 해당 왕대의 초록을 거쳐 왕 사후에 기록된 것이기 때문이다. 결국 이 두 기록이 이 책 〈병자호란 47일의 굴욕〉의 근간이다.

이러한 병자호란에 대한 기록들은 후세의 우리에게 무참할 정도로 치욕스럽고 굴욕감을 느끼게 한다. 나아가 당시 조선의 왕과 대신들이 지니고 있던 사고의 일단에 대해 분노를 넘어서 아예 슬프기까지 하다.

조선은 국초부터 명에 대해서는 사대를, 왜와 여진에 대해서는 교린이라는 정책을 시행해 왔다. 그러나 임진왜란은 지금까지 표면적이고 형식적이었던 대명관계를 실직적인 대명 숭배의 관계로 변화시켰다. 임진왜란에서 조선을 구해준 명은 어버이의 나라였고, 만주를 정복하고 명을 남쪽으로 밀어 붙이면서 대륙의 새로운 강자로 떠오르던 여진은 조선에게 있어 여전히 오랑캐의 일개 부족이었을 뿐이다.

선조 사후, 광해군이 집권하자 잠시 실리적인 등거리 외교를 시행하긴 했지만, 인조반정은 오히려 대명 사대를 국가의 최고 명분으로까지 격상시켰다. 당시 인조를 중심으로 한 정책 담당자들은 비록 국가는 망하더라도 대의명분, 즉 명나라에 대한 의리는 지켜야 한다는 극단적인 명분론을 전개했다. 이러한 조선의 태도는 현실을 직시하지 못했고, 혹시 직시했다 해도 조선이 동쪽 변방의 작은 중국이라는 자부심을 넘어설 수는 없었다. 그럼에도 전란에 대한 구체적인 대비안도 행동도 제시하지 못했다. 결국 이것이 스스로 병자호란을 불러오게 한 근본 원인이 되었던 것이다.

왜란과 호란을 비교하면 현실적인 피해는 왜란이 훨씬 컸으나, 이후에 미친 정신적, 이념적 영향은 호란이 훨씬 크다 하겠다. 명분의 시대에 명나라에 대한 명분을 어긴 윤리적 죄책감이 그 이후의 시대정신을 지배했기 때문이다.

그런데 여기서 우리가 짚고 넘어가야 할 것이 있다. 40여 년 전의 임진란 당시에는 전국 각처에서 의병과 승군이 일어나 전란에 맞섰으나, 병자호란 시에는 거의 의병조차 일어나지 않았다. 의병이 적과 맞서 싸웠다는 기록은 어디에도 없다. 더구나 군대는 싸울 의지도 없었고, 군사는 도망가기에 바빴다. 다만 전라도 지방에서 의병을 모아 진격을 준비한 적은 있지만 이는 이미 항복한 이후였다. 물론 3일 만에 서울을 점령한 청의 질풍 같은 기세에 대비책도 전무했던 상황이었고 보면 대항 자체가 무모할 수밖에 없었을 것이다.

또한 40년 전의 왜란과 10여 년 전의 정묘호란을 겪은 백성들은 지칠 대로 지쳐 있었고, 당시의 후손들은 전쟁에 참여한 선조들의 죽음으로 인해 질곡의 삶에서 벗어나지 못하고 있었을 것이다. 일제시대, 독립투사 후예들의 고단한 삶에서 우리는 그 시대를 되짚어 이해할 수가 있다. 또한 그 시대의 백성들의 무기력은 곧 임금과 정권에서 비롯된 것이 었다. 백성이야 오직 종묘사직과 임금을 위해 존재한다는 전근대 봉건적 사고 하에서 민초들은 말 그대로 짓밟히고 뭉개지는 여린 풀잎에 불과 했다.

이 책을 엮으면서 당시 임금과 조정 대신들의 형태에 말 할 수 없는 분노와 서글픔까지 갖게 된 것은 사실이지만, 또한 현재의 잣대로 그 시대를 논단하는 것도 무리라는 것을 안다. 어느 시대나 그 시대 전반을 아우르는 이념과 명분과 규범이 있을 수밖에 없다.

그러나 그러함에도 불구하고 아쉬운 것은 명분론에 잡혀 대책도 없이 척화만을 외치면서 수많은 백성을 죽음과 고통의 질곡으로 내본 당시의 척화 대신들의 행태와 오늘날 남북 대치 상황 아래에서 명분을 위한 대결과 전쟁불사 정책을 주장하는 정치인들을 동렬에 놓고 볼 수밖에 없음이다.

가끔 등산 겸 남한산성을 오른다. 감히 적이 근접할 수 없는 지형, 천연의 요새다. 성벽을 따라 나 있는 등산로를 걷다보면 1636년 12월 14일에서 1637년 1월 30일에 이르기까지 혹한의 겨울에 굶주리고 추위에 얼어붙은 병사들의 얼굴이 길목 곳곳에서 나를 맞이한다. 고통과 비통의 한숨이 아직도 산성 골골마다 성벽마다에서에서 새어 나오는 것 같다.

그분들에게 이 책을 바친다.

2013년 11월 2일
윤용철

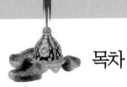

목차

1부
전운이 감도는 조선의 산하

남한산성 동문

1장. 병자호란은 왜 일어났는가
2장. 용골산 봉수대에 봉화가 올랐는데…

명나라를 남쪽으로 밀어 붙이고, 명나라 수도였던 심양까지 점령한 청나라는 조선에게 기존의 형제지국이 아닌 군신지국을 요구해왔다. 당시 조선은 비록 형식적으로 청나라와 형제지국을 맺고 있었지만, 지난 300여 년 동안 명나라와 군신의 관계를 유지하고 있었기 때문에 청나라의 칸을 황제로 받아들일 수 없는 상황이었다. 그만큼 조선과 명나라는 군신의 관계로 굳게 맺어 있었고, 모든 대신과 사대부가 중국을 어버이의 나라로 칭하고 있어, 이를 배반한다는 것은 곧 시대의 윤리인 명분을 어기는 것으로 여겼다.

1장
병자호란은 왜 일어났는가

명나라를 받들 것인가, 후금을 따를 것인가

조선은 개국 초부터 대외적으로는 명(明)나라에 대해서는 사대를, 왜와 여진에 대해서는 교린이라는 일정한 관계를 유지해 왔다. 그러나 16세기 말의 임진왜란은 동북아 질서에 급격한 변화를 몰고 왔다. 임진왜란 때 수년간 조선에 군대를 파견한 명나라는 왜란이 끝난 후 국력 소모로 인해 쇄락해 가고 있었고, 이 틈을 이용해 여진은 만주를 정벌하고 중원을 넘볼 정도로 흥기하고 있었다. 조선은 임진왜란 때 원군을 보내준 명에 대하여 기존의 사대를 넘어 아예 어버이의 나라, 은혜의 나라로 규정지었고, 그것은 곧 그 시대를 관통하는 명분이었으며, 윤리였고 이념이었다. 그것을 벗어나는 것은 용납이 되지 않았다. 따라서 현재의 잣대로 그 시대를 규정하고 비판하는 것은 분명 무리가 있다.

어느 시대 어느 사회나 그 시대를 유지하고 존속시키는 명분과 이념이 있기 때문이다. 그러나 그렇다 할지라도 조선은 당시 국제질서의 재편에 고개를 돌렸고, 더구나 역사 이래 조선의 말발굽 아래에 있었던 여진을 오랑캐라는 이름으로 철저히 무시했다. 그러한 여진이 추장 누르하치가 등장하면서 동북아 질서를 통째로 흔드는 세력으로 떠올랐다.

1616년(광해군 8년), 여진족의 추장 누르하치(청의 고황제, 태조)는 칸(汗)이 되어 후금(後金)이라는 나라를 세우고 스스로를 황자라 일컬었다. 힘을 키운 누르하치는 1621년에 명나라의 심양과 요양을 무너뜨리고 도읍을 심양으로 옮겼다. 이어 1626년, 누르하치가 산해관으로 쳐들어갔는데 이때 명나라 장수 원숭환에게 대패, 그의 군사가 전몰하다시피 하였다. 그일로 인해 누르하치는 화병으로 등창이 나서 죽고 말았다. 누르하치는 죽기 전에 세자인 귀영개가 황위를 이어받도록 유시를 내렸으나, 귀영개는 아우 홍타시의 황권에 대한 야망을 미리 간파하고 두려워하여, 그에게 황위를 양보하고 만다.

조선 역시 임진왜란이 끝나자 세자의 책봉 문제로 의론이 분분하다가 결국 장자인 임해군이 성질이 포악하고 임금의 자질에 문제가 있다하여, 그의 동생인 광해군을 책봉하기에 이른다. 이때 명나라는 대명률에 의해 장자 계승이 원칙이라며, 조선의 세자 책봉을 한동안 허락하지않았다. 우여곡절 끝에 광해군을 세자로 인정했지만, 광해군의 마음속에는 이미 명나라에 대한 서운함이 가득했다. 선조가 죽고 광해군이 등극하자, 광해는 그 서운함을 명나라와 후금에 대한 등거리 외교로 활용했다. 이는 또한 당시의 정세로 보아 대단히 실리적인 정책이기도 했다. 그러나 명분론에 사로잡혀 있던 조선 조정의 대체적인 여론은 광해의 등거리 외교 정책을 어버이의 나라 명에 대한 배은망덕으로 받아들일 수밖에 없었다.

결국 광해는 이러한 세력들에 의해 왕위에서 쫓겨나고 만다. 이것이 곧 인조반정이다. 반정 세력들은 반정의 원인을 영창대군의 죽음과 인목대비 유폐에 대한 패륜을 그 이유로 삼았지만보다 더 깊은 이유는 명나라와의 관계, 즉 명분론이었다. 따라서 새로이 등극한 인조는 명에 대한 지나친 사대 정책을 펼 수밖에 없었고, 그것은 또한 자신의 왕위 찬탈을 합리화할 수 있는 정책이었다. 조선은 철저히 후금을 무시하고 따돌렸다.

정묘호란–후금, 형님의 나라가 되다

황위에 오른 홍타시는 조선을 침공할 명분을 찾고 있었는데 마침 1624년(인조 2년), 조선에서 이괄의 난이 일어났다. 인조반정에 참여했던 이괄이 논공행상에서 차별을 받자 이에 불만을 품고 난을 일으킨 것이다. 당시 그는 평안도 병마절도사였으며 구성 부사 한명련과 이괄의 휘하 장수 기익헌이 이 난에 합세하였다. 그러나 판세가 불리하게 돌아가자 기익헌은 이괄과 한명련의 목을 베 장대 끝에 매달고 와 귀순했다. 그런데 한

명련의 아들 한윤이 청의 수도인 건주로 도망을 가서 당시 청에 포로로 잡힌 박난영을 조선 정부가 다시 사로잡으려 한다고 고해 바쳤다.

조선을 침공할 명분을 찾고 있던 청은 이를 빌미로 1627년(인조 5년) 정월에 군사 3만을 앞세워 의주를 습격하였다. 그들은 의주 부윤 이완 등을 죽이고 계속 남하하여 정주 목사 김진과 곽산 군수 박유건을 포로로 잡았다. 김진과 박유건은 청의 관습처럼 굴욕스럽게 머리를 깎고 항복하여 목숨을 부지하였다. 청군의 총 지휘관인 홍타시의 둘째 왕자는 두 사람의 아내와 첩을 넘겨받아 막사 안에 두고 갖은 희롱을 다 하였는데, 군대가 움직일 때면 김진과 박유건으로 하여금 아내가 탄 말고삐를 잡게 하였다. 박유건이 그 아내와 첩에게 정절을 지키지 못함을 꾸짖자 아내와 첩은 오히려 그에게 충절을 지키지 못한 불충을 욕했다. 그들은 후에 모두 청나라에 귀화했다.

청군이 침공한지 두 달 뒤인 3월 3일에 조선 정부는 정승 윤방, 오윤겸, 병조판서 이성구, 참판 최명길을 청의 진영에 보내어 강화를 맺을 것을 요청하였다. 당시 인조가 피난을 간 강화도 서문 밖에 단을 쌓고, 단 위에 모여 흰 말과 검은 소를 잡아 하늘에 제사 지내고 맹세하기로 약속하였다. 두 나라가 서로 맹약한 글은 다음과 같다.

청의 맹약서

조선 국왕과 대금국(大金國) 둘째 왕자는 함께 맹서하건데, 우리 두 나라는 이미 강화하였으니 이제부터 한마음 한뜻으로 서로 의견을 내어 협의한다. 만일 조선이 금나라와 원수되기를 꾀하여 군사와 말을 정비하고 성곽과 보루를 새로이 세우는 것은 마음 속에 품은 생각과는 다른 것으로, 하늘의 벌이 크게 내릴 것이요, 만일 둘째 왕자가 또한 그러하면 역시 하늘의 재앙이 내릴 것이다. 만일 두 나라 임금이 같은 마음과 같은 덕으로 공평하고 올바른 도리로 사귄다면 신이 보살피고 도와주어 많은 복을 얻을 것이다.

조선의 맹약서

조선은 정묘년(1627년) 3월 3일에 금나라와 함께 맹세한다. 우리 두 나라는 강화를 끝마쳤다. 이제 이후로 서로 맹세한 약속을 따라 지키되 만일 우리나라와 금나라가 서로 원수되기를 꾀하는 것은 화목하고 친함을 위반하는 것이며, 군사를 일으키면 하늘이 큰 재앙을 내릴 것이다. 두 나라 임금과 신하는 각기 착한 마음으로 이를 지켜 함께 태평을 누릴지어다. 넓고 큰 하늘과 땅의 신, 큰 산과 강의 신은 이 맹세를 들어 살피소서.

또한 조선의 대신 등이 만일 금나라와 원수 짓기를 꾀하거나 터럭만큼이라도 다른 나쁜 마음을 갖게 될 경우 피가 나오고 흰 뼈가 드러나도록 하늘이 벌을 내릴 것이다, 만일 또한 금나라가 그와 같은 경우 마찬가지일 것이다. 두 나라 대신은 각기 공평하고 바른 도리를 행하고 터럭만큼도 속임이 없기에 즐겁게 이 술을 마시고 이 고기를 먹으니, 하늘이 보살피고 도와주어 수없이 많은 복을 누릴 것이다.

맹세를 한 뒤 이홍망을 종실의 원창군으로 받들어 임금의 아우라 일컬고 인질로 보냈다. 당시 청나라 군사들의 만행은 이루 말할 수가 없는 데 이것이 바로 정묘년에 일어난 정묘호란으로 훗날 병자호란의 단초가 된 첫 번째 사건이 되었다.

* 그 즈음 나라 밖의 사정을 잠깐 살펴보고 가자. 저 멀리 유럽에서는 '30년 전쟁'(1618)이 시작되었고 셰익스피어가 사망(1616)했다. 일단의 청교도들이 메이플라워호를 타고 아메리카 대륙에 도착(1620)했으며 유럽에 페스트가 창궐했다. 네덜란드는 아메리카에 뉴욕을 건설(1624)했으며, 인도대륙의 무굴제국에서는 타지마할(1632)의 건축이 시작되었고 미국에서 하버드 대학이 창립(1636) 되었다. 프랑스에서는 데카르트가 〈방법서설〉을 간행(1637)했고, 포르투갈이 에스파냐로부터 독립(1640)했으며 영국에서는 청교도혁명이 일어났다.

청나라 사신을 홀대하다

청나라와 강화를 한 뒤 10여 년간 두 나라는 서로 사신을 주고받으며 별탈 없이 지냈다. 그런데 큰 사건이 1636년(인조 14년) 봄에 일어났다. 조선의 조정은 봄과 가을 두 번에 걸쳐 명나라와 청나라에 문안 사절단을 보내곤 했는데 이 해 봄에 춘신사(春信使)로 이곽과 나덕헌을 심양에 파견하였다. 당시 홍타시는 나라 이름을 대청(大淸)이라 하고 스스로 황제라 칭하였다. 황제 즉위식 날 청은 이 두 사람을 하례객으로 초대했다. 그러나 두 사람이 죽기를 각오하고 하례에 참석하지 않자 청나라 관리들이 그들의 갓을 찢고 수차례 때렸으나 끝내 거부하였다. 당시 조선은 비록 형식적으로 청나라와 형제지국을 맺고 있었지만, 지난 300여 년 동안 명나라와 군신의 관계를 유지하고 있었기 때문에 청의 왕을 황제로 받아들일 수 없는 상황이었다. 그만큼 조선과 명은 군신의 의리로 굳게 맺어 있었고, 모든 대신과 사대부가 중국을 어버이의 나라로 칭하고 있어, 이를 배신한다는 것은 곧 강상의 윤리를 배신하는 것으로 여겼던 것이다.

두 사람이 귀국하려 하자 청나라 왕 홍타시가 답서를 주었는데, 여기에 스스로를 황제라 일컬었다. 이곽 등이 이를 받아서 가지고 오다가 만주의 통원보라는 마을에 이르렀다. 두 사람은 답서를 푸른 보자기에 싼 다음 자루 속에 몰래 넣어 그곳의 보루를 지키던 청나라 병졸에게 "말이 병들고 짐이 무거워 맡겨놓고 가노라"하고는 두고 와 버렸다.

평안감사 홍명구가 이 사실을 알고, 이곽 등이 청의 칸이 황제를 칭한 글을 받았음에도 처음부터 단호히 거절하지 못하고 받아서는 도중에 두고 왔다며, 그 죄를 물어 목을 베어 국경에 효시하겠다고 인조에게 보고를 하였다. 인조는 그 글을 비변사에 내렸다. 이조판서 김상헌이 그들의 죄가 극형에 처할 정도로 무겁지 아니하다고 하자 죽임을 허락지 아니하고 이곽 등을 잡아오게 하였다. 비변사에서도 그들의 무죄를 잘 알고 있었지만 여론이 분분하여 그렇게 아뢸 수밖에 없었다.

삼사(三司)에서 모두 이들을 법에 따라 처단해야 한다고 주장했다. 영의정 김류는 당시 척화(斥和)를 주장했는데, 젊은 언관들과 유생들이 김류를 따르고 동조했으며, 성균관 유생 조복양 등이 그들을 처단해야 한다는 상소를 올리기도 했다. 그러나 이름 있는 사람들 중에서는 "청나라 칸이 자기 나라에서 스스로를 황제라 일컫든 말든 우리나라는 정묘년에 맺은 약속만 지키면 그만이지 우리하고 무슨 상관이 있기에 우리나라 군사 상황도 고려하지 않고 맹약을 파기하여 화를 자초한다는 말인가?"하고 생각했다. 그러나 그들은 들끓는 여론 때문에 감히 입 밖에 내어 말하지는 못하였다.

두 번째 사건은 이 해 봄, 인조의 비인 인열왕후가 죽자 청의 장수 용골대와 마부대가 조문을 오면서 시작되었다. 그들은 오면서 청 태종의 형제이자 10번째 왕의 글을 가지고 왔다. 그 글은 청나라 칸이 황제를 칭한 이유를 설명하고 서로의 좋은 관계를 끊지 말자는 내용이었다. 또한 이곽 등이 황제 등극 축하 하례식에 참석하지 않은 잘못도 비난했다. 그 글은 한편으로 조선 정부의 생각을 깊이 탐색하고, 마땅치 않으면 군사를 일으키고자 하는 빌미였다. 그 속셈이 매우 뻔하고 상황이 중차대하여 조정에서는 벼슬자리에서 물러나 있던 이명, 박노 등을 시켜 용골대와 마부대를 접대하게 하였다. 두 사람의 접대는 형식적이고, 홀대와 업신여김이 노골적으로 드러날 정도였다. 이명과 박노는 나중에 분명 이로 인해 문제가 발생할 것을 알고 있었으나 당시의 여론이 두 장수와 청에 대해 극히 배타적이었기 때문에 어쩔 수 없었다.

그때 청의 두 장수는 청나라에 항복한 몽고인 한 사람을 데리고 왔는데, 그들은 조선 조정이 자신들을 후히 대접할 것이라 믿고, 그 몽고인에게 위세를 자랑하고 싶었다. 그러나 조선 조정은 대접은커녕 그들을 오랑캐의 종자로만 취급하여 망신살이 뻗치게 했으며, 심지어 그들이 가져온 청나라 10왕의 글을 감히 조선의 국왕에게 올릴 수 없다하여 개봉

조차 하지 않았다. 그 전에 영창대군(선조의 유일한 적자)의 친모인 인목대비가 죽었을 때 청의 장수가 와서 조문을 한 일이 있었는데 그때는 전각 위에 제상을 차리도록 했지만, 이번에는 전각이 좁다는 핑계로 금천교(창덕궁의 서쪽 문에 있는 다리)에다가 장막을 치고 거기서 제사를 지내도록 하였다. 그런데 제사를 지내려는 순간 바람이 강하게 불어 그만 장막이 무너져 버리고 말았다. 용골대는 분노에 차서 몹시 화를 냈다. 공교롭게도 이날 훈련도감의 포수들이 장막 뒤의 후원에서 훈련을 하고 있었는데 이를 본 용골대는 자신들을 해치고자 하는 것이라 생각하고 허겁지겁 나가 버렸다. 이때 장령 홍익한이 상소를 올려, 오랑캐 사신의 목을 베라 주청하고, 또한 성균관 유생들 역시 여기에 동조하여 목을 베라는 상소를 연이어 올렸다.

용골대와 마부대는 심상찮은 분위기를 감지하자 숙소를 뛰쳐나와 뿔뿔이 흩어져 민가의 말을 빼앗아 타고 부리나케 도망쳐 버렸다. 저잣거리에서 이를 본 사람들은 놀라지 않을 수 없었으며, 아이들은 다투어 돌을 던졌다. 상황이 미묘하게 돌아가자 조정에서는 비로소 사태의 심각성을 깨닫고, 재상들을 보내 그들을 달랬으나 이미 때는 늦었다. 그들은 끝내 돌아오지 않았고 청나라로 돌아가 버렸다.

인조는 곧바로 전국 8도에 교서를 내려 지난 병자년에 맺은 화의를 배척하는 유지를 밝혔다. 그런데 평안도와 황해도에 보낸 인조의 교서가 전달되는 과정에서 청나라 장수에게 빼앗기는 일이 발생했다. 결국 이 빼앗긴 교서가 끝내는 청이 붙잡고 늘어지는 말꼬투리가 되었다. 전국에서 날마다 화의를 배척하는 상소문이 줄을 이었으며, 어느 것이나 다 척화를 해야 하며, 오랑캐를 쳐야한다는 주장뿐이었다. 대사간 윤황은 강화도의 행궁을 보수하여 오직 싸울 일에만 전념할 것을 상소하였고, 이조참판 정온 역시 송도(개성)로 나아가 머물 것을 주장하는 등 조정이 일대 논란의 격동에 빠졌다.

이처럼 세상이 어수선하자 괴상한 이변도 잇따라 일어났다. 부평과 안산에서는 돌이 저절로 옮겨지고, 영남과 관서지방에서는 물오리가 서로 싸움을 하고, 대구에서는 황새가 진을 치고, 청파(지금의 서울 청파동)에서는 개구리가 싸우고, 죽령에서는 두꺼비가 행렬을 지어 나가고, 예안(지금의 안동시 예안면)에서는 냇물이 끊어졌다. 또한 능에 벼락이 떨어지고, 서울의 땅이 붉게 물들었으며, 도성에 하루동안 27군데나 벼락이 떨어지고, 갑자기 홍수가 져서 궁궐 동문의 길이 끊겼으며, 세 채의 대궐이 일시에 흔들리고, 흰 무지개가 해를 꿰뚫고, 별이 변괴를 일으켰다. 이 모든 것들이 그 한 해에 다 일어났던 것이다.

2장
용골산 봉수대에 봉화가 올랐는데…

화의냐, 척화냐

영의정 김류, 좌의정 홍서봉, 우의정 이홍주가 매일 조정에 모여 갑론을박 했으나 이미 화의는 물 건너 간 상태였다. 척화만 앞세울 뿐 어떻게 싸우고 지킬 것인가에 대한 대책은 전혀 없었다. 참으로 무책임하고 한심스러운 왕과 조정 대신들이었다. 영의정 김류는 왕 대신 군무를 총괄하는 직책인 체찰사를 맡고 있었다. 그가 왕에게 "만약 적이 깊이 침략해 오면 도원수와 부원수, 황해도와 평안도의 방백들은 나륙(죄인의 아내와 자식을 같이 처벌하는 형벌)의 법으로 다스려야 합니다"라고 하자 왕은 "체찰사도 중한 벌을 면치 못할 것이오"라고 응수했다.

원래 김류는 척화파였다. 그런데 왕으로부터 이 말을 듣고 나서부터 주화파로 돌아섰다. 이때 최명길이 나서서 청에 사신을 보내 화의할 것을 주장했는데, 윤집, 오달재 등이 최명길의 목을 베야 한다고 강력히 주장했다. 헌납 이일상은 상소를 올려 위로는 명나라에 의심을 받고 있고, 아래로는 백성을 속이고 있다고 말했다.

시중의 여론은 척화를 높고 깨끗한 것이라 하고, 청나라에 화의를 요청하는 것은 그릇된 것이라 하여 이에 대해 어느 누구도 이의를 다는 사람이 없었다. 단지 최명길과 몇몇 사람만이 만고의 역적을 자처하고 화의를 주장할 뿐이었다. 따라서 조정에서는 결단을 내리지 못하고 있었다. 그런데 김류가 주화파로 돌아서면서 최명길의 주장에 동조한 후에야 비로소 화의에 대한 논의가 이루어지기 시작했다. 그리하여 직책 낮은 역관을 청나라에 보내 분위기를 탐색하기로 결론을 내렸다. 그러자 또 삼사가 일제히 들고일어나 역관을 보내지 말라고 주청을 했으나 왕은 특명으로 역관을 파견했다.

역관을 만난 청나라 황제는 "너희 나라가 만일 11월 25일 이전에 왕자와 대신을 보내 화의를 요청하지 않으면 내 군사를 동원하여 너희 나라를 칠 것이다"라고 불쾌하게 말한 뒤 다음과 같은 답서를 주어 역관을 돌려보냈다.

"귀국이 많은 산성을 쌓고 있지만 우리는 큰길을 따라 바로 서울로 진격할 것이오. 그렇다면 그 산성으로 우리를 막아낼 수 있겠소? 귀국이 믿고 의지하는 것은 오직 강화도뿐인데 만약 내가 조선의 팔도를 다 유린할 경우, 그 조그마한 섬 하나를 가지고 어찌 나라라 말할 수 있겠소? 척화를 주장하는 자들은 모두 유학자들인데 그들이 붓끝을 휘둘러 어찌 나를 막아낼 수 있단 말이오?"

역관이 돌아와 청나라 황제의 말과 답서를 전했다. 몇몇 대신은 재상을 보내 화의를 요청하고자 했으나 모두가 척화를 주장하는 바람에 그 의견을 쉽사리 말할 수 없었다. 그러다가 며칠이 지난 후에야 박노를 보내기로 결정을 내렸다. 그런데 또 대간에서 극력 반대하여 또 며칠을 허비하고 말았다. 결국 지체하다가 박노를 보내긴 했지만 황제가 제시한 날짜를 이미 넘긴 후였다.

그때 남한산성의 수어사로 이시백이란 사람이 있었다. 그의 아버지 이귀는 영의정 김류와 사이가 좋지 않았다. 김류는 남한산성을 방비해야 한다고 여러 차례 주장했지만 이귀는 김류의 말에 콧방귀만 뀔 뿐이었다. 또 성을 지키는 군사는 영남의 군사들이었는데, 만일 위급할 경우에 영남 군사가 산성을 지키기 위해 오기에는 너무 먼 거리였다.

조선은 역대로 나라의 중요 요충지에 진(鎭)을 두어 적의 침략을 방어하도록 했다. 그런데 김류와 김자점이 앞장서서 진을 옮기자고 건의하여, 의주의 진은 백마로, 평양의 진은 자모로, 황주의 진은 정방으로, 평산의 진은 장수로 옮겼다. 옮겨간 진의 위치는 큰길에서 가까우면 3~40리, 멀면 하루 이틀길이 족히 되어, 함경도와 평안도의 모든 진들이 사람의 그림자도 찾아볼 수 없는 빈터가 되어버렸다.

그때 청군에 쫓겨 가도(평북 철산군에 있는 섬, 일명 피섬이라고도 함)에 들어가

웅거하고 있던 명나라 군사 도독 심세괴가 조선이 청과 척화하려 한다는 사실을 명 조정에 보고하였ㅋ다. 명 조정은 가을에 사신 황손무를 보내 격려하고 칭찬하였다. 그러나 황손무는 돌아가는 길에 조선 조정에 글을 보내 "조선의 상황을 보니 절대로 저 강한 오랑캐를 감당하지 못할 것입니다. 그러니 청나라와의 관계를 끊지 말기 바랍니다"하고 충고를 했다.

그의 충고에 힘을 입었는지 어쨌는지는 알 수 없으나 최명길이 상소를 올리고 뒤이어 윤집도 상소를 올렸다.

최명길의 상소

"이미 맞서 싸워 지킬 방도도 강구하지 못하고, 재앙을 늦출 계책도 수리하지 못하여 적군의 기병이 하루아침에 말을 달려 쳐들어오면 체찰사(영의정 김류를 이름)는 강화도로 들어가 지키자 하고, 도원수는 정방산성(황해도에 산성)으로 물러나 지키자는 말밖에 없으니 백성은 적의 말발굽에 짓밟혀 결딴이 나고, 종묘사직은 도성을 떠나 피난하여 이 땅의 끝에 이르면, 책임을 맡은 신하를 장차 어찌 탓할 수 있겠습니까? 어리석은 신의 생각으로는 체찰사와 도원수는 평안도로 가서 임무를 수행해야 하며, 병마사 역시 마땅히 의주로 가야 합니다. 모든 장수들은 오직 나아감만 있고 물러남이 없도록 맹세해야 합니다.

심양의 청조에 글을 보내 임금과 신하들의 큰 뜻을 갖추어 알리고, 추신사(秋信使)를 보내지 못한 이유를 설명하시옵고, 한편으로는 적군의 상황과 정시를 정탐하고, 또 한편으로는 저들의 대답하는 것을 살펴어, 만일 그들이 다른 마음이 없이 계속 형제 나라의 예의로 받아들이면, 오랑캐가 주장하는 정묘년의 맹약을 잠시나마 지켜, 훗날을 도모할 수 있지 않겠습니까? 만일 이렇게라도 할 수 없다면 의주를 굳게 지켜 성을 등지고 일전불사하면 국가 안위가 변방에서 결판 날 수 있을 것입니다.

이 계책이 비록 모든 것을 해결할 수 있는 것은 아니오나 오히려 팔을 묶고 멸망하기만을 기다리는 것보다야 낫지 않겠습니까? 한결같이 머뭇거려 결정하지 못하고, 또한 나아가서 싸우고자 말들을 하나 모두 의심스럽고 두려운 생각이 없지 않습니다. 또한 오랑캐에 속박 당함을 말하려 하나, 서로 헐뜯고 조롱할까봐 나아가기도 물러서기도 주저하다가 비로소 재앙이 눈앞에 닥치고 나서야 그때 결정을 한들 무슨 소용이 있겠나이까?"

윤집의 상소

"화친을 맺자는 주장은 사람과 국가 그리고 종묘를 망하게 하는 것이옵니다. 이는 지금뿐만이 아니오지만 지금과 같이 심한 적이 없습니다. 명나라는 곧 조선의 부모 나라입니다. 청나라는 부모의 원수입니다. 남의 신하가 된 자가 그 부모의 원수와 더불어 형제의 의리를 약속하고서, 부모를 잊고 그냥 놓아두고 기뻐한다면 어찌 부끄럽지 아니하겠습니까? 더구나 임진란 때에는 털끝까지도 명나라 황제의 은혜를 입었습니다. 지난번 청나라에 의해 명 황제의 능이 더럽혀져 놀랍고 뼈가 에이는 아픔을 듣지 못했습니까? 어찌하여 하필이면 화친을 맺자는 말을 이때에 일으키는 것입니까. 성

총이 밝으신 임금께서 눈을 부릅뜨고 분발하시어 의리에 의거하여 나라 안팎에 알리고, 또한 명나라에 알리어 우리가 오랑캐가 되는 것을 막자고 하소서. 나라의 계책은 귀에 대고 속삭이어서는 아니 됩니다(이는 최명길이 임금을 독대하여 화의를 주장 한 것을 두고 한 말임). 임금과 신하 사이에는 은밀함이 없어야 합니다. 만일 그 말이 의로운 것이라면 비록 천만의 사람이 같이 듣는다 한들 무엇이 해롭겠습니까? 만일 의롭지 않아 밖으로 새어나간다면 또한 부끄럽지 아니하겠습니까.

지금 안에서는 조정이, 밖에서는 백성들의 비방 소리가 어지럽습니다. 홍처원의 아룀과 오달재의 상소는 공론을 취합하여 나온 것이온데 오히려 꾸짖음을 당하였습니다. 신이 최명길의 상소를 보니 장황함이 많고 임금님의 성총을 어지럽게 하여 홀렸으니 그 글을 보기도 전에 눈초리가 찢어지려 하였습니다. 최명길이 말한 계책은 국가의 안녕과 위태로움에 대한 것이니, 젊은 무리가 감히 참여하여 알 일이 아니라 하고, 정치는 사간원이나 사헌부에 맡기고 쓸데없는 의논을 금지한다 함은 은연중 위협하는 것이 아니겠습니까. 사헌부 사간원은 또한 공론을 막을 수 있는 계책을 가졌으니 아아! 또한 교묘하고 근심스럽습니다."

윤집의 이 상소는 임금에게 올려지지 않았다.

청군이 질풍처럼 달려오다

명의 사신이 돌아간 뒤 조정은 김자점을 도원수에 임명하였다. 그러나 김자점은 무용한 인물로, 군사를 제대로 다스리지 못하고 양성하지도 못했다. 피폐한 백성들을 매질하여 정방산성을 쌓게 하고, 형장(刑杖)으로만 위엄을 세워 여러모로 인심을 잃었다. 그는 항상 "적은 겨울에는 쳐들어오지 않을 것이다"라고 입버릇처럼 말했는데 혹여 누가 적이 곧 쳐들어 올 것이라고 하면 화를 내고 그렇지 않다고 하면 기뻐했다. 수하들이 적이 쳐들어올 거라는 말을 차마 꺼내지 못하는 게 당연한 노릇이었다. 겨울 성을 방비할 시기가 다 지나가고 있었지만 김자점은 군사 한 명 증원하지 않았다.

김자점은 일찍이 의주 건너편 용골산에 봉수대를 설치하였다. 아무 일이 없으면 봉화 하나를 올리고, 적이 나타나면 둘을 올리고, 적이 국경을 넘으면 셋을 올리고, 접전이 되면 네 번을 올리게 했다. 그런데 그 봉화는 용골산에서 도원수 김자점이 있는 정방산성까지만 닿도록 하였다. 만일 봉화가 서울까지 닿게 될 경우 큰 소동이 일어날 것을 두려워하여 그렇게 한 것이다.

1636년 12월 6일부터 용골산 봉수대에서 두 번의 봉화가 올랐으나 김자점은 "이는 박로가 청에 추신사로 들어가자 저들이 나와 맞이하는 것임에 틀림없다. 그렇지 않으면 청나라 군사가 압록강을 건너 산성의 군진은 돌아보지 않고 강화를 하기 위해 곧바로 서울로 가는 것일 게다"라고 하여 왕에게 보고를 하지 않았다. 9일이 되어서야 비로소 군관 신용을 의주에 보내 형세를 살펴보게 했다.

신용이 이튿날 순안에 이르러 보니 적의 기병들이 이미 고을에 쫙 깔려 있었다. 그는 급히 말을 돌려 돌아오는 길에 평안감사 홍명구에게 이 사실을 알렸다. 홍명구 역시 그러한 일을 까마득히 모르고 있다가 깜짝 놀라서 단기로 말을 몰아 자모성으로 도망쳐 들어가 버렸다. 신용이 정방산성으로 돌아와 김자점에게 보고를 하자 김자점은 "네가 어찌 망령된 말을 하여 군정(軍情)을 어지럽히느냐?"며 꾸짖고는 목을 베려 하였다.

신용은 "내일이면 적병이 이곳에 당도할 것입니다. 저의 목을 베어도 좋으니 잠시 죽이지 말고 기다려 주십시오"라고 말했다. 그 말이 끝나기도 전에 또 한 명의 군관이 급히 돌아와 보고하는데 신용과 같은 내용이었다. 그제야 김자점은 급히 조정에 장계를 올렸다.

청나라 군사는 압록강을 건너자마자 성과 진(鎭)은 거들떠보지도 않고 질풍처럼 서울로 밀고 올라왔다. 그리고 변방에서 보내는 장계들은 모두 적에게 빼앗겼기 때문에 조정에서는 적의 침입을 전혀 알 수 없었고 또한 그 빠름이 회오리바람 같아 그렇게 빨리 서울에 이를 거라고는 생각조차 하지 못했다. 설마 하던 일이 눈 깜박할 사이에 발등의 불로 떨어진 것이다.

12월 12일 오후가 되어 김자점의 장계가 조정에 도착한 뒤에야 전황의 형세가 급박함을 알게 되었다. 12월 13일 조정은 강화도로 들어가기로 결정을 내렸다. 영의정 김류의 아들 김경징을 강화도 검찰사에 임명하고, 이민구를 부사에, 상중에 있는 심기원을 불러 유도대장으로 삼았다. 처음에 검찰사의 적임자를 찾을 때 우의정 이홍주가 김경징을 천거하였는데, 김류는 자신의 아들이 그 일을 수행할 적임자가 되지 못한다는 사실을 알지 못하고 오히려 아들을 칭찬하는 우를 범하고 말았다. 심기원은 거상(居喪) 중에 임명되기는 했지만 수하에 군사다운 군사가 한 명도 없었으니 장차 무엇을 어떻게 할 것인가?

청나라 군사는 마치 휘몰아치듯 달려왔다. 국경을 넘은 지 3일 만에 조선의 수도를 점령한 것이다. 인조의 수레는 어찌할 겨를도 없이 창망히 대궐을 떠났다. 오후에 남대문을 지나 장차 강화도로 향할 예정이었다. 그러나 이미 강화도로 가는 길은 끊겨버린 뒤였다. 임금은 남대문 문루에 올라 교시를 내린 다음, 백성들을 버려 둔 채, 세자와 백관을 거느리고 수구문을 통해 남한산성으로 들어갔다. 47일 동안의 고단한 산성생활이 시작된 것이다.

3장
장차 이일을 어찌 할 것인가

병자년 (1636년)
12월 14일-첫째 날
인조, 남한산성으로 피신하다

　질풍 같은 청나라 군사는 이미 서울을 지척에 둔 경기도에 이르렀다. 국경을 넘은 지 3일만에 수도를 위협한 것이다. 인조의 수레는 준비도 제대로 갖추지 못한 채 창망히 대궐을 떠났다. 오후에 남대문을 지나 장차 강화도로 향할 예정이었다. 그러나 청나라 장수 마부대가 철기군(鐵騎軍) 수백 명을 거느리고 이미 홍제동에 이르러 강화도로 가는 길을 끊어버린 뒤였다. 임금은 수레를 돌려 다시 도성으로 돌아와 남대문 문루에 올라 교서를 내렸다.

　"일이 급하다. 장차 이 일을 어찌 할 것인가?"

하고 탄식했다. 대신과 판서들이 어쩔 줄을 몰랐다. 상하가 당황하여 허둥거렸고, 서울 안의 백성들은 늙은 부모를 부축하고 어린아이는 손을 잡아끌며 피난하느라 법석이었다. 이날 사람들의 울음소리가 서울 하늘 아래의 거리거리에 가득 찼다.

전 철산부사 지여해가 임금에게 아뢰었다.

"청나라 군사가 채 3일도 되지 않아 여기에 이르렀는데 필시 군사와 말들이 피로하고 허기가 졌을 것입니다. 만일 포병(砲兵)을 사현(지금의 모래네 고개)에 매복시켜 청나라 군사의 선봉과 싸운다면, 그들이 감히 싸우려 들지 않을 것이므로 이 틈을 이용해 임금님의 수레는 강화도로 갈 수 있을 것입니다. 바라건대 500명의 정예 군사를 주시면 저들을 맞아치겠습니다."

그러나 대부분의 대신들이 청나라의 군사 수를 알 수 없으니 500명으로 그들을 시험 삼아 칠 수는 없다 하여 들어주지 않았다. 이때 이조 판서 최명길이 나아가 아뢰었다.

"종묘와 사직의 존망이 촌각에 달려 있는데 시도해보지 않을 수 없습니다. 신이 홀로 말을 타고 적의 진영에 들어가 저들의 장수에게 '지난 10년간 양국이 강화를 맺어 사이좋게 지내왔는데 어찌하여 까닭도 없이 군사를 일으켜 깊숙이 들어왔느냐'고 따져 묻겠습니다. 저들이 만일 신의 말을 듣지 아니하고 신을 죽이면 신이 마땅히 말 아래서 죽겠으나, 다행이 서로 대화가 이루어진다면 그 선봉을 잠시 멈출 수 있을 것입니다. 서울에서 가장 가까운 외적을 방어할 보루와 장벽이 있는 곳은 남한산성만한 곳이 없습니다. 바라옵건대 전하께서는 수구문을 경유하여 빨리 남한산성으로 들어가셔서 이 변고의 추이를 살피소서. 또한 이경직은 의분을 품고 기개와 절조가 높아 저의 부사로 데려갈까 합니다."

임금은 즉시 허락하고 금위군 20여 명이 호위하여 따르도록 하였다. 그러나 군사들이 모두 겁을 먹고 도망가 버려 이경직과 비장 1명만이 최명길을 따랐다. 또 임금은 훈련도감 대장 신경직을 모화관으로 나아가 적을 대적케 하였다. 이날 아침에 먼저 훈련도감 장수인 이흥업에게 기병 80여 명을 주고 적을 막도록 했는데, 그들은 하직하고 떠나갈 때에 임금이 하사한 술과 친구들이 주는 작별주를 지나치게 많이 마셔 장수이하 군사들이 모두 곤드레만드레가 되어버렸다. 그들이 어찌어찌 창릉(현재의 고양군 신도면에 있는 태종의 묘) 건너편에 이르렀을 때 적을 만나 몰살을 당하고 살아 돌아온 자는 겨우 두어 명밖에 되지 않았다.

서울에서 강화까지는 이틀 길이었다. 임금은 청나라 군사가 추격해올 것이 두려워 세자와 백관을 거느리고 수구문을 통해 일단 남한산성으로 들어갔다.

한편 최명길은 사현의 마부대를 찾아가 정묘년의 맹약을 저버리고 침략해 온 이유를 따져 물었다. 그들은 날이 저물도록 논쟁을 벌였다.

"어찌하여 군사를 일으켜 이리 깊이 들어왔단 말이오?"

라는 최명길의 힐책에

"귀국이 까닭 없이 맹약을 더럽혔기 때문에 새로 강화를 맺기 위해 왔소."

라고 마부대는 응수했다.

이날 최명길과 이경직은 청나라 군사들과 함께 도성으로 돌아와 남한산성으로 사람을 보내 임금에게 마부대와 나눈 이야기를 전했다. 대부분의 대신들은 마부대가 화의를 맺으러 왔다는 말을 믿었으나 오직 임금만이 이를 믿지 않아 회답을 내리지 않았다. 마부대와 약속한 이튿날 저녁때까지 임금의 회답이 내려오지 않자 청나라 군사는 속았다고 화를 내며 최명길을 죽이려 들었다. 그러나 청나라 군사 중 하나가

"화의가 이루어지지 않았다고 갑자기 이 사람들을 죽일 수는 없다."

하여 최명길과 일행은 남한산성으로 들어갈 수 있었다. 그의 뒤를 따라 청나라는 곧 남한산성으로 군사를 진격시켰다. 최명길이 남한산성에 도착하자 임금이 친히 손을 붙잡고 위로를 하였다. 한편 도체찰사이자 영의정 김류와 부체찰사 병조판서 이성구 등이 모여 비밀히 논의한 끝에 새벽에 몰래 임금을 강화도로 피신시키기로 했다.

〈병자록〉

그리하여 김류가 임금에게 아뢰었다.

"우선 강화도로 옮기시는 것이 옳을 것 같습니다."

좌의정 홍서봉과 이성구도 그 말에 찬성하였다. 그러나 우의정 이홍주는 반대였다.

"형세로 보아 반드시 낭패하게 될 것이니 요행을 바라서는 아니 됩니다."

그러나 다른 사람들은 이런 의논이 있는 것을 모르고 있었는데, 병방 승지 이경증이 집의 채유후에게 이 일을 은밀히 일러주었다. 채유후는 곧 임금을 뵙고 아뢰었다.

"강화도로 가시는 것은 불가합니다. 영의정을 불러 다시 의논하십시오."

이에 임금은 영의정 김류를 불러 물었다. 김류는 재차 자신의 뜻을 주장했다.

"고립된 성에 계시면 외부의 구원도 없게 되고 말이 먹을 풀과 양식도 부족할 것입니다. 강화도는 우리에게 편리하고 저들에게는 침범하기 어려운 곳입니다. 또 저들의 뜻은 우리나라의 상국이 되고자 하는 것인데, 반드시 우리를 상대로 지구전을 벌이지는 않을 것입니다. 그러므로 신이 강화도로 가시는 것이 편리하다고 말씀드린 것입니다."

말이 끝나자마자 임금은 김류의 귀에 대고 물었다.

"그렇다면 어느 길로 가야 하는가?"

"과천과 금천을 경유하는 것이 마땅합니다."

"강화도는 이곳에서 먼 곳인데 어떻게 도착할 수 있겠는가?"

"날렵한 말로 금천과 과천의 들을 가로질러 가면 충분히 도착할 수 있습니다."

삼사가 모두 강화도로 가는 것을 반대했으나 마침내 어가를 옮길 계획을 정하니, 밤새 성 안이 온통 들끓었다.

〈조선왕조실록〉

이에 대해 대제학 이식은 인천으로 가서 배를 이용해 강화로 들어가자고 청했다. 조정에서 이런 계책을 세울 동안 도성에서는 임금이 강화도로 옮겨간다는 사실을 모르는 사람이 없었다.

〈병자록〉

강화도 검찰사로 임명받은 김류의 아들 김경징은 이날 부사인 이민구와 함께 먼저 강화도로 들어갔다. 그는 강화도로 가면서 말 50여 필에 세간을 싣고 아내와 어머니는 각기 덮개가 있는 수레에 태우고, 계집종은 털모자를 씌워 데리고 갔다. 이때 도성 안의 말이 모두 김경징에게 징발을 당했다. 윤방과 김상용 등 원임 대신들은 종묘와 사직의 신주를 비롯해, 빈궁, 원손, 숙의, 봉림대군 등 두 부인과 여러 궁인, 부마, 공주, 옹주 등을 모시고 뒤를 따랐다.

강화도는 지역이 협소하고 평소에 천연의 요새로 일컬어져 많은 사람들이 다투어 들어가고자 하였다. 그러나 검찰사의 허락 없이 일반 백성은 강화도로 건너갈 수 없었다. 세자빈이 갑곶에 도착했으나 나룻배가 없어 건너지 못하고 이틀 밤을 강기슭에 머물러야 했다. 추운 겨울이라 사람들이 모두 얼고 굶주렸다. 참다못한 세자빈이 가마 안에서 큰 소리로 울부짖었다.

"경징아 경징아! 네가 어찌 차마 이리 할 수가 있단 말이냐"

강화도 유수 장신이 이를 전해 듣고 김경징에게 말해 세자빈 일행이 겨우 강화도로 들어갈 수 있었다. 그러나 나루에 몰려든 헤아릴 수 없이 많은 선비들과 그 부인들 그리고 수 천 수만의 백성들은 건너가지를 못하고 뒤쫓아 온 청나라 군사에 의해 눈 깜빡할 사이에 처참하게 죽고 말았다. 대부분이 짓밟혀 죽고, 약탈을 당하고, 더러는 강물에 던져져 죽었는데 그 비참함이야말로 이루 표현할 수가 없었다.

〈정약용의 임진왜란과 병자호란〉

12월 15일-둘째 날
실패한 강화도행, 미끄러지고 엎어지고

새벽에 임금이 강화도로 가기 위해 남한산성을 나섰다. 그러나 하늘은 그를 도와주지 않았다. 큰 눈이 내려 산길이 얼어붙고 임금이 타고 가던 말이 미끄러져 엎어진 것이다. 임금은 말에서 내려 걷기 시작했으나 수없이 자빠지고 엎어졌다. 결국 다시 성 안으로 돌아오고 말았다.

훈련도감 대장 신경진이 서울에서 내려오자 성내의 수비를 정비했다. 신경진을 동쪽 망월대를 수비케 하고, 이현달을 중군으로 삼고, 호위대장 구굉은 남쪽을 지키게 하였다. 수원 부사 구인후는 그가 거느리고 온 군사에 본부의 군사를 더해 구굉을 돕게 하였다. 상중에 있는 이괄을 불러 중군으로 삼고, 총융청 대장 이서는 북쪽을 지키게 하고, 수어사 이시백은 서쪽을 지키게 하였으며, 이직을 중군으로 삼았다.

전날, 산성을 영남 군사로 나누어 지키게 하였는데 길이 멀어 미처 도착하지 못했기 때문에 체찰사 김류가 경기도 수령들로 하여금 나누어 성을 지키게 하였다. 여주 목사 한필원, 이천 부사 조명욱, 양근(지금의 양평군) 군수 한회일, 지평 현감 박환이 얼마 안 되는 군사를 데리고 겨우 성으로 들어왔다. 그러나 태반의 많은 군사들은 미처 들어오지 못했다. 성 안에 들어온 군사가 서울 병력과 지방 병력을 합해 겨우 1만 2천 명이었고, 문무 관리가 2백여 명, 그 밖의 노복과 사람들이 2백여 명이었다.

이때 최명길과 이경직이 홍재원에서 돌아와 고했다.

"마부대가 강화를 하기 위해 지금 군사를 거느리고 삼전도에 와 있는데, 바람이 불고 날씨가 몹시 추워 인가에 들어가 있으라 했으나 아직 화의가 맺어지기 전이니 눈바람을 맞을지언정 인가로 들어가지 않겠다고 하였습니다. 그의 말과 얼굴빛으로 보아 절대 거짓말이 아닌 것 같습니다."

조정은 모두 최명길의 말을 믿었지만 임금은 이번에도 그 말을 믿지 않았다.

"경은 필시 속은 것이다. 어찌 세 가지 조건 때문에 이렇게까지 했겠는가."

〈병자록〉

대신들이 임금을 뵙기를 청한 뒤 먼저 영의정 김류가 아뢰었다.

"사세가 점점 급박해지니 장차 어떻게 해야 하겠습니까?"

이성구가 덧붙였다.

"여러 신하들은 모두 놔두고 대장 십여 명만 거느리고 강화도로 달려가시는 것이 마땅합니다."

그러나 임금은 반대였다.

"이미 사대부와 종족(宗族)이 함께 이 성에 들어왔으니, 가령 위험을 벗어나 나 혼자 살아난다 한들 무슨 면목으로 다시 군신들을 보겠는가."

이성구가 다시 아뢰었다.

"그렇다면 세자를 수십 기(騎)로 호위하게 하여 강화도로 들어가게 하는 것이 좋겠습니다."

그 말이 끝나자마자 세자가 임금의 곁에 있다가 울음을 터뜨렸다. 임금이 그런 세자를 달래자 신하들은 모두 눈물을 흘리며 감히 우러러 쳐다보지 못했다. 그 뒤로도 김류와 성구가 여러 차례 강화도로 어가를 옮길 것을 청하였으나, 임금은 끝내 듣지 않았다.

이날 눈이 많이 내렸으며 유성이 나타났다.

〈조선왕조실록〉

12월 16일-셋째 날
적의 머리 하나에 은 30냥

아침밥을 먹고 나자 청나라 대군이 물밀 듯이 몰려와 성을 포위하였다. 성 안에서 바깥과 통할 수 있는 길이 모두 막히고 나니 남한산성은 육지 속의 섬이 되고 말았다. 청나라 대군이 아직 다 서울에 도착하지 않아 마부대가 강화한다고 달콤한 말로 속인 것이었다. 청나라의 강화 제의를 믿지 않은 임금의 말이 옳았던 것이다.

청나라 군사가 처음 조선에 올 때는 군사의 수가 그리 많지 않았다. 또 추운 겨울에 먼 길을 달려왔기 때문에 몰골이 말이 아니었으며, 군사도 말도 모두 지쳐 있었다. 그때 임금과 신하들이 용기를 내 청나라 군대를 공격했다면 충분히 승산이 있었을 것이다. 그러나 갑론을박만 벌이다가 황급히 남한산성으로 쫓겨 들어와 고단하게 성을 지키는 신세가 되고 말았다. 문관 신하들뿐만 아니라 장수들 역시 청나라 군대에 잔뜩 겁을 먹고 아예 싸울 생각조차 하지 않았다.

마부대가 왕자와 대신을 보내라고 요구했다. 이에 조정에서는 능봉수의 품계를 군(君)으로 올려 임금의 아우라 하고, 형조판서 심집을 거짓 정승이라 꾸며, 적진으로 보내 강화를 맺고자 했다. 그런데 막상 적진으로 간 심집은 마부대에게 이렇게 실토했다.

"나는 대신이 아니라 가짜 직함으로 왔소. 능봉군도 종실이긴 하지만 임금의 아우가 아니오."

그러자 능봉군이 말했다.

"심집의 말이 틀리오. 심집은 정말로 대신이며, 나는 정말로 왕의 아우 왕자요."

그때 적진에 청나라가 침략하기 전에 심양에 추신사로 가다가 중간에 청나라 군사에게 붙잡힌 박노와 박난영이 있었다. 마부대가 박난영을 불러 물었다.

"누구의 말이 옳으냐?"

"능봉군의 말이 옳습니다."

눈치 빠른 마부대는 박난영의 말이 거짓인 것을 눈치 채고 목을 베 죽였다. 다행히 능봉군과 심집은 목숨은 보전할 수 있었지만 아무 성과도 없이 성으로 돌아갈 수밖에 없었다. 조정은 다시 좌의정 홍서봉과 호조판서 김신국을 적진에 보냈다. 홍서봉은 마부대에게 말했다.

"봉림, 인평 두 대군 중 한 분을 보낼 것인데, 지금 강화도에 있기 때문이 길이 멀어 아직 못 왔소이다."

마부대는 눈을 부라리며 다짐을 받았다.

"흠. 만약 세자가 오지 않는다면 화의를 할 수가 없을 것이오."

이들 또한 아무 소득 없이 성으로 돌아왔다.

한편 임금은 매일 성을 순찰했는데 이날 임금의 측근인 양향사(산성의 식량을 책임지는 관리) 나만갑이 임금을 독대하고 아뢰었다.

"마부대가 처음에 화의를 맺자고 왕자를 청하더니 이제 와서는 또 동궁(세자)을 청하는 등 말이 이랬다저랬다 변덕이 자심합니다. 진심으로 화의를 맺자고 하는 말이겠습니까? 추가로 뒤따라오는 청군을 기다리고 있는 것이 분명합니다. 동궁을 보내라는 말은 차마 들을 수가 없습니다. 만약 그들의 말을 따른다면 신하된 몸으로서 살아 있는 것이 죽는 것만도 못할 것입니다. 그리 될 경우 신의 머리를 어전에서 부수고자 합니다. 지금 적병은 먼 길을 달려와 지쳐 있으니 이 틈을 타서 우리가 공격을 한다면 이길 수도 있을 텐데 우리 군사는 적을 보면 겁부터 집어먹습니다. 만약 싸워서 한 번만이라도 우리가 이기면 군사들은 적을 두려워하지 않을 것입니다. 한 번 이기고, 두 번 이기고 나면 사기는 저절로 두 배가 될 것입니다. 중국에서는 적의 머리 하나를 바치면 상으로 은 50냥을 주었습니다. 임란 때도 명나라 군사들이 목숨을 바쳐 달려든 것도 다 그 때문입니다. 지금 성 안에는 재물이 많지는 않사오나 이서가 가지고 온 은 8천 냥이 있습니다. 그러니 적의 머리 하나에 은 10냥씩을 상으로 주고, 상을 원하지 않는 자에게는 벼슬을 내려 그 공을 치하하면 용감히 나서는 군졸이 어찌 없겠습니까?"

임금은 아무 말 없이 그 말을 듣고 체찰사 김류를 불러 의견을 물었다. 김류는 이렇게 아뢰었다.

"성을 지키는 군사는 약하기 이를 데 없습니다. 만약 싸워서 패하면 어찌하겠습니까? 그것은 좋은 계책이 아닙니다."

아! 탄식이 저절로 나올 수밖에 없다. 무장들은 모두 적을 두려워하고, 신하들은 눈물을 흘리며 통분한 날을 보내면서도 분연히 싸우자는 말에는 모두 반대를 하니 말이다. 그러나 임금은 여러 사람들의 반대를 물리치고 적의 머리 하나에 은 30냥을 상으로 내리겠다고 결정했다. 희망자를 모집하자 모두 앞 다퉈 모여들었다.

이날 밤에 영의정과 좌의정, 김성국, 이성구, 최명길, 장유, 우참판 한여직, 참판 윤휘, 홍방이 임금을 뵙고 아뢰었다. 첫째는 세자를 청의 진영에 보내자는 것이었고, 둘째는 우리 임금을 신하라 하고 청의 칸을 황제로 부르자는 것이었다. 물론 임금은 단호히 거절했다. 하지만 세자가 이를 듣고 눈물을 흘리며 아뢰었다.

"일이 이렇게 급박하온데…제가 마땅히 가겠습니다."

임금은 그런 세자의 손을 붙잡고 함께 울다가 마지못해 승낙했다.

"…그리 하라."

그리하여 세자는 좌의정 김신국, 이성구, 최명길, 장유, 한여직, 윤휘, 홍방 등을 거느리고 적진으로 갔다. 세자는 마부대 앞에서 자신을 신이라 칭하고, 청나라 칸을 황제라 불렀다. 일찍이 볼 수 없는 굴욕이라 아니할 수 없다. 예조판서 김상헌이 비변사에서 울분에 차 울부짖는 외침이 밖에까지 들렸다.

"그렇게 건의한 자들을 내 칼로 목을 베고, 맹세코 그들과 한 하늘에 살지 않겠노라."

김류는 세자를 적진에 보낸 것에 대해 임금 앞에 나아가 대죄하였다.

이서는 병이 심해져 성을 지키지 못하므로 원평군 원두표로 하여금 어영청 부사로 삼아 이서 대신 그 군사를 통솔케 하고, 황집을 중군으로 삼았다.

〈병자록〉

12월 17일-넷째 날
세자, 적진으로 가다

임금이 울며 말했다.

"나랏일이 이 지경에 이르렀으니 어떻게 해야 하겠는가. 내가 비록 재덕(才德)은 변변찮으나 본래의 뜻은 잘 해보려고 하였는데, 오늘의 일이 끝내 이 지경에 이르렀다. 내 한 몸 죽는 것이야 애석할 것이 없지만, 부형 백관과 성에 가득한 군민이 나 때문에 모두 죽게 되었으니, 고금 천하에 어찌 이처럼 망극한 일이 또 있겠는가."

이에 김류, 이성구 등이 울면서 아뢰었다.

"전하께서 다스린 14년 동안 전혀 실덕(失德)한 일이 없으셨으니 결코 망국의 군주는 아니십니다. 어제 만약 강화도로 향하셨더라면 도달할 수 있었을 것인데, 옥체가 불편하시어 나가셨다가 돌아오시고 말았으니, 참으로 안타깝기 그지없습니다."

"내가 어찌 병 때문에 돌아왔겠는가. 다시 생각해 보니, 적병이 이미 육박했는데 공격이라도 받게 되면 예측 못할 모욕을 면하기 어려울 것

같기에 돌아온 것이다."

"일이 급하게 되었으니, 나이든 대신 십여 명을 데리고 미복 차림으로 동문을 나가 곧장 충청도로 향하거나 영남이나 호남으로 가시는 것이 마땅할 듯합니다."

"그게 무슨 말인가. 나를 따라 성에 들어온 자는 모두 종실이요 백관인데, 어찌 차마 그들을 사지에 버려두고 나 혼자만 탈출하여 달아난단 말인가. 설사 요행히 살아난다 한들 어떻게 천지에 얼굴을 들 수 있겠는가."

단호한 임금의 말에 김류와 홍서봉이 머뭇거리다가 아뢰었다.

"일이 급하게 되었으니 강화를 요청하지 않을 수 없습니다. 적은 이미 승세를 얻었고 우리의 원병이 올 것도 확신할 수 없습니다. 따라서 우리 형세로 보면 반드시 정묘년보다 몇 배나 더 굴복하고 들어가야만 허락을 받을 수 있을 것입니다... 앞으로 어떤 계책을 써야 할지 모르겠습니다."

임금이 한참을 말없이 신하들의 얼굴을 바라보다가 입을 열었다.

"일이 이미 이렇게 되었으니 어찌 다른 일을 계획하겠는가. 이것은 해서는 안 될 말이지만 사태가 매우 급박하게 되었으니, 오직 운명에 맡겨야 할 것이다."

"이런 지경까지 와서 어느 겨를에 명분을 다투겠습니까. 신들이 가서 만나볼 때에도 재배례를 행하여 중국을 대접하는 예로 해야 할 것입니다."

임금은 깊은 숨을 내쉰 뒤 천천히 말했다.

"삼백 년 동안 온갖 정성을 다해 중국을 섬겼고 받은 은혜도 매우 많은데, 하루아침에 원수인 오랑캐의 신하가 되려 하니 어찌 애통하지 않겠는가. 윤리가 사라진 때를 당하여, 다행히 당시 절개를 지키던 제현(諸賢)과 함께 반정(反正)의 거사를 일으켜 임금의 자리에 있으면서 임금의 일을 행한 지 벌써 14년인데, 끝내 짐승과 같은 결과가 될 줄이야 어찌 생각이나 했겠는가. 그러나 경들에게야 무슨 잘못이 있으리오. 내가 변변찮고 형편없어 오늘과 같은 지경에 이르게 한 것이다. 경들이여, 경들이여, 어찌할 것인가, 어찌할 것인가."

신하들이 모두 울며 아뢰었다.

"이것은 모두 신들이 형편없어 빚어진 결과입니다. 전하에게 무슨 잘못이 있겠습니까."

"젊은 간원들이 사려가 얕고 논의가 너무 과격하여 끝내 이 같은 화란을 부른 것이다. 당시에 만약 저들의 사자를 박절하게 배척하지 않았더라면 설사 화란이 생겼다고 하여도 그 형세가 이 지경까지는 이르지 않았을 것이다."

"어리고 생각이 얕은 자가 일을 그르쳐서 이 지경에 이른 것입니다."

"그 논의가 실로 정론이었기에 나 역시 거절하지 못하다가 이 지경에 이르렀다. 실로 시운에 관계된 것인데 어찌 남을 탓할 수 있겠는가."

〈조선왕조실록〉

한편 남한산성으로 들어가던 날 병사 이진경은 말에서 떨어져 중풍에 걸렸는데 당시 사람들은 성으로 들어가는 것을 곧 죽는 것으로 생각했다.

〈병자록〉

12월 18일-다섯째 날
최명길의 목을 베어야 합니다

북문 대장 원두표가 처음으로 군사를 데리고 출전하여 적 여섯 명을 죽였다. 비록 여섯 명밖에 죽이지 못했으나 군사들이 싸울 수 있는 자신감을 얻은 것만으로도 큰 수확이었다. 성 안의 창고에는 쌀과 잡곡이 겨우 1만 6천여 섬밖에 없었다. 이것은 만여 명 군사의 한 달 식량밖에 되지 않았다.

그나마 그 식량은 이서의 덕분이었다. 이서는 남한산성 수어사가 되자 갖은 방법을 동원하여 많은 군량을 성안에 비축하여 놓았다. 하지만 그가 병으로 물러나고 수어사가 바뀌자, 지역 수령인 광주 목사 한명욱이 양식을 남한산성 안으로 운반하는 것은 민폐를 끼치는 것이라 하여 중지시켰다. 그리고 한강 가에 창고를 지어 양식을 모두 거기에 저장해 두었는데, 청나라 군사가 이번에 이를 모두 차지해버린 것이다. 지금 남한산성에 있는 1만 6천여 섬의 식량은 이서가 모두 비축해 놓았던 것이며, 소금, 장, 종이, 무명, 병기와 그밖에 필요한 물품들도 모두 이서가 갖추어 놓은 것이다.

이서가 아니었다면 청의 침입으로 창졸간에 성으로 들어온 임금과 대신들 그리고 군사들이 어찌 견딜 수 있었겠는가. 이서는 계획과 지략이 다른 장수들과는 달랐다. 성안의 모든 사람들뿐만 아니라 평소에는 그의 단점만 들춰내던 사람들까지도 나라를 위해 충성을 다했다고 칭찬하여 마지않았다. 〈병자록〉

임금이 행궁의 남문에 거둥하여 백관을 접견했다. 전 참봉 심광수가 땅에 엎드려 아뢰었다.

"한 사람을 목 베어 화의를 끊고, 백성들에게 사과하셔야 합니다."

"그 한 사람은 누구를 가리키는가?"

"최명길입니다."

"너의 뜻은 내가 이미 알고 있다."

그 자리에 최명길도 있었는데 그 말을 듣고는 바로 자리를 피했다.

임금은 신하들의 얼굴을 바라보다가 입을 열었다.

"내가 덕이 없어 이 같은 비운을 만나 오랑캐가 침략하였다. 정묘년에 변란이 생겼을 때에 임시방편으로 강화를 허락하여 치욕을 달게 받아들였으나 이는 부득이한 계책으로서 마음은 역시 편치 않았다. 이번에 오랑캐가 황제를 칭하고 우리나라를 업신여기므로 내가 천하의 대의를 위해 그들의 사신을 단호히 배척하였는데 이것이 화란의 원인이 되었다. 지금 군신 상하가 함께 한 성을 지키고 있는데, 화의는 이미 끊어졌으니 싸움만이 있을 뿐이다. 싸워서 이기면 상하가 함께 살고, 지면 함께 죽을 것이니 오직 죽음 가운데에서 삶을 구하고 위험에 처함으로써 안녕을 구하여야 할 것이다. 마음과 힘을 합하여 떨치고 일어나 적을 상대한다면 깊이 들어온 오랑캐의 군사는 아무리 강해도 쉽게 무너질 것이고, 사방의 원병이 계속하여 올 것이니 하늘이 우리를 도와준다면 전승을 거둘 수 있을 것이다. 아, 같은 근심이 있는 사람이 서로 도와주고, 같은 병을 앓는 사람이 서로 돌보아 주는 것은 이웃끼리도 그러한데, 하물며 부자와 같은 군신이 한 성을 함께 지키며 생사를 같이 하는데 더 이상 잃을 것이 무엇이 있겠는가. 나는 그대들이 이 혹한 속에서 어려움을 함께 하며 얇은 옷과 보잘것없는 음식으로 추위에 몸을 드러낸 채 성을 지키고 있음을 생각하고, 눈길이 닿을 때마다 마음이 아파 온 몸을 바늘로 찌르는 듯한 아픔을 느낀다. 오직 바라건대 그대들은 각자의 충정으로 분발하고 함께 맹세하여 기어코 이 오랑캐를 물리쳐 함께 큰 복을 도모하라. 그러면 훗날 상을 내림에 있어 어찌 조금이라도 아끼겠는가."

〈조선왕조실록〉

12월 19일-여섯째 날
인조, 강화도 방비를 당부하다

총융사 구굉이 군사를 이끌고 나가 적 20명을 죽이고, 군관 이성익이 용감히 싸워 공을 세웠다. 임금은 이 두 사람의 품계를 올려주었다. 이 날 바람이 몹시 불고 비가 곧 올 것 같았다. 김상헌으로 하여금 성황당에 제사를 지내게 하였는데 곧 바람이 자고 비도 오지 않았다.

〈병자록〉

임금이 강화도 유수 장신, 검찰사 김경징, 부검찰사 이민구에게 글을 보내어 유시하였다.

"적병이 남한산성을 포위한 지 벌써 엿새째가 되었다. 군신 상하가 고립된 성에 의지하며 위태롭기가 한 가닥 머리카락과 같은데, 외부의 원병은 이르지 않고 서로 연락할 길도 끊어졌다. 경들은 이런 뜻을 도원수, 부원수 및 각 도의 감사와 병사에게 연락하여 빨리 달려와 구원하여 위급함을 구하게 하라. 그리고 그곳의 방비도 철저히 해야 할 것이니 나루를 건너는 자를 엄히 조사하여 조금이라도 소홀함이 없도록 하라. 그리고 결사대를 모집하여 기필코 답을 하라."

이 날 적병이 진격하여 남쪽 성에 육박했지만 아군이 화포로 공격하여 물리쳤다. 임금은 성을 순시하며 군사를 위로하고, 전사한 장졸에게 휼전(정부에서 이재민을 구제하는 은전)을 베풀 것과 그 자손을 녹용(錄用)할 것을 명하였다.

〈조선왕조실록〉

4장
화의냐, 척화냐

12월 20일-일곱째 날
마부대가 화의를 청하다

마부대가 통역 정명수를 보내 화의를 요청했다. 임금은 김류를 불러 회담을 할 것인가 아니 할 것인가를 물었다. 김류는 아무래도 강화를 맺자는 쪽이었다.

"성문을 열고 중신을 보내는 것이 좋을 줄로 압니다."

옆에 있던 나만갑이 반대의 뜻을 밝혔다.

"성문을 여는 것은 옳지 않습니다. 지금 화의를 논하면 성을 지키고 있는 군사들의 사기가 무너질 것입니다. 성 위에서 그들이 묻는 대로 대답하시는 것이 좋겠습니다."

임금은 나만갑의 의견을 받아들였다. 그때 명을 받들고 충청도로 갔던 선전관 민진익이 포위망을 뚫고 용케도 성 안으로 들어왔다. 임금은 그를 칭찬하고 품계를 올려주라 명하였는데, 민진익은 앉은 자리가 따뜻해질 시간도 안 돼 다시 명을 받들고 성을 나갔다.

〈병자록〉

이윽고 청나라 사신 세 명이 성 밖에 도착했다. 김류가 임금에게 최명길을 청했으나 임금은 최명길이 갈 때마다 속는다며, 김신국과 이경직을 보내라고 명하였다. 김류가 이때서야 비로소 군사를 뽑아 공격할 계책을 아뢰었다. 밖에 나갔던 김신국과 이경직이 들어와 아뢰었다.

"저들이 말하기를 '지난번 대신이 돌아간 뒤로 전혀 소식이 없는데, 이제 칸이 송경(개성)에 도착하였으니 이제부터는 우리가 양국 백성을 위해 계책을 베풀 수가 없게 되었'고 하였습니다."

보고를 받은 임금은 청의 사신을 물리치도록 명하였다. 그리고 다시 글을 써 도원수, 부원수에게 보내 진격해 들어와 구원하라고 유시하고, 이어 각 도의 감사와 병사들에게 연락하여 군대를 선발해서 적을 치라고 명하였다. 또 김경징 등에게 하삼도(下三道)의 주사(舟師)를 전부 징집하라고 명하였다.

〈조선왕조실록〉

12월 21일-여덟째 날
심열, 강화를 주장하다

어영별장 이기축이 군사를 거느리고 성 서쪽으로 나가 적 10여 명을
죽이고, 성 동쪽에서는 신경진이 약간의 군사를 데리고 나가 적 몇 명을
죽였다.

〈병자록〉

마부달 등이 또 성 밖에 도착하니, 김류가 다시 김신국과 이경직을
보내 담화를 할 것을 청하였다. 김반, 조수익 등은 보내지 말기를 청하였
으나 마침내 김신국 등을 보냈다. 지중추부사 심열이 차자(작은 상소문)를
올렸다.

"삼가 듣건대 청나라 사람이 성 밖에 도착하여 다시 강화하는 일을
말하고 있다 합니다. 적의 진의는 알 수 없습니다만 예로부터 전쟁 중에
도 사신을 서로 보내었습니다. 따라서 지금 적당한 인원을 보내 명백히
전달하기를 '당초에 너희가 왕자와 대신을 청하기에 우리가 양국 백성을
위해 뜻을 굽혀 허락했다. 그런데 너희가 다시 불신하고 재차 동궁을 인
질로 삼고자 하는데, 이는 절대 따를 수 없는 일로서 삼군(三軍)이 팔을
걷어붙이고 목숨을 바쳐 싸우기로 결의하며 다시는 강화하는 일을 생각
하지도 않고 있다. 그러나 지금 너희가 또 좋은 의도로 와서 말을 하니,
과연 성심으로 강화를 청하는 것이라면 군사를 경기도 밖으로 퇴각시켜

라. 그렇게 한다면 왕자와 대신을 보내라는 청을 힘써 따르겠다'고 해야 하겠습니다. 이런 뜻으로 말을 잘 만들어 좋게 타이르면서 그들의 답을 관찰하는 한편 적의 형세를 탐지한다면, 이 또한 병가의 한 가지 방법이 되겠습니다.

요즘 아군이 자원해서 출전하여 무리에서 떨어진 적을 소탕하자 조정이 온통 기쁨에 휩싸여 서로 축하하면서 장차 이렇게 해서 적을 다 섬멸시킬 수 있을 것처럼 여기고 있습니다. 그러나 병가의 일은 일률적으로 논할 수는 없습니다. 삼가 듣건대 적병이 많지 않다고 하니 저들이 필경 원하는 것도 강화를 맺고 돌아가는 것에 지나지 않을 것입니다. 그러나 포위된 지 여러 날이 되도록 개미 새끼 한 마리도 구원하러 오지 않는데, 적이 증강되고 성 안의 양식이 떨어지면, 한 조각 고립된 성에 군부를 모시고 있는 위태로움이 한 가닥 머리카락보다 더 심하게 될 것입니다. 그런데 어찌 화를 완화시킬 계책을 강구하지 않고 한 가지 방법에만 집착하여 존망을 결정지을 수 있겠습니까."

이에 대사간 김반이 들어와 심열을 비난했다.

"듣건대 심열이 또 강화하는 일로 차자를 올렸다고 하는데 조정과 군사가 모두 놀라고 있습니다. 대답이 내려지지 않아 그 내용이 어떻게 되어 있는지는 모르겠으나, 분발하여 싸워야 할 때에 감히 그런 말을 제창한단 말입니까. 그 차자를 내려 대중이 모인 가운데 불태우게 하고 속히 그를 귀양 보내어 여론을 잠재우소서. 차자를 받아 올린 승지에게도 잘못이 있으니 추고하소서."

물론 임금은 윤허하지 않았다. 김반은 재차 아뢰었다.

"만약 허락을 얻지 못하면 신은 감히 물러가지 않겠습니다."

그렇게까지 강하게 나오자 하자 임금은 그의 말을 반은 받아들였다.

"승지는 추고하라. 그러나 심열을 멀리 귀양 보낸다면 언로를 방해하는 일이 될 것이니, 타당하지 않을 듯하다."

덧붙여 심열의 차자를 승정원에 내려 불태우라고 명하였다.

이날 유도 대장 심기원이 장계를 보내 왔는데, 장계의 내용이 대부분 전공을 과장하여 조정을 속이려는 것이어서 보는 사람이 다 놀라고 분개하였다.

〈조선왕조실록〉

12월 22일-아홉째 날
40여 명의 청군을 죽이다

마부대가 또 통역을 보냈다.

"이제부터는 동궁을 보내라고 하지는 않겠다. 만약 왕자와 대신을 보내면 화의를 맺겠다."

한 발짝 양보를 한 것이었으나 임금은 허락하지 않았다.

〈병자록〉

그리고 김류를 불러 일렀다.

"오늘 한번 결전하라."

그러나 김류는 어렵게 여기는 뜻으로 대답하였다. 임금은 장탄식을 한 뒤 명을 내렸다.

"각 영에 전령하여 식후에 출전하게 하라. 그리고 우리나라 사람은 모두 잘못되었다. 심열이 어찌 오늘날 강화해서는 안 된다는 것을 몰라서 강화하자고 말을 그렇게 했겠는가. 이는 다름이 아니라 매우 겁을 먹어서 그런 것이다."

이에 김류가 대답했다.

"신이 여러 장수들과 한 곳에 약속을 정하겠습니다."

옆에 있던 신경진과 구굉이 그런 김류를 거들었다.

"근래에 접전하는 상황을 보니, 사냥개가 짐승을 쫓는 것과 같은 점이 있었습니다."

〈조선왕조실록〉

이날 북문의 어영군이 적 10여 명을 죽이고, 신경진이 또한 30여 명의 적을 죽이니 지금까지 죽인 적이 100여 명에 이르렀으나, 우리 군사 중 죽은 자는 겨우 5, 6명에 지나지 않았다.

〈병자록〉

12월 23일-열째 날
적의 목을 매달다

임금이 몸소 북문으로 나가 싸움을 독려하였다.

훈련도감, 총융청, 수어청, 금위영이 모두 출전하여 적 몇 명씩을 죽였는데 북문에서 많이 가장 많이 죽였다. 다행히 우리 군사는 다치거나 죽은 군사가 몇 명 되지 않았다. 많은 수가 죽었지만 청나라는 전쟁터에서 죽은 군사의 시체를 수습하는 것을 가장 큰 공으로 치기 때문에 시체를 모두 가져가 버려, 목을 잘라오지는 못했다. 그래서 적을 죽인 것이 분명한 사람에게는 목을 잘라오는 것과 같은 상을 내렸다.

어영군이 처음으로 적의 목을 하나 가져와서 군문에 높이 매달았다. 성 안의 모든 사람이 그 꼴을 보고 웃지 않을 수 없었다.

12월 24일-열한째 날
눈물이 임금의 옷을 적시다

비가 멎지를 않아 성을 지키는 군사들이 모두 비에 젖었다. 혹독한 겨울비에 얼어죽지 않을까 걱정이 되어 급기야 임금과 세자가 뜰 가운데로 나가 하늘에 빌었다.

"오늘날 이 지경에 이른 것은 우리 부자가 지은 죄 때문이니, 성 안의 군사와 백성들이 무슨 죄가 있겠습니까? 재앙을 내리시려거든 우리 부자에게 내리시고, 모든 백성을 살려주시옵소서!"

임금의 목소리는 애절했으나 차가운 빗물은 끊이지 않았고 눈물까지 흘러 옷이 흠뻑 젖었다. 내관이 안으로 들어가기를 청했으나 임금은 비를 다 맞으며 그렇게 오랫동안 서 있었다. 임금의 기도 덕분인지 밤이 되자 비가 그치고 하늘에 은하수가 선명하게 나타났다. 또한 날씨도 누그러져 그리 춥지 않았다. 임금의 그러한 모습에 성 안의 모든 사람이 울지 않은 이가 없었다. 성을 지키는 군사들 중에 끝내 딴 마음을 품지 않은 것은 임금이 진정한 마음으로 하늘에 빈 덕분이었다. 백성을 사랑하고, 모든 것이 자신의 허물에서 비롯된 것이라고 반성하는 그 마음이 그들의 가슴 깊숙이 파고 들어갔기 때문이었다.

〈병자록〉

김류가 임금에게 아뢰었다.

"충청병사가 군사를 거느리고 죽산(竹山)에 머물고 있다 합니다. 그들은 필시 적의 형세를 모르고 있을 것입니다. 오늘밤 결사대를 내보내 적의 형세를 알려주는 것이 어떻겠습니까?"

"즉시 시행하라. 만에 하나 차질이 생긴다면 큰일이 날 것이다. 원수(元帥)의 진영에도 사람을 보내 통지하여 진격해 오도록 해야 할 것이니, 반드시 신중하게 하라."

"이렇게 포위된 성에 앉아서 시간만 끌고 있는데, 저들이 지구전을 벌이는 것은 분명 원병을 기다리고 있기 때문입니다. 우리의 원병은 오지 않고 저들의 원병이 갑자기 이르게 되면 더욱 어떻게 할 수 없을 것이니,

한 쪽 문으로 군사를 내보내 물러서는 자를 목 베어 싸움을 독려하는 한편 강화도로 들어간다면, 그런 대로 한번 해 볼 만합니다. 그런데 장수들은 술에 취한 듯 어리석기만 합니다. 이곽이 출격하려고 하는데도 대장이 어려워한다고 합니다. 신은 답답하고 안타까운 심정을 금하지 못하겠습니다."

"병가의 일은 일률적으로 논할 수 없다. 그리고 이곽은 큰 소리나 칠 뿐 담력은 없으니 용감한 자가 아니다."

김신국이 또 아뢰었다.

"성을 지키는 자가 1만 4천 명이니, 1만 명으로 성을 지키게 하고 4천 명으로 대영(大營)을 치게 하는 것이 좋을 듯합니다."

임금은 김신국의 말을 좇지 않았다.

"평지에 내려가 대진(大陣)을 치는 것은 만전의 계책이 아닌 듯하다."

〈조선왕조실록〉

12월 25일-열두째 날
사신을 보낼 것인가, 말 것인가

날씨가 몹시 추웠다. 조정에서 적의 진중에 사신을 보내자는 의견이 나왔다. 나만갑이 먼저 임금께 아뢰었다.

"전날에 저들이 사람을 거듭 보내 화의를 청했으나 응하지 않았습니다. 그런데 이제 와서 아무 이유도 없이 우리가 먼저 사신을 보낸다면,

저들은 분명 비가 온 뒤라서 우리 군사들이 얼고 굶주려서 형세가 곤궁하여 사신을 보낸 것이라 할 것입니다. 따라서 약함을 보이시는 것은 옳지 않습니다."

김신국도 같은 의견이었다. 임금이 대신들을 불러 물으니 비변사에서는 사신을 보내야 한다고 주장했다. 이에 임금은 유시를 내렸다.

"우리나라는 화의로 인해서 번번이 저들에게 속아 왔소. 이번에도 사신을 보내면 욕을 볼 것이 빤하지만, 대신들의 의견이 그러하니 잠시 그 의견을 따르겠소. 곧 설이 다가오는데 저들에게 소와 술을 보내고, 작은 은합에 과일을 가득 담아 우리가 옛정을 잊지 않고 있음을 보이시오. 그리고 말을 걸어서 그들을 분위기를 살펴보게 하시오."

〈병자록〉

그때 예조에서 다른 의견이 나왔다.

"온조(溫祚)가 이곳에 도읍을 정하여 그 역사가 가장 오래 되었는데, 반드시 그 신(神)이 있을 것입니다. 옛사람은 군사 작전을 벌이며 주둔할 때에 반드시 그 지방 신에게 제사를 지냈습니다. 지금 임금이 머물러 계시면서 성황당에도 이미 제사를 올렸는데, 온조에게 제사를 지내는 일을 그만둘 수는 없을 듯합니다."

임금은 그 말이 옳다 여겨 그대로 따랐다. 뒤이어 사간원이 아뢰었다.

"성이 포위되어 고립된 지 십여 일이 넘었으니 각 도의 군사들은 일각도 지체하지 말아야 할 것입니다. 그런데 공청병사 이의배는 죽산에와 주둔하면서 곧바로 전진하지 않고 있으니, 머뭇거리며 나오지 않는 그 정상이 참으로 놀랍고 통분하기 그지없습니다. 군율대로 처단해야 마땅하겠지만, 우선 먼저 하유하시어 속히 진군하여 공을 세움으로써 죄를 갚도록 하소서."

"그리 하라."

또 4영(훈련도감, 총융청, 수어청, 금위영)의 대장 신경진, 구굉, 원두표, 이시백 등이 임금에게 나아갔다. 원두표가 여쭈었다.

"체부가 4영에 전령하여 서로 의논해서 적을 섬멸하라고 하였습니다. 동문이나 남문으로 출병하고 싶은데, 어느 곳을 먼저 해야 할지 모르겠습니다."

"경들의 생각은 어떠한가?"

"망월봉(望月峯)과 동문 밖은 모두 형세가 불리합니다."

"그렇다면 어떻게 해야 하겠는가?"

"밤에 결사대를 보내 적장이 있는 곳을 엄습하면 어떻겠습니까?"

신경진이 반대했다.

"적장이 반드시 진영 안에서 잔다고 볼 수도 없는데, 밤에 놀라게 하는 것은 난처합니다."

또 시백이 아뢰었다.

"적은 용병(用兵)에 뛰어나 신출귀몰하니, 평야에서 싸우면 우리에게 불리할 것입니다. 다만 군사들을 쉬게 하면서 적이 올려다보고 공격해 오기를 기다렸다가 공격하든가, 아니면 외부의 원병을 기다려 협공하는 것이 마땅합니다."

이렇듯 말로만 떠들어대고 제대로 한 번 싸워보지도 못하니 참으로 답답한 노릇이었다. 참다못한 임금은 전투를 명했다.

"이토록 지구전만 벌이다가 장차 어찌할 것인가. 형세가 편리한 곳을 택해 한 번 싸우도록 하라."

곧이어 이서와 이경증이 입시하였다. 이경증이 의견을 말했다.

"지금 오랑캐 왕에게 사람을 보내 그가 있는 곳을 정탐하게 하는 한편 그들의 군정(軍情)을 해이하게 하는 것이 좋을 듯합니다."

이어 이서가 아뢰었다.

"곧 설이 다가오고 있으니 사람을 보내 선물을 보내는 것도 한 가지 방안일 것입니다."

그러나 임금은 반대 생각이었다.

"이런 때 사람을 보내는 것은 괜한 일인 듯하다. 그리고 무장은 오직 싸우고 지키는 것만 생각해야 한다."

하지만 두 신하도 지지 않았다.

"신이 어찌 싸우는 것을 잊었겠습니까. 계략을 써서 이기려고 하는 것일 뿐입니다. 또 성세(聲勢)를 과장한 거짓 문서를 만들어 성 밖에 떨어뜨려 놓아 적이 알게 하는 것도 조금은 도움이 될 것입니다."

임금은 고개를 끄덕였다.

"좋은 방법이다. 그리고 경은 항상 장신(張紳)을 칭찬했는데 그의 재주가 어떠한가?"

"큰 그릇은 못 되지만 그런 대로 쓸 만한 인물입니다. 그리고 이수림은 그저께 전투에서 적의 방패 아래까지 진격해 갔는데, 담력과 용기가 있는 자가 아니고서는 그렇게 못할 것이니, 장수로 삼았으면 합니다."

"아직 상을 의논하지 않았는가? 즉시 별도로 상을 의논하라."

"오영발도 쓸 만한 자입니다. 화살에 수십 군데를 맞고서도 뜻이 조금도 꺾이지 않았습니다."

"참 장사로구나. 이들은 우선 수령에 제수하도록 하라."

이어 이수림과 오영발을 불러오라고 명했다. 임금은 그들을 기쁜 마음으로 바라보며 칭찬을 아끼지 않았다.

"그대들이 앞장서서 용기를 펼쳤으니 나의 마음이 매우 기쁘다. 장상 (將相)에 어찌 씨가 따로 있겠는가. 각자 더욱 힘쓰도록 하라."

하면서 내시에게 명하여 술을 주도록 하였다.

〈조선왕조실록〉

12월 26일-열셋째 날
지원군은 나아가 진군하지 않고…

대신들이 입시하여 아뢰었다.

"오늘 군사를 뽑아 출전하려고 했는데, 바람이 너무 강하니 날씨가 조금 풀릴 때까지 기다렸으면 합니다."

임금이 김류에게 말했다.

"경이 대장이니, 사태를 보아 가며 대처하라."

이어 홍서봉이 아뢰었다.

"오늘의 위급한 상황을 어찌 다 아뢸 수 있겠습니까. 지금 믿을 것은 외부의 지원뿐인데, 호서의 군사가 가까운 거리에 와 있으면서도 관망만 할 뿐 진군하지 않고 있습니다. 또 경상도와 전라도의 군사가 아무리 많다 해도 아직까지 한 번도 싸우지 않았으며, 서북의 군사도 소식이 없습니다. 믿을 것은 단지 성안 군사의 사기가 꺾이지 않는 것뿐인데, 날씨가 이토록 차므로 사기가 너무나 저하되고 있습니다. 적이 만약 명분 없이 물러가기를 꺼린다면 우리가 사람을 보낸다 해도 무슨 소용이 있겠습니까. 온 성의 인정이 다 이와 같은데도 영상은 군사의 일을 맡고 있어 감히 논의에 참여할 수 없기에 신이 감히 아룁니다."

그러자 김류도 아뢰었다.

"신이 군사의 일을 맡고 있어 감히 입을 열지 못하였으나 우리 군사의 실정은 과연 좌상의 말과 같습니다."

"적의 실정만 말하라. 우리 군사 실정은 어린아이라도 알 것인데 내가 어찌 모르겠는가."

김신국이 아뢰었다.

"사람을 보내 강화를 성사시킬 수 있다면 실로 국가의 다행한 일입니다. 다만 우리 쪽에서 먼저 사람을 보내면 저들이 돌아가려는 마음이 있다 하여도 반드시 중지할 것입니다."

여태 입을 다물고 있던 장유가 덧붙였다.

"저들도 처음 올 때와는 같지 않습니다. 처음에는 이 고립된 성이 그들의 손바닥 안에 있다고 생각했을 것입니다. 그러나 지금 산성의 형세가 올려다보고 공격하기 어려우므로, 우리가 지치기를 기다려 협박해서 강화를 맺고 돌아가려 하고 있습니다. 돌아보건대 이 성안의 형세가 매우 위급하니, 우선 일이 이루어질 수 있느냐 없느냐는 논하지 말고 먼저 사람을 보내 시험해 봐야 할 것입니다."

임금이 김신국을 돌아보며 말했다.

"호조판서의 말이 옳다. 다만 백관 부형이 모두 여기에 들어와 있는데 형세가 이 지경이 되었으니, 어제 이서가 아뢴 대로 소와 술을 보내는 것도 좋겠다."

강화파의 선두인 최명길이 의견을 보탰다.

"옛날에도 황감(잘 익어 빛이 누른 감자)을 적에게 보낸 경우가 있었으니, 이 역시 해로울 것이 없습니다."

"재신 중에 계략에 뛰어나고 언변이 있는 자를 엄선하여 보내도록 하라."

그러나 박황이 반대 의견을 말했다.

"임금의 명으로 보냈다가 받지 않으면 괜히 모욕만 당하게 될 것이니, 대신이 보낸다고 하는 것이 어떻겠습니까?"

"설령 받지 않더라도 해로울 것이 없다. 국가에서 보내는 것으로 하는 것이 마땅하다."

이경이 입대하여 아뢰었다.

"신이 적의 진영에 가도록 되어 있기에 대신에게 의논했더니 '방금 적병이 이부치(利阜峙)로 향하고 있으니, 이는 필시 우리 측 원병을 맞아 공격하려는 것이다. 만약 불행한 일이 있게 되면 저들은 필시 우리가 강화하기 위해 왔다고 할 것이다. 오늘 복병에게 말을 전하여 사자를 보내겠다는 뜻을 먼저 통지해 놓고 내일 출발하는 것이 마땅하다'고 하였습니다."

이경의 말을 다 들은 뒤에 임금이 물었다.

"그렇다면 경이 적의 진영에 가서 어떻게 말할 것인가?"

"십 년 동안 우호를 맺어온 나라가 지금 무단히 군사를 일으켰다. 너희는 맹약을 저버렸지만 우리는 옛날의 우호를 잊지 않았다. 그래서 이렇게 선물을 가져왔다'고 하겠습니다."

임금은 고개를 끄덕였다.

"좋은 의견이다. 강화하는 뜻은 언급하지 말고 세시의 선물이라고만 말하는 것이 좋겠다."

〈조선왕조실록〉

김신국, 이경직은 임금의 뜻을 받들어 쇠고기와 술, 은합에 과일을 가득히 담아 적진으로 갔다. 그러나 저들의 반응은 뜻밖으로 냉소적이었다.

"우리 군중에는 날마다 소를 잡아 술을 마시며, 보배가 산처럼 쌓여 있으니 이런 것이 무슨 소용이 있겠소. 이것은 당신네 나라 임금과 신하들이 석굴 속에 들어 있어 굶주린 지 오래일 것이니 도로 가져가서 당신네들이나 쓰시오."

그들은 임금의 선물을 끝내 받지 않았다. 김신국과 이경직은 모욕으로 얼굴이 빨개졌다. 이는 임금이 욕을 당한 것이니 신하는 죽어야 마땅할 날이었다.

〈병자록〉

그런데 이날 적에게 붙잡혔던 군사 한 명이 도망쳐 나와 산성으로 돌아왔다. 그는 적진에서 겪은 일을 이렇게 말했다.

"사로잡힌 우리 군사 중에 젊은 사람을 가려내 머리를 깎고 갑옷을 입혀 말을 태우고 싸울 때 선봉을 삼습니다. 그리고 나이 젊고 아름다운 여자는 진영 가운데 놓아두고, 늙고 못생긴 사람은 모두 밥 짓는 일을 시키고 있습니다."

〈정약용의 임진왜란과 병자호란〉

12월 27일-열넷째 날
고기와 술은 너희나 먹어라

성 안에서는 날마다 원군이 오기를 기다렸으나 아무런 소식이 없었다. 밤이 되면 사람들은 모두 성에 올라가 사방을 살폈다. 그러나 원군이 아예 오지 않은 것은 아니었다. 출발은 했으나 나름대로의 사정으로 도착을 하지 못할 뿐이었다.

강원 감사 조정호는 강원도의 군사가 모두 모이지 않아 군사를 양근(양평)으로 후퇴시켜 뒤에 올 군사를 기다리고 있었다. 그는 장수 권정길을 시켜 군사들로 하여금 검단산에 올라가 횃불을 들어 서로 연락하게 했는데 얼마 되지 않아 적의 습격을 받고 패하였다.

원주 목사 이중길도 나라를 위해 죽기를 각오하고, 국난을 구하겠다는 상소를 올렸다. 임금은 그에게 품계를 높여 내리고 성 안의 사람들이 그를 칭찬하였는데, 며칠 뒤 적에게 패하고 군사들은 뿔뿔이 흩어져 버렸다. 이중길의 장담은 헛되이 그치고 아무런 실속이 없었으므로, 훗날 전쟁이 끝나고 남한산성을 나갔을 때 그를 붙잡아 품계를 삭탈하였다.

<병자록>

이날 또 소와 술을 적진에 보내려 하는데 대신이 들어와 아뢰었다.

"재신(宰臣)을 보냈다가 구류되면 나라의 체면이 손상될 것이니, 이기남을 시켜 보내도록 하는 것이 어떻겠습니까?"

임금은 승낙을 했으나 대사간 김반과 승지 최연은 사람을 보내지 말기를 청하였다. 나아가 교리 윤집은 선물을 하사하는 논의를 주도한 자를 목 베야 한다고 주장했다. 임금은 그 의견을 모두 물리치고 이기남으로 하여금 소 두 마리, 돼지 세 마리, 술 열 병을 가지고 가게 하였다. 그러나 오늘도 적장은 그 하사품을 받지 않았다.

"하늘이 우리에게 동방을 주셨으니, 팔도의 고기와 술 등 모든 물건은 우리가 마음대로 할 수 있소. 당신네 왕이 현재 석굴에 들어 있고 성안과 밖이 끊겨서 모두 굶주리고 있을 것인데, 이것을 어디에서 얻었는지 모르겠소. 어서 가지고 가서 굶주린 신하와 백성에게 나누어 주시오."

비웃음이 담긴 목소리로 기고만장하게 말한 뒤에 덧붙였다.

"우리가 3천 군사로 당신네 원병을 모조리 죽였소. 또 다른 곳에서 2천 병사를 보내 모두 죽였소. 우리 황제께서 이곳으로 출발한 것을 당신들은 듣지 못하였소?"

이기남이 말 한마디 제대로 못하고 황망히 돌아왔다.

<조선왕조실록>

한편 충청감사 정세규는 병사 이의배가 아무 일도 할 수 없음을 알고, 날랜 군사를 뽑아 몸을 떨쳐 홀로 나가 곧장 헌릉(서초구 내곡동에 있는 태종의 묘)에 이르려 하였으나 적병에게 막혀 험천(險川)에서 진을 쳤다. 적이 높은 산봉우리에서부터 내리 공격하므로 한참 동안 싸우다가 전군이 패배하여 이성 현감 김홍익, 남포 현감 이경, 그리고 징선, 금정 찰방 이재, 상시가 모두 죽었다. 정세규는 바위 아래로 떨어졌는데, 그때는 이미 밤이 캄캄해 청군이 좌우로 달려들어 아수라장이 되어 알지 못했다. 다행히 한 군졸이 몰래 정세규를 등에 업고 도주하여 탈출했다. 정세규는 본래 서생으로서 군사 일에 익숙하지 못한 사람이지만 외롭고 약한 군사를 거느리고 나아가 한창 기세가 등등한 적에게 항거하여 가장 먼저 국난에 몸을 바친 사람이다. 그는 이리저리 옮기며 용맹하게 싸웠으니, 그에게 필생즉사의 마음이 있었음을 알 수 있다.

〈난리잡기〉

12월 28일-열다섯째 날
강화를 논의하다

이조 판서 최명길이 입시하여 아뢰었다.

"나라의 일이 이 지경이 되었으니 달리 방법이 없습니다. 다시 사람을 보내 화의에 대한 일을 시험해 보시는 것이 어떻겠습니까?"

최명길은 언제나 화의를 주장했고 임금은 그의 의견을 내치지는 않았으나 화의가 쉽게 이루어지지도 않는 상황이었다.

"일을 이룰 수 있겠는가?"

"일의 성사 여부는 알 수 없지만 사람을 보내는 것은 무방합니다. 익위 허한은 나이가 많아도 제법 구변이 있는데, 전에 강화를 반드시 성사시킬 수 있다고 했습니다."

"그가 뭐라고 말하던가?"

"허한이 말하기를 '청의 칸이 왔다고 하는데 칸은 우리와 형제의 의가 있으니 서로 존대하지 않을 수 없다. 따라서 언제 올 것이며, 지금 어디에 있는가라는 것으로 말하는 것이 좋다'고 했습니다."

임금은 곧 허한을 불러 물었다.

"듣건대 너에게 소견이 있다고 하니 한번 말해 보라."

"청의 칸이 왔다고 하지만 고군(孤軍)으로 깊이 들어오는 것은 바로 병가에서 꺼리는 일입니다. 저들이 강화를 바라는 마음은 반드시 우리의 배는 될 것입니다."

"그대의 말도 일리는 있다. 다만 강화를 성사시킬 수 있겠는가?"

"오랑캐 진영에 사람을 보내 칸이 언제 오느냐고 물은 뒤에 바야흐로 강화를 의논할 수 있을 것입니다."

"저들이 왔다고 대답하면 어떻게 하겠는가?"

"사자를 보내 물어보면 그 허실을 또한 알 수 있을 것입니다."

임금은 고개를 돌려 대신들에게 물었다.

"나의 생각에는 강화를 성사시킬 수 없다고 여겨지는데, 허한은 반드시 성사시킬 수 있다고 하니, 경들의 생각은 어떠한가?"

먼저 김류가 대답했다.

"신의 생각도 허한과 같습니다. 성사시키지 못할 까닭이 없을 듯합니다."

"잘 알겠다. 나가서 의논하라."

이때 성 밖과 통할 수가 없어 선전관 민진익이 성 밖으로 탈출하여 각 도의 군중(軍中)에 명을 전하겠다고 청하니, 임금이 즉시 허락하였다. 민진익은 밤에 소나무로 만든 방책을 뛰어넘어 밖으로 나가 각도에 명을 전하는 데 성공했다. 그가 장계를 받아가지고 돌아오자 임금은 입은 옷을 벗어서 하사하고 품계를 높여 관직에 임명했다.

12월 29일-열여섯째 날
적과 싸워 크게 패하다

술사(術士) 몇 사람이 갑자기 성 안으로 들어와 아뢰었다.

"오늘은 화의를 하든지 싸우든지 다 길한 날입니다."

체찰사, 영의정 김류가 이 말을 믿고 직접 군사를 거느리고 북쪽 성으로 가서 성 위에 앉아 싸움을 지휘했다. 포수 300여 명이 산기슭을 내려갔으나 골짜기마다에 적이 숨어 있었다. 대포 소리가 들리자 적은 약간의 군사와 말을 남겨두고 거짓 물러가는 체 하였다. 이는 우리 군사를 들판으로 유인하자는 계책이었으나 성 위의 사람들은 이를 모르고 소리를 질렀다.

"산을 내려가 싸우면 그들이 남겨두고 간 말과 소를 빼앗을 수 있고,

겁먹고 도망간 적들도 잡을 수 있다."

김류는 깊이 생각하지 않고 군사를 독촉하여 성 아래의 적을 공격하라고 명령했다. 군사들이 적의 속셈을 알 수 없어 머뭇거리자 체찰부의 비장 유호가 아부하듯 계책을 말했다.

"물러서는 장수와 머뭇거리는 자를 목 베면 감히 나아가지 않겠습니까?"

김류는 유호에게 칼을 주어 보냈다. 유호가 머뭇거리는 군사들에게 닥치는 대로 칼을 휘둘러대니 죽든 살든 군사들이 산을 내려가기 시작했다. 별장 신립 같은 사람은 산을 내려가면서 사람들에게 영영 작별 인사를 하는 우스꽝스러운 모습을 보이기도 했다. 우리 군사가 모두 산 아래로 내려가자 숨어 있던 적의 복병이 말을 내달아 이리 치고 저리 치며, 순식간에 우리 군사를 도륙하고 말았다. 이때 죽은 군사가 200여 명이었으며, 청나라 군사는 죽은 자가 겨우 2명이었다.

처음에 누군가가 만약 소나무 목책을 불태우면, 우리 군사가 나아가는데 장애가 없을 거라 하여 김류는 망설이지 않고 목책을 불태워 버렸다. 이 소나무 목책은 적이 성을 포위한 뒤에 각처의 소나무를 베어다가 성 밖 80리에 걸쳐 울타리를 세우고, 거기에 줄을 친 다음 그 줄에다 쇠붙이 그릇을 걸어 놓은 것이었다. 사람이 이 목책을 넘나들다가 줄을 건드려 소리가 나면 들킬 수밖에 없었기 때문이 방비를 단단히 할 수 있었다.

그런데 어리석게도 이 목책을 불태워버린 것이다. 우리 군사의 방어막을 없애버리니 달려드는 적을 막아낼 방도가 없었다. 또한 적과 맞서 싸울 때 화약을 많이 주면 함부로 써버리고 잃어버릴까봐 조금씩 지급했는데, 화약 달라는 소리가 전장 터에서 악다구니 끓듯 했다. 그런데 막상 접전이 벌어지고 순식간에 적의 복병에게 당하자 화약을 지급할 사이도 없었다. 화약과 탄환이 없어 적을 막아낼 수도 없을 뿐 아니라 산성으로 오르는 길이 너무 가팔라서 급히 올라올 수조차 없었다. 결국 우리 군사는 전멸을 당하고 말았다.

김류는 성 위에서 우리 군사가 전멸당하는 것을 지켜보다가 비로소 한 하급 지휘관(哨官)에게 기를 휘두르게 하여 군사를 퇴각시켰다. 그러나 성 위와 성 아래까지의 거리가 너무 멀어 성 위에서 흔드는 기를 아래에서 볼 수 없었다. 또 순식간에 당한 일이라 어느 겨를에 성 위에서 흔드는 기를 볼 수 있었으랴.

비장 유호가 또 김류에게 계책을 말했다.

"우리 군사가 즉시 물러나지 못한 것은 실상 기를 흔든 초관 때문입니다. 이 사람을 목 베지 않으면 군사들의 성난 여론을 쉽게 풀 수가 없습니다."

김류는 옳다구나 생각하고 바로 초관의 목을 베어버렸다. 애꿎은 목숨 하나가 허망하게 사라졌으니 모든 사람들이 다 원통하게 여겼다. 김류는 자신이 직접 지휘한 전투가 군사들의 전멸로 완패하고 누구에게 허물을 돌릴 곳이 없자 엉뚱하게 북쪽 성의 책임자인 홍두표에게 그 책임을 돌렸다. 즉, 홍두표가 지원해주지 않았기 때문에 패한 것이라고 트집을 잡아 그를 사형시키려 하였다. 이에 좌의정 홍서봉이 나섰다.

"총지휘자가 실수한 것을 그 부하 장수에게 책임을 돌리는 것은 옳지 않소."

덕분에 홍두표는 목숨을 부지할 수 있었고 김류는 문 앞에 엎드려 처벌을 기다렸는데 임금이 나와 위로하였다. 대신 홍두표의 중군은 장 80대를 때려 거의 죽었다 살아났다.

오늘 죽은 사람의 숫자가 300명 정도인데 아부 잘 하는 유호가 김류의 눈치를 보고 40명이 전사했다고 임금에게 거짓 보고를 올렸다. 물론 이를 믿는 성 안의 사람은 거의 없었다. 이 싸움에서 별장 신성립, 지학해, 이원길이 모두 죽었기 때문에 군사들의 사기가 완전히 땅에 떨어져 더 이상 나아가 싸울 용기를 갖지 못했다. 결국 화의로 대세가 기울어질 수밖에 없었다.

유도대장(임금이 서울을 떠나 지방에 있는 동안 서울을 지키는 장수) 심기원이 장계를 올렸다. 호조참의 남선, 어영별장 이정길이 포수 370여 명을 데리고 밤에 경기감사 서경우의 집 근처에 주둔하고 있던 적 사오백 명을 공격하여 많은 적을 죽였다는 내용이었다. 김류의 대패로 분위기가 저하된 참에 이런 장계가 올라오니 그나마 약간 안심이 되었다.

조정의 생각으로는 김자점을 도원수에서 파면하고, 심기원을 도원수로 삼으려 하였는데, 적을 물리치기 전에 총지휘자인 도원수를 바꾸면 사후에 여러 가지 일이 발생할 것이라 하여 바꾸지 아니 하고 심기원을 제도도원수로 삼았는데, 뒤에 알고 보니 심기원이 적을 물리쳤다는 이야기는 사실이 아니었다.

심기원은 남선과 함께 호조의 물건을 삼각산에 옮겨 놓았는데 이를 모두 적에게 빼앗기고, 적에게 쫓겨 광릉으로 도망갔다가 다시 양근(양평)의 미원으로 깊이 들어가 적을 피하고 있었다. 그러자 각 도의 군사들이 심기원이 있는 곳으로 모두 따라 들어가 버려 임금을 위해 힘을 쓰는 자는 아무도 없었다.

처음에 남선과 예조좌랑 전극항, 직장 최문한, 호조좌랑 임선배 등이 산성으로 들어왔었는데, 성을 나가는 것이 오히려 안전하다고 생각하여 서울로 돌아가 싸우겠다고 하여 성을 나갔다. 그러나 남선과 임선백은 달아나 목숨을 건지고, 전극한과 최문한은 적에게 죽고 말았다.

〈병자록〉

이에 앞서 조정에서 4, 5명을 성 밖으로 몰래 빠져나가게 하여 각 도의 상황을 알아보게 했는데, 그 중 한 명이 돌아와 조정에 보고하였다.

"충청 감사 정세규에게 죽음을 무릅쓰고 군사를 진격시키라 전하고, 이어서 남한산성의 위태하고 급박한 상황을 알리니 정세규가 눈물을 흘리며 전하께 바칠 물품을 물었습니다(이때 산성 안에는 닭 한 마리도 없어 임금이 먹을 만한 반찬이 없었다). 그가 살아 있는 닭 세 마리를 주어 이를 어떻게든 올려 바칠 생각이었습니다. 그런데 충청병사 이의배의 군진에 가보니, 막 닭을 삶고 술을 데워 마시면서 그가 말하기를 '산성의 급박함은 묻지 않아도 충분히 알 수 있다. 나 또한 어떤 방도가 있겠느냐?'하며 전혀 군사를 움직일 뜻이 없었습니다." 잠시 숨을 멈춘 그는 이어서 말했다.

"오늘날 전하의 신하로는 다만 정세규 한 명뿐입니다. 그 뒤를 이어 조정호가 있습니다. 그 밖의 다른 사람은 전하의 위태롭고 급박하심을 알면서도 전하를 위해 움직일 뜻이 없었습니다. 훗날 성에서 나가시면 모두 마땅히 묵을 베어 지금처럼 있으나마나한 군법을 바로 세우소서.”

임금은 깊은 탄식을 했다. 각 도의 감사와 병사들이 한 사람도 성에 들어와 돕는 자가 없는 가운데 정세규만이 눈물을 뿌리며 목숨을 내어놓고 적과 싸웠다. 그는 산성에서 바로 바라보이는 광주의 험천산성에 진을 치고 싸웠으나 끝내 패하고 가까스로 목숨만 건질 수 있었다. 그러나 그 충의는 참으로 가상하고 존경스러운 것이었다.

충청 병사 이의배는 늙고 본래 겁이 많은 자였는데, 오랫동안 죽산산성에 머물면서 싸우지를 않았다. 자신에 대한 조정의 평이 매우 준열하다는 소리를 듣고 나서야 뒤늦게 경상도 병사가 진을 치고 있는 곳으로 가서 싸웠으나 패했다. 소문은 그가 살아서 달아났다고도 하고, 굴속에 들어가 스스로 목숨을 끊었으며 나중에 그 시체를 찾았다는 등 여러 가지였다. 훗날 부관참시하자는 말까지 나왔으니 치욕이 아닐 수 없다.

* 그러나 〈민족문화대백과사전〉에서는 그가 광주 쌍령에서 용맹하게 싸우다가 전사한 것으로 소개되어 있다.

12월 30일-열일곱째 날
곤궁의 나날이 이어지다

바람이 몹시 불고 날씨가 매우 음산했다. 청나라 군사가 광나루, 마포, 헌릉 세 갈래 길로 공격을 해왔다. 공격은 아침 해가 뜰 때부터 시작하여 해가 질 때까지 계속되었다. 적들의 공격이 멈추자 바람도 수그러들었다. 적의 수는 알 수 없으나 마침 눈이 많이 내린 뒤이고 날이 추워 녹지 않았는데, 적의 군사가 온 산과 들을 뒤덮어 땅 위의 하얀 곳을 찾아 볼 수 없을 정도로 엄청난 대군임을 알 수 있었다. 청나라 군사는 날마다 그 수가 불어나는데 구원병은 오지 않고, 우리 쪽 사기는 날로 위축되어 아예 싸울 엄두도 내지 못했다.

산성의 행궁 근처에 남작(南鵲 집 남쪽에 있는 나무에 집을 짓고 사는 까치, 좋은 징조로 여겼다)이 나무에 집을 지어 사람들이 모두 이를 쳐다보고 좋은 징조라고 입을 모았다. 나라의 운명이 풍전등화인데도 성 안에서 믿는 것이라곤 이런 것뿐이었으니, 이때의 위급하고 답답한 상황을 미루어 짐작할 수 있을 것이다.

문관 이광춘이 처음에 임금을 따라 성에 들어왔는데 임금에게 상소를 했다.

"신의 어머니가 천안에 있사옵니다. 호서에 가서 양식을 모아 오겠습니다."

임금은 이 상소문을 비변사에 내렸는데, 적이 성을 단단히 포위하고 있어 밖으로 나가지 못했다. 이광춘은 이날 비변사를 찾아가 상소문을 돌려달라고 요청했다. 왜 그러냐고 까닭을 물으니 "상소문 중에 도둑 적(賊)자가 있어서 그러합니다."라고 하여 이 말을 들은 사람들이 배꼽을 잡고 웃지 않은 이가 없었다.

〈병자록〉

이때 성 안에는 모든 물품이 다 떨어져 곤궁하고 급박하기 이루 말할 수가 없었다. 땔나무와 풀도 다 끊겨 소와 말도 다 죽고, 살아남은 것도 굶주림이 심해 서로의 꼬리를 물어뜯어 먹을 지경이었다.

임금의 침구도 성에 들여오다가 적에게 빼앗겨 의창군이 바친 산양 가죽 이불뿐이었다. 눈과 비가 심하게 내리고 날이 추워 임금은 이 이불을 뜯어 성을 지키는 장수와 군사에게 옷을 만들어 입혔다. 덮고 잘 변변찮은 이불마저 없는 임금은 밤에 잘 때도 옷을 벗지 않고 잤다.

임금께 바치는 반찬 역시 닭다리 하나가 거의 전부였다. 임금이 말하기를 처음 남한산성에 들어올 때는 새벽에 닭 우는 소리가 들렸는데 이제 그 울음소리조차 들리지 않으니 닭다리를 상에 올리지 말라 했다.

적에게 사로잡혔다가 도망쳐온 자들의 말에 의하면, 적 진중에 잡혀온 부녀자들이 수없이 많고, 진 밖에는 아이들의 주검이 널려 있었다.

〈정약용의 임진왜란과 병자호란〉

예조 판서 김상헌이 아뢰었다.

"삼가 듣건대 내일 대신들을 오랑캐 진영에 보내려 한다고 하는데, 가령 오랑캐가 우리의 뜻을 거절하지 않는다 하여도 지금은 적절한 시기가 아닌 듯합니다."

"무슨 말인가?"

"며칠 전 소와 술을 저들이 이미 받지 않은데다가 그 일을 저들이 자랑스럽게 여기고 있을 것이니, 지금 사람을 보내더라도 반드시 그 실상을 제대로 알 수 없을 것입니다. 또 성 안의 사람들과 군사들이 사기가 저하되어 있는데, 며칠이 지나고 나면 상황이 반드시 변할 것입니다. 저들이 사람을 보내오기를 기다려 대처하는 것이 어떻겠습니까?"

"그 말도 좋기는 하지만 설을 맞아 찾아가는 것이 안 될 것은 없다."

"세시(歲時)의 예는 우리가 이미 행하였습니다."

"세시라는 말은 지난번에 전혀 언급하지 않았으니, 내일 사람을 보내도 명분이 있는 것이다."

"강화도 유수 장신이 그의 형에게 글을 보내기를 '본부의 방비를 더욱 엄히 단속하고 있는데, 제지를 받는 일이 많다'고 했답니다. 장신은 일 처리가 빈틈없고 이미 오래도록 직책을 수행하고 있는데, 신임 검찰사가 절제하려 한다면 제지당하는 폐단이 있을 것입니다."

"그게 무슨 말인가. 강화도를 방어하고 수비하는 일은 장신에게 전담시켰으니, 다른 사람은 절제하지 못하도록 전령하라."

또한 간원이 임금께 나아가 오랑캐 진영에 사람을 보내지 말기를 청했으나 윤허하지 않았다. 또 충청병사 이의배와 도원수 김자점을 함께 군율로 처벌하기를 청하였지만 임금은 답하지 않았다.

이날 강화도의 서리 한여종이 장계를 가지고 들어와서 말을 전하였다.

"도원수와 부원수는 아직 해서산성(海西山城)에 있습니다. 적이 계속 밀려와 도원수가 황해 감사와 함께 병사를 보내 공격해서 동선(洞仙)에서 깨트렸습니다. 경상병사 민영은 어영청 군사 8천과 경상도 병마(兵馬)를 거느리고 23일에 충주 수교에 도착하였습니다."

〈조선왕조실록〉

5장
화의로 기울다

1637년 (정축년)
1월 1일-열여덟째 날
청의 황제가 조선에 오다

이날 일식이 있었다. 광주목사 호위 무사가 쌀로 만든 떡 한 그릇을 만들어 올리고, 모든 관원들에게는 몇 가래씩 나누어 돌렸다. 모두들 이 떡을 대하고 눈물을 흘리지 않을 수 없었다. 아침에 선전관 위산보로 하여금 청나라 사람에게 사신을 보내겠다고 전했다.

〈병자록〉

그러나 위산보는 가지고 간 술과 음식을 그대로 가지고 돌아왔다. 임금은 여러 신하들을 인견하고 물었다.

"오랑캐의 정세가 어떠한가?"

이에 영의정 김류가 대답했다.

"오랑캐의 형세가 필시 이 정도까지는 되지 않을 것입니다. 황제가 왔다고 말하는 것은 과장인 듯합니다."

이조 판서 최명길은 반대 의견이었다.

"그가 명색은 황제여도 스스로 몸가짐을 신중히 하지 않으니, 그가 오지 않았으리라고 어떻게 보장하겠습니까. 칸이 만약 온 나라의 군사를 거느리고 왔다면 분명 까닭 없이 군사를 되돌리지는 않을 것이니, 우리 병력으로는 결단코 감당하기 어렵습니다. 따라서 화친하는 뜻으로 저들의 실정을 은밀히 탐지하는 것이 마땅합니다. 이어 사신을 파견해서 편지를 들려 칸에게 곧장 보내 '듣건대 황제가 나왔다고 하니 본국의 실정을 모두 진달해야 하겠다'고 한다면 저들이 응당 대답이 있을 것입니다."

그러나 모두 이 의견에는 반대했으므로 오래도록 결정을 짓지 못하다가 임금이 마침내 최명길의 말을 따라 드디어 김신국, 이경직을 파견하여 오랑캐 진에 가서 화친을 청하게 했다.

〈조선왕조실록〉

오랑캐 장수 마부달은 우리 측 사신에게 이렇게 말했다.

"어제 황제가 오셔서 방금 산성의 형세를 살피고자 순찰하고 계시니 이제부터의 일은 우리가 알 바 아니오. 황제께서 돌아오신 다음에 답을 줄 터이니, 돌아가서 오고 싶으면 오고, 오고 싶지 않으면 오지 마시오. 오려거든 내일 다시 오시오."

사신이 돌아와 이 말을 전하자 비변사에서는 '내일 오라'는 말에 매우 다행이라는 기색이었다. 사신으로 간 사람 중에 위산보가 있었는데 그가 적의 진중에 들어가자, 한 오랑캐가 그의 머리를 끌고 들어가 죽이려 한 일이 있었다. 다행히 또 다른 오랑캐 하나가 말려 간신히 목숨을 구했다. 급기야 위산보가 돌아와서 보고할 때는 거의 정신이 나간 사람처럼 보였다. 그는 참으로 소인이었는데, 조정에서 이런 자를 번번이 적진에 보내는 것은 사람을 제대로 가려 쓰지 못하는 것이었다.

오후에 동쪽 성 밖에 두 개의 양산이 세워지고, 그 옆에 다시 두 개의 기를 꽂고 화포를 배치하였는데 청의 황제임에 틀림없었다.

〈병자록〉

그는 모든 군사를 모아 탄천에 진을 쳤는데 그 수가 30만 명에 이르렀다. 그는 황금 우산을 펴고 성에 올라 동쪽으로 월봉(月峯)을 바라보고 성 안을 내려다보았다.

한편 임금은 설날을 맞아 삶은 고기와 찐 콩을 성을 지키는 장졸에게 내리도록 명하였다.

1월 2일-열아홉째 날
대청국 황제는 조선의 국왕에게 조유하노라

홍서봉, 김신국, 이경직이 적의 진중으로 들어갔다. 오랑캐 장수 마부대는 누런 종이에 쓴 글을 주면서 '조유(詔諭)'라고 말했다. 그 내용은 지극히 흉악하여 차마 볼 수도 없고 들을 수도 없었다. 차라리 죽는 것만 못했다.

마부대는 그 글을 탁자 위에 놓고, 네 사람이 먼저 네 번 절한 다음 그것을 받들고 돌아가게 했는데, 그 내용은 다음과 같다.

〈병자록〉

청나라의 제1차 조서

대청국 관온인성 황제는 조선 국왕에게 조유하노라. 우리 군사가 지난날 올량하(두만강 유역 일대의 여진족)를 칠 때에, 너희 나라가 군사를 내 우리를 치고, 명나라와 협조하여 우리에게 고통을 주었다. 그러나 나는 이웃나라와 사이좋게 지내기 위해 이를 마음에 두지 않았는데, 우리가 요동 땅을 얻자 너희는 다시 우리 백성을 귀순시켜 명나라에 바쳤다. 이에 짐이 노하여 정묘년에 군사를 일으켜 너희를 친 것이다. 이를 어찌 강성함을 믿고 약한 자를 업신여겨 이유 없이 군사를 일으켰다고 하겠는가? 그런데 무슨 연유로 그 이후에도 거듭하여 너희 변방의 신하들에게 "정묘년에는 부득이 하여 잠시 청나라에 속박 당하였으나 이제 정의로 결단하노니 여러 고을의 충의로운 사람들에게 서로 책략을 본받고, 용감한 자로 하여금 자원하여 종군하도록 하게 하라"라고 하였느냐? 이제 짐이 친히 너희를 복종시키기 위해 대군을 이끌고 왔노라.

짐이 나의 강대함을 믿고 추호도 침범하지 않았는데, 너는 작고 미약한 나라로서 우리 변경을 시끄럽게 하고, 산삼을 캐고 짐승을 잡는 짐의 백성을 짐으로부터 도망한 자라 하여 명나라에 바치느냐? 명나라 장수 공유덕과 경중명이 짐의 장수로 귀순하려 하는데 너희 군사가 총을 쏘고 포로 끊어 방해한 것은 무슨 연유 때문인가? 이것이 너희가 스스로 전란을 일으킨 단초이다.

짐의 아우와 조카인 여러 왕이 너희에게 글을 보냈는데 어찌하여 너희는 이제까지 글로 서로 통한 예가 없다고 하는가? 정묘년에 너희를 정벌하러 오자 너는 강화도로 도망가 사신을 보내 오로지 강화를 빌었는데, 그때 주고받은 글의 상대가 짐의 아우와 조카인 여러 왕이 아니고 누구였단 말인가? 짐의 아우와 조카가 어찌 너만 못하단 말이냐? 또한 짐의 여러 왕이 너에게 글을 보냈으나 끝내 너는 거절하고 받지를 아니 하였다. 그들은 곧 대원황제(원나라)의 후예들인데 어찌 너만 못하겠느냐? 원나라 시대에 너희 나라는 조공을 끊임없이 바쳤는데 이제 어찌 하루아침에 이와 같이 스스로 높아졌단 말인가? 그때 보낸 글을 네가 받아들이지 않은 것은 네가 어리석고 사리에 어둡고 교만하여 이렇게 궁지에 몰리게 된 것이다.

너희 나라는 요나라, 금나라, 원나라 세 시대엔 해마다 공물을 바치고 대대로 신하라 일컬으며, 일찍이 북쪽을 섬기면서 편안함을 얻지 않았더냐? 짐이 이미 너의 나라를 아우로서 대우하게 했는데, 너희는 이를 점점 더 저버리고 스스로 원수를 만들어 백성을 도탄에 빠지게 하고, 도성과 궁을 버리고, 백성들이 아내와 자식이 서로 이별하여 돌아보지 못하게 만들고, 겨우 한 몸뚱이만 성 안으로 달아났으니 비록 네가 천 년을 산다한들 무슨 이로움이 있겠느냐? 정묘년의 치욕을 씻는다 하면서 눈앞의 평안을 깨뜨리고 스스로 화를 자초하여 후세에 웃음거리를 남기려 하니 이 치욕은 장차 어떻게 씻으려 하느냐? 이미 정묘년의 치욕을 씻으려 한다면 어찌 목을 움츠려 나오지 아니하고, 어찌 여인의 처소에 들어앉아 있느냐? 네가 비록 그 성 안에 몸을 숨기고 있으면서 욕된 삶을 도둑질하려 하나 어찌 짐이 너를 놓아주겠느냐?

짐의 모든 신하들이 짐에게 황제의 칭호를 일컬음을 네가 듣고도 "이를 우리나라 임금과 신하가 어찌 차마 들을 수 있겠는가"함은 무엇 때문이냐? 황제로 칭하는 것이 옳고 그름은 너에게 있는 것이 아니다. 하늘이 도우시면 필부라도 황제가 될 수 있고, 하늘이 화를 주시면 천자라도 외로운 필부가 될 것이다. 그러니 네가 그런 말을 했다는 것은 매우 망령된 소리이다. 뿐만 아니라 서로의 맹약을 어기고 성을 쌓았으며, 사신을 접대하는 예의가 전과 같지 않았다. 또 사신을 보내 만나보게 하였더니 계교를 꾸며 사로잡으려 한 것은 무엇 때문이냐? 명나라를 아비로 섬기면서 우리를 해치려 하는 것은 무엇 때문이냐? 이는 큰 죄 몇 가지만 예를 든 것뿐이며, 나머지 작은 것들은 이루 다 헤아릴 수가 없다.

이제 짐이 대군을 이끌고 와서, 너희 팔도를 강탈할 것인데, 너희가 부모로 섬기는 명나라가 앞으로 너희를 어떻게 구해 줄 수 있는가를 두고 볼 것이다. 자식이 위험에 처했는데 어찌 아비가 구원해 주지 않으랴. 그들이 구원해 주지 않는다면 이는 네 스스로 백성을 물과 불 속에 빠뜨리는 짓이니 백성들이 어찌 너에게 원망함을 갖지 않겠느냐? 네가 할 말이 있거든 분명히 고하라. 막지 않을 것이다.

〈정약용의 임진왜란과 병자호란〉

청 황제의 조서가 성에 도착하자 조정에서는 당황하고 황급하여 어찌할 줄을 몰랐다. 한편으로는 이제 곧 성을 나갈 수 있으리라 생각하여 기쁘고 다행한 일로 여기는 모습도 역력했다.

〈병자록〉

임금은 청 황제의 조서가 도착하자 즉시 모든 대신을 불러 모았다.

"앞으로의 계책을 어떻게 세워야 하겠는가?"

먼저 홍서봉이 대답했다.

"저들이 이미 조유(詔諭)란 글자를 사용한 이상 회답을 하지 말아야 하겠지만 한(漢)나라 때에도 묵특의 편지에 회답하였으니, 오늘날에도 회답을 그만둘 수 없을 듯합니다."

김류도 같은 의견이었다.

"회답하지 않을 수 없으니 신하들에게 널리 물어 처리하소서."

임금은 대신들에게 각자의 생각을 말하게 했으나 모두 머뭇거리기만 할 뿐이었다. 화의파인 최명길이 입을 열었다.

"신의 뜻도 영의정, 좌의정과 같습니다."

김상헌은 반대 의견이었다.

"지금 사죄한다 하여도 어떻게 그 노여움을 풀겠습니까. 끝내는 반드시 따르기 어려운 요청을 해 올 것입니다. 적서(賊書)를 삼군(三軍)에 반포해 보여주어 사기를 격려시키는 것이 마땅하겠습니다."

최명길은 고개를 가로 저었다.

"칸이 일단 나온 이상 대적하기가 더욱 어려운데, 대적할 경우 우리 나라는 반드시 망하고 말 것입니다."

한참을 생각한 뒤 이윽고 임금은 입을 열었다.

"성을 굳게 지키면서 속히 회답해야 할 것이다."

김상헌은 답서의 방식을 경솔하게 의논할 수 없다고 하면서 끝까지 반대였으며, 최명길은 답서에 조선 국왕이라고 칭하기를 청하고, 홍서봉은 저쪽을 제형이라고 부르기를 청하였다. 임금은 그러한 김상헌을 나무랐다.

"지금이야말로 존망이 달려 있는 위급한 때이다. 위로 종묘사직이 있고 아래로 백성이 있으니 고담(高談)이나 논하다가 기회를 잃지 않도록 하라. 예판은 여전히 고집만 부리지 말라."

그러나 김상헌도 쉽사리 뜻을 굽히지 않았다.

"이렇게 위급한 때를 당하여 신이 또한 무슨 마음으로 한갓 고담이나 논하면서 존망을 돌아보지 않겠습니까. 신은 적의 뜻이 거짓으로 꾸미는 겉치레의 문자에 있지 않고 마침내는 반드시 따르기 어려운 말을 해올까 두렵습니다."

김상헌의 말도 틀린 말은 아니었지만 현재로선 나라를 망하지 않게 하는 게 최우선이었다. 일단 답서를 보낼 것으로 결정이 되자 이성구가 장유, 최명길, 이식으로 하여금 답서를 작성하게 할 것을 청하였다. 당시 비국 당상이 왕복하는 글을 소매에다 넣고 출납하였으므로 승지와 사관도 볼 수 없었다.

〈조선왕조실록〉

그 와중에 어영제조 완풍부원군 이서가 병으로 성에서 죽었다. 5,6일 전에 큰 별이 성 밖에 떨어져 천기를 보는 사람이 틀림없이 적의 대장이 죽었을 것이라고 했는데, 도리어 우리의 훌륭한 장수를 잃게 된 것이다. 성 안의 모든 사람이 비통해 하였다.

〈병자록〉

바야흐로 성이 포위되어 있는 가운데 장수 한 명이 죽었으니 불행이 아닐 수 없었다. 그러나 장수나 군사에게 슬퍼하는 기색이 없었다. 그는 나라를 위해 몸과 마음을 다한 사람이지만 성품이 괴팍해 아랫사람들과 서로 마음이 통하지 않아 많은 인심을 잃었기 때문에 이 지경에 이른 것이다.

〈난리일기〉

하지만 이서의 공은 매우 크다. 현재 남한산성 창고 가운데 군량미 및 잡곡의 빻지 않은 곡식이 1만 6천여 섬이 있다. 이것은 1만 군사의 1개월 식량에 불과하지만 이것은 모두 이서의 덕분이다. 이서는 일찍이 남한산성의 수어사가 되자 온 힘을 다해 군량미를 비축해 두었다. 또한 소금과 간장, 된장, 종이, 솜, 병기 및 기타 필요한 물품 모두 이서가 창고에 마련해 둔 것이었다. 갑자기 산성으로 피난 와 지낼 수 있었던 것도 오로지 이서가 나라의 신하로서 평상시 모자라는 것을 자세히 살폈기 때문이다.

〈정약용의 임진왜란과 병자호란〉

1월 3일-스무째 날
백성들은 잡혀가고, 민가는 불타고…

그동안 날씨가 몹시 추웠는데 오늘 많이 누그러졌다. 교서관 고직의 아내가 적의 진중에서 용케 도망쳐 나와 아뢰었다.

"적이 섣달 그믐날과 초하룻날 서울을 분탕질하여 백성들을 사로잡고 약탈을 했습니다. 많은 인가가 불타버렸습니다."

듣기에도 참혹한 일이었다.

〈병자록〉

부마인 동양위 신익성이 상소하였다.

"삼가 듣건대 홍서봉 등이 서계를 가지고 왔는데, 거기에 조유(詔諭)라고 일컬었는데도 조정에서 장차 회답을 하려 한다고 하였습니다. 그러나 신의 어리석은 생각에 화친하는 일은 끝내 이룰 수 없을 뿐더러 교활한 오랑캐의 계략에 말려들어 천하 후세에 비난만 받게 되리라고 여겨집니다. 오랑캐가 이미 멋대로 황제로 자처하고 또 친히 대군을 통솔하였다는 등의 말로 방자하게 위협하니, 그 뜻은 정묘년처럼 사신과 약조하고 그만두는 정도에 그치지 않을 것입니다.

재물과 황금 비단을 더 줄 수도 있고 왕자와 대신을 인질로 내어줄 수도 있지만, 여기에서 한 등급이라도 더 가해주는 일은 따를 수 없습니다. 이는 큰 명분이 관련되어 있으니, 문란시킬 수 없습니다. 저들이 따를 수 없는 일과 문란 시킬 수 없는 명분을 요구하고 있는데, 조정에서는 장차 어떻게 조처할 것입니까? 지금 공손한 말로 동정을 구한다 하여도 이 한 조목을 잘못 처리하면 끝내 성패의 수에 도움이 되지 못할 것입니다.

지난번 오랑캐의 글이 아무리 패악스럽고 거만했어도 아직 조유(詔諭)라는 두 글자는 없었고, 사명을 받든 신하가 중도에서 내버렸는데도 오히려 처벌을 받았는데, 이번에는 어떻게 해서 거짓 조서가 임금 앞에 이르렀단 말입니까. 우리가 포위당했다 하여도 지리적인 잇점을 충분히 의지할 수 있고 군사들의 마음도 아직 이탈되지 않았으며 구원하는 군사 또한 모이게 될 것입니다. 더구나 호칭을 참람하게 하는 오랑캐에 굴복하지 않고 명나라를 위해 대신 병화(兵禍)를 당하는 것이고 보면 의열(義烈)이 당당하여 일월을 꿰뚫을 만합니다.

천도(天道)가 멀지 않고 신리(神理)가 어긋나지 않으니, 보존을 도모하고 어려움을 구제하는 계책은 다만 우리 임금께서 뜻 세우기를 어떻게 하느냐에 달려 있을 뿐입니다. 삼가 원하건대 전하께서는 오랑캐의 글을 태워 사기를 진작시키고 대의를 펴소서."

그러나 임금은 답하지 않았다.

또 봉교 이지항, 대교 김홍욱, 설서 유계가 임금에게 아뢰었다.

"지금 만약 회답을 하면 필시 신하로 일컫기를 요구할 것이고, 신하로 일컬은 뒤에는 또 서로 회합하기를 요구할 것이며, 서로 회합한 뒤에는 필시 적의 진중에서 사단이 있을 것입니다. 지난번 조정이 감히 세자를 내보내야 한다고 발언하였는데, 내일은 틀림없이 전하께 성을 나가도록 권할 것입니다."

임금은 노여운 기색으로 그 말을 반박했다.

"어찌 그럴 리가 있겠는가. 망령되이 논하지 말라."

세 사람이 또 반복하여 말하니 임금은 노기가 충천했다.

"다시 말하지 말라. 사태를 살피면서 처리하겠다."

임금과 대신, 비변사의 신하들이 모인 자리에서 홍서봉이 의견을 내놓았다.

"오늘부터 다른 법식을('다른 법식'이란 임금을 청나라에 대하여 신(臣)이라고 일컫는 것을 말함) 사용하는 일이 매우 중대하니, 2품 이상이 모여 의논하게 하소서. 그러나 때를 놓칠까 두렵습니다."

김류가 덧붙였다.

"사람마다 생각이 있겠지만, 일이 막중하기 때문에 감히 드러내 발설하지 못합니다. 전하를 받들어 모시고 이 성에 들어왔는데 어찌 다른 것을 돌아 볼 수 있겠습니까. 신이 오늘날의 일을 담당하여 기꺼이 천하 후세의 죄인이 되겠습니다."

이에 임금은 울면서 신하들에게 말했다.

"내 죽지 않고 오래 살아 이렇게 망극한 일을 당하였으니, 어떻게 한단 말인가."

〈조선왕조실록〉

결국 홍서봉, 김신국, 이경직이 답서를 가지고 적의 진중으로 갔다. 답서의 내용은 다음과 같다.

조선의 제1차 상서

조선 국왕은 삼가 대청국 관온인성 황제께 올립니다. 우리나라가 대국에 거슬러 스스로 병화를 초래해서 외로운 산성에 몸을 의지하고 있으나 위태하고 급박하기가 조석에 달려 있습니다. 오로지 사신이 글을 받들어 올리고자 하였으나 군사와 무기에 길이 막혀 통할 길이 없었습니다. 어제 들으니 황제께서 궁벽지고 누추한 곳에 도착하였다고 하오나 의심과 믿음이 서로 반반이고, 기쁨과 두려움이 또한 엇갈렸습니다. 이에 대국의 옛 맹세를 잊지 않으시고 꾸짖어 저희에게 깨우침을 주셨습니다. 이에 저희가 스스로 지은 죄를 알게 하였습니다. 따라서 저희의 마음과 실재의 사실을 알려 억울함을 펼 수 있는 다행한 기회라 생각합니다.

우리나라는 정묘년에 맺은 좋은 관계로 지난 10여 년 동안 의롭고 예절이 엄숙했음은 대국에서도 알고 있을 뿐만 아니라 하늘도 익히 밝게 아시는 바입니다. 다만 사리에 어두워 잘못함이 심한 것은 변방의 수령이 제대로 살피지 못하였던 까닭입니다. 산삼을 캐는 일과 명나라 장수 공유덕과 경중명의 일은 비록 우리나라의 본 마음이 아니었으나, 의심을 쌓아온 잘못은 면하지 못하겠습니다. 대국의 관대한 용서를 입으면 우리나라는 진실로 오랜 동안 넓으신 도량 가운데 있을 것입니다.

지난해 봄에 일어난 일은 저희가 그 죄를 사죄할 길이 없습니다만, 이 또한 우리 신하와 백성이 식견이 얕고 막힌 까닭으로 명나라와의 명분과 의리를 지키고자 하여, 끝내는 사신을 노여워하게 만들어 빨리 돌아가게 하였습니다. 사신을 따라온 사람들이 모두 장차 대국이 대군을 이끌고 올 것이라고 위협하는 바람에, 우리나라의 임금과 신하가 이를 두려워하여, 변경의 수령들에게 지시를 내렸는데, 글을 지은 신하의 말이 어그러짐이 많아 대국의 노여움을 불러일으킬 줄을 몰랐습니다. 그러나 감히 이 일이 신하들에게서 나오고 제가 아는 바가 아니라고 하겠습니까? 그러나 사신을 잡아가두라 했다 함은 절대로 그런 일이 없습니다. 어찌 대국이 화내고 의심하지 않을 것이라 생각하고 그리 했겠습니까? 명나라는 일찍이 우리나라와 부자관계의 나라입니다. 대국의 군사가 여러 번 우리나라에 들어왔지만 우리나라는 화살촉 하나 마주 대응하지 않았는데, 어찌하여 모해하는 말이 여기에 이르렀단 말입니까? 그러나 이 역시 우리나라의 정성과 믿음이 미덥지 못하여 대국으로부터 의심을 받게 된 것입니다. 그러니 누구를 탓하겠습니까?

또한 마부대가 스스로 좋은 뜻으로 왔다 하였기에 우리나라는 그 말을 믿고 의심하지 않았는데, 어찌 일이 오늘에 이르러서 이 지경에까지 이를 줄 헤아릴 수 있었겠습니까? 이제 지난날의 일은 우리도 그 죄를 알겠습니다. 죄가 있으면 치고, 죄를 알고 용서를 빌면 용서함이 대국의 도리이며, 하늘의 마음으로 만물을 감싸는 것입니다. 만일 정묘년에 하늘에 맹세한 맹약을 생각하시어 저희 백성들의 목숨을 불쌍히 생각하시고, 우리를 용서하고 스스로 새롭게 고치기를 허락하신다면, 우리는 오늘부터 올바른 마음을 가지고 대국을 섬겨 따를 것입니다. 만일 대국이 용서하지 않으시고, 기어이 군사로 추궁하려 하신다면 우리나라는 도리에 막히고 형세가 다하여, 어쩔 수 없이 스스로 죽기를 기약할 뿐입니다. 감히 참된 마음으로 공손히 지시하는 가르침을 기다리겠습니다.

〈정약용의 임진왜란과 병자호란〉

답서를 받은 마부대는 간단히 응대했다.

"여러 왕이 몽고병을 거느리고 창성에서 오고 있으니 다 모인 다음에 상의해서 화답하겠소." 그리하여 좌의정 이하 빈손으로 돌아올 수밖에 없었다.

〈병자록〉

1월 4일-스물한째 날
김상헌, 화친에 반대하다

협수사 기평군 유백증이 상소를 올렸다. 해창군 윤방, 체찰사 김류가 나라를 그르쳤으니 참형에 처하라는 요청이었다. 임금은 유백증을 파직하라는 특명을 내리고, 그 자리를 이목으로 대신하도록 하였다.

〈병자록〉

오늘도 김상헌은 화친에 대해 강한 불만을 제기했다.

"사신을 자주 왕래시키는 것은 한갓 그들의 술책에 말려드는 것이고 오랑캐의 글에 답서를 보내는 것은 오늘날에 있어 급한 일이 아닙니다. 군신 상하가 마음을 굳게 정하여 동요됨이 없이 한 뜻으로 싸우고 지키는 데 대비해야 합니다."

김류는 여전히 김상헌의 말에 반대였다.

"각 곳의 관군 대부분이 후퇴하여 주둔하고 있으니 이때 아무리 군사를 내보낸다 하여도 적을 꺾을 수 없습니다. 그리고 우리 군사도 많이 꺾이고 손상되어 성을 지키는 것도 점점 엉성해지고 있으니, 형세가 매우 위태롭고 급박합니다."

이날 김류는 화가 많이 났다. 자신을 참형에 처하라는 요청도 있었고, 김상헌이 화친을 끝까지 반대하니 그럴 만도 했다. 한편 이성구가 김자점을 양서 원수(兩西元帥)로 일컫고, 심기원을 삼남, 강원도 원수로 일컫기를 청하자 임금은 그대로 허락했다.

사간 이명웅, 교리 윤집, 정언 김중일, 수찬 이상형 등이 임금에게 아뢰었다.

"어제 사신을 보내 화친을 청했지만 역시 허락하지 않았습니다. 화친이 이루어지지 않은 이상 오직 싸움이 있을 뿐입니다. 지금의 계책은 단지 이 성을 굳게 지키는 것인데 한꺼번에 두 가지 일을 할 수는 없는 법이니, 최명길의 죄를 다스려 군사들의 마음을 진정시키소서."

그러나 임금은 그들의 말을 듣지 않았다.

"남쪽 성문이 위태롭고 급박했을 즈음에 이조 판서가 나와 적진에 가기를 청해서 적의 예봉을 늦추었으니 나라를 위한 그 정성이 가상하였다. 지금 여러 신하들이 저들에게 속임을 당하지 않은 것이 없는데, 최명길의 죄만 다스린다면 역시 원통하지 않겠는가."

하지만 윤집은 뜻을 굽히지 않았다.

"오늘날의 일은 모두 최명길의 죄입니다. 사신을 보내자고 청하여 헤아릴 수 없는 치욕을 불러들였고, 답서 보내기를 서두르면서 마치 미치지 못할까 두려워하였는데, 그가 지은 문서에 대해서는 이를 갈지 않는 사람이 없습니다. 그런데도 삼사의 신하들은 대부분 용렬하여 꼬리와 머리를 감추고 자신의 몸만 보호할 계책을 품고 있으니, 전하께서 무슨 방법으로 아시겠습니까. 최명길이 화친을 주장하여 나라를 그르친 죄는 머리털을 뽑아 세어도 속죄하기 어렵습니다. 전투와 수비를 말하면 번번이 저지시켰고 적의 형세를 논할 때는 반드시 과장하였으니, 이것으로 죄를 삼더라도 스스로 변명하기 어려울 것입니다."

"그와 같이 실정에 어긋난 말은 하지 말라."

이어 이명웅이 아뢰었다.

"전투와 수비에 관한 계책을 언제나 최명길이 감언으로 동요시켰습니다. 그러나 그의 본심을 헤아려 볼 때 꼭 나라를 그르치려는 것이 아니었고 또 사직에 공이 있는 사람이기 때문에 신들이 감히 가장 작은 죄로 청하는 것이니 그의 죄를 바로잡아 화친과 전투가 양립할 수 없다는 뜻을 보이소서. 만일 윤허하지 않으신다면 신들의 죄를 다스리소서."

"그 사람은 평소에 이러한 환란이 있을까 염려하여 언제나 시기에 맞춰 주선하려고 하였다. 지금 속임을 당하기는 하였지만 실로 남보다 뛰어난 식견이 있었으니 처벌할 수 없다. 그대들은 물러나서 생각해 보라."

이날 선전관 민진익이 글을 지니고 몰래 나가 여러 진의 군사들에게 조정의 명을 전하겠다고 청했다. 그는 적의 화살을 맞으면서 세 번이나 나갔다가 들어왔다. 임금은 그를 가상하게 여기고 감탄하며 차고 있던 칼을 풀어 하사하고, 특별히 통정대부를 내렸다.

황해도 관찰사 이배원, 강화도 검찰사 김경징 등의 장계가 들어왔다.

"유도대장 심기원이 서울을 버리고 광릉에 물러나 주둔하였습니다. 심기원의 수하에 군사가 없었는데, 훈련도감 이정길이 포수 수백 명을 거느리고 그 수하에 들어갔습니다." 〈조선왕조실록〉

1월 5일-스물두째 날
도망치는 병사의 목을 베다

남병사 서우신의 측근이 장계를 가지고 와서 말했다.

"남병사가 순찰사 민성휘와 함께 기마병 1만 3천을 거느리고 새로이 임명된 심기원 원수가 있는 광릉에 도착하였습니다. 며칠 안에 진군하여 적을 칠 것입니다. 그리고 북병사 역시 기마병 4천을 거느리고 조만간 광릉에 도착할 것입니다."

또 전라병사 김준룡의 군관이 장계를 기지고 와서 보고했다.

"병사가 1만여 군사를 거느리고 광교산에 와 주둔하고 있습니다. 이 시방 전라감사도 군사를 거느리고 이미 직산에 도착하였습니다." 〈병자록〉

이날 두 사람의 병사가 성 밖으로 뛰어내려 도망치는 일이 발생했다. 김사호가 성 밖을 순찰하다가 그 둘을 붙잡아 목을 베자 임금은 김사호를 6품으로 승진시켰다.

〈조선왕조실록〉

1월 6일-스물셋째 날
하릴없이 하루가 가다

안개가 몹시 짙어 낮인데도 어두워 지척을 분간할 수가 없었다.

평안감사 유임과 부원수 신경원이 장계를 올렸다.

"오랑캐 군사 5천여 명이 또 창성에 나와 횡행하여 창성, 삭주 두 고을 부사의 생사를 알 수 없고, 영변이 포위를 당했습니다."

뒤이어 함경감사 민성휘의 장계가 올라왔다.

"지금 김화에 와 있는데 남병사 서우신이 곧 도착하면 합세해서 전진하겠습니다."

이 장계는 초이틀날 쓴 것이었다.

〈병자록〉

강원감사 조정호의 장계도 들어 왔는데, 말린 꿩고기 4마리가 포함되어 있었다.

"춘천 영장 권정길이 군사를 거느리고 검단산에 주둔하면서 여러 차례 싸워 많이 이겼는데 갑자기 적병이 뒤를 엄습하는 바람에 무너졌고, 조정호는 현재 용진에 주둔하면서 흩어진 군졸을 수습하여 북쪽 군사를 기다렸다가 연합작전으로 진격할 계획입니다."

〈조선왕조실록〉

1월 7일-스물넷째 날
도원수 김자점이 장계를 올리다

성 안에 사는 서흔남과 승려 두청이 모집에 응하여 나갔다가 도원수 김자점, 황해병사 이석달, 전라 감사 이시방의 장계를 가지고 돌아왔다.

〈조선왕조실록〉

원수 김자점의 장계는 다음과 같다.

"지난 달 20일에 동선(황해도 봉산군 동선면)의 적을 격파한 뒤에 수하 군사 3천 명을 뽑아 황해병사 이석달의 군사와 함께 진군, 신계에 와 주둔하고 있으며, 우선 곡산 군수 이위국에게 명하여 군사 500명으로 진군, 광릉에 도착하였습니다."

1월 8일-스물다섯째 날
적의 군사는 배가 부른데…

아침에 눈이 오고 온 종일 구름이 끼어 음침했다.

〈병자록〉

임금이 대신들을 모아 놓고 물었다.

"요즈음 묘당에서 계획하는 것이 있는가?"

김류가 아뢰었다.

"신들이 밤낮으로 생각하고 헤아려 보아도 지혜로운 생각이 얕고 부족하니 무슨 모책이 있겠습니까. 단지 외부의 구원만 기다릴 뿐입니다."

이어 홍서봉이 말했다.

"지원병의 수가 적에 비교해 당연히 10배 이상이 될 텐데 발판을 마련하기도 전에 모두 꺾여 버렸고, 이제 믿을 곳은 민성휘와 서우신이 합세하여 전진해 오는 것뿐인데, 성 안의 사기가 점점 위축되고 있으니, 이러한 처지에 이르러서는 어떻게 계책을 세워야 할지 모르겠습니다."

이홍주도 비슷한 의견이었다.

"두 원수가 가까운 거리까지 진군했을 것으로 추측되니, 만약 각 진영을 잘 정비하여 합세해서 전진해 온다면 적을 염려하지 않아도 될 것입니다. 그런데 횃불을 올려도 응하지 않고 호령이 통하지 않으니, 매우 안타깝습니다."

다시 김류가 아뢰었다.

"지난번 국서를 보냈을 적에 적들이 회답하는 말이 있었으니 다시 사람을 보내 물어 보소서."

임금은 적진에 다시 사람을 보내는 일은 마음에 없었다.

"성을 지키는 군졸들을 위로하고 어루만져 굳게 지키는 계책을 삼는 것이 오늘의 급선무이다."

김류는 자신의 뜻을 굽히지 않았다.

"나가서 싸울 수 없다 하여도 꼴과 양식이 여유가 있으면 지킬 수도 있는데 전혀 믿을 수가 없습니다. 이미 싸울 수도 없고 또 지킬 수도 없다면 화친뿐입니다."

재차 이홍주가 아뢰었다.

"고금 천하에 어찌 만전을 기할 수가 있겠습니까. 우리의 날랜 군사를 뽑아 적의 허술한 틈을 타서 나가 공격한다면 저들도 반드시 낭패를 당하게 될 것입니다."

그러나 임금은 공격에 대해서도 반대였다.

"이른바 포위를 뚫는다는 것은 마병(馬兵)으로 보병(步兵)을 공격할 때나 해당된다. 보병으로 마병을 공격한다면 어떻게 적을 물리칠 수 있겠는가."

김류가 계책을 올렸다.

"만에 하나 차질을 빚게 되면 성을 지키는 것도 어렵게 될 것인데, 밖의 논의가 날이 갈수록 격렬해지니, 오늘밤 달이 진 뒤에 각 영의 날랜 군사를 뽑아 송책(松柵)을 공격하여 깨뜨리기로 이미 여러 장수와 의논하여 정했습니다."

임금은 이 계책에는 반대하지 않았다.

"잘 지휘하도록 하라."

"적의 군사는 배가 부르고 말은 날렵한데, 우리 군사는 날마다 더욱 피폐해지기만 하니, 이런 상태로 저들을 대적한다는 것이 어찌 어렵지 않겠습니까."

임금은 그 말을 듣고 관량사(管粮使) 나만갑을 불러 물었다.

"이미 방출한 군량은 얼마이고 남아 있는 군량은 얼마인가?"

"원래의 수효는 6천여 석이었는데, 현재는 2천 8백여 석이 남았습니다."

대답 끝에 나만갑은 지구전을 벌여서는 안 된다는 뜻을 내비쳤다. 임금은 그런 나만갑을 나무라듯 말했다.

"관향(管餉)의 책임을 맡은 자는 이런 마음을 내지 말고 언제나 지구전을 벌일 수 있는 계책을 강구해야 할 것이다."

〈조선왕조실록〉

6장
성의 안과 밖이 끊기다

1월 9일-스물여섯째 날
화친에 대해 논하다

이날 이후로는 성의 안과 밖이 서로 끊겨 장계 또한 올라오지 않았다.

〈병자록〉

김류, 홍서봉, 최명길이 어전에 나아갔는데 도승지 이경직이 입시하였다. 김류가 아뢰었다.

"오랑캐 진영에 사신을 파견하는 일에 대해 윤허를 받지 못하였습니다. 그러나 만일 보내려고 한다면 지금이 적기입니다. 신들도 그렇게 하는 것이 무익한 줄 압니다만, 혹시라도 만에 하나의 요행을 바랄 뿐입니다. 문서를 이미 작성하였으니 한 번 보시옵소서."

임금이 허락을 했다.

"여러 사람의 의견이 그와 같다면 보내도록 하라."

이경직이 아뢰었다.

"저들이 가만히 앉아서 우리를 곤궁하게 하려고 하니 정상을 헤아리기가 어렵습니다. 지금 사람을 보낸다 하여도 기꺼이 허락할지는 모르겠습니다만 큰 해로움은 없을 듯합니다."

김류가 그 날 바로 보내기를 청하자 임금은 승낙했다.

이때 예조 판서 김상헌이 임금을 뵙고 아뢰었다.

"어제 대신이 사신을 보내자고 청했을 때는 전하께서 무익하다고 하셨는데, 오늘 또 청대하여 윤허를 받았다고 합니다. 성상의 뜻은 파견하고 싶지 않은데 대신이 이해관계를 진달하였기 때문에 따르신 것은 아닙니까? 저들이 이미 상의하여 회보(回報)하겠다고 한 이상, 우리가 아무리 자주 사신을 파견한다 하여도 저들의 마음을 움직이기는 어려우니, 한갓 보탬이 없을 뿐만이 아니고 해로울 것입니다."

"무엇 때문에 해로움이 있는가?"

"무도한 말이 갈수록 더욱 심해지는데 사람들이 모두 화친을 믿고 있으니 사기가 필시 저하될 것입니다. 그리고 혹시라도 사신을 구류한다면 난처한 일이 없지 않을 것입니다."

임금은 힘없이 고개를 끄덕였다.

"나도 무익하리라는 것을 알고 있다만, 구류할 근심은 필시 없을 것이다. 이것은 참으로 계책이 궁해서 나온 것이니, 어찌 좋은 계책이라고 하겠는가."

이어 대사간 김반, 집의 채유후, 교리 김익희가 임금을 뵙고 모두들 사신을 파견해서는 안 된다고 입을 모았다. 동부승지 이경증이 아뢰었다.

"삼사의 말이 이와 같으니 다시 대신을 불러 헤아려 보는 것이 어떠하겠습니까?"

임금은 사신을 파견하려는 마음이 굴뚝같았지만 모두들 반대를 하는 터라 어쩔 수 없이 대신과 비변사의 여러 신하를 불러 물을 수밖에 없었다.

"오랑캐 진영에 사신을 파견하는 일에 대해 예조 판서 등 여러 사람이 모두 무익하다고 하는데, 그대들의 뜻은 어떤가?"

김류가 먼저 대답했다.

"신 또한 틀림없이 유익할 것이라고 생각해서가 아니고 일이 어떻게할 수 없기 때문에 이런 거론을 한 것입니다."

이홍주도 사신 파견에는 반대 의견이었다.

"신의 생각으로는 틀림없이 무익하리라고 여겨집니다."

김반 역시 마찬가지였다.

"보내자고 하는 사람은 한두 명에 불과하고 나머지는 모두들 불가하다고 말합니다. 지난번 북문(北門)에서 조금 꺾인 뒤로 저들의 기세가 한창 교만해지고 있습니다. 그런데 대신이 잇따라 왕래하였는데, 당시의 문자(文字)는 곧 항서(降書)였지 화서(和書)가 아니었습니다. 스스로 강해진 뒤에야 화친도 성립될 것입니다."

그의 말이야 일리가 있지만 현실성은 적었다. 임금은 별 기대 없이 물었다.

"그러면 어느 때나 스스로 강해지겠는가?"

"이의배는 머뭇거리며 진격하지 않았고, 이시방은 김준룡을 구원하지 않아 광교에서 패배를 당하게 하였으니, 모두 분통하기 짝이 없습니다. 두 사람을 처벌하여 군율을 밝히소서."

"처벌만이 능사가 아니다. 명령이 통하지 않는데 어떻게 한단 말인가."

병조 판서 이성구가 아뢰었다.

"오늘 승려를 모집해서 원수(元帥)에게 보내 먼저 이의배를 참수하게 한 뒤 통솔할 장수를 대신 정하는 것이 좋겠습니다."

"적과 대치한 상황에서 장수를 바꾸는 것은 병가(兵家)에서 크게 꺼리는 일이니 용이하게 할 수 없다."

김상헌이 다른 의견을 개진했다.

"보낼 문서를 신이 보지는 못했습니다만, 곁에서 듣건대 관온인성(寬溫仁聖) 등 단어의 뜻을 해석하여 찬미하였다고 합니다. 삼공이 모여 다시 더 재량하도록 하소서."

"그 전부터 문장을 잘못 작성하여 강한 오랑캐를 가볍게 보고 도발시킴으로써 이 지경에 이르렀다. 우리는 약하고 저들은 강하니 한갓 빈 말만 숭상할 수는 없다."

이어 대사헌 김수현은 "밖에서 공격하는 일은 위태롭습니다" 말하고, 김류는 "오늘날에는 장수가 되는 것이 또한 어렵지 않겠니까. 싸우지 않으면 여론이 그르다고 하고, 싸워서 불리하게 되면 역시 여론이 비난하니, 일을 장차 어떻게 해야 하겠니까"하고 말했다. 〈조선왕조실록〉

오늘도 소득 없이 난상토론만 벌이다가 하루를 또 그렇게 허비했다.

1월 10일-스물일곱째 날
적의 목을 베어 오라 했더니…

햇무리가 겹으로 졌다.

어영별장 김언림은 밀양 사람으로, 본래 사대부의 종기를 입으로 빨아 사대부들과 교제를 맺었다. 스스로 말하기를 자기는 침술이 용하다고 하지만 사실은 혈맥도 짚을 줄 몰라 사람을 죽게까지 한 일도 더러 있었다. 그런 그가 김류에게 은밀히 말했다.

"제가 밤에 성을 나가 적을 죽이고 오겠습니다."

"몇 사람이 필요 하느냐?"

"한 명만 데리고 가겠습니다."

"아니, 한 명을 데리고 가서 어떻게 하겠다는 것이냐?"

"제 생각으로는 오히려 한 명도 많습니다."

김류는 그의 속마음을 알 수 없었지만 한 명을 딸려 밖으로 내보냈다. 다음날 아침, 김언림이 적을 죽이고 목을 베어왔다 하면서 김류에게 그 목을 바쳤다. 김류가 바로 임금에게 고하자 임금은 상으로 면주 3필을 내렸다. 적병의 목은 군문에 매달았다. 그런데 이상한 것은 자세히 보니 간밤에 죽은 적병의 머리에 피 한 점도 묻어 있지 않고 살이 눈처럼 하얗게 얼어 있는 것이었다. 사람들이 이를 보고 모두 의아해 하는데 원주에서 온 장수 하나가 달려들어 그 머리를 떼어 끌어안고 통곡을 했다.

"형님 어찌하여 두 번이나 죽으셨습니까?"

사정을 알고 보니, 그 머리의 주인공은 지난 번 김류가 지휘하여 싸우던 날, 관동의 장수로 적과 싸우다 이미 죽은 사람이었다. 동생의 통곡소리를 들으며 분해하지 않는 사람이 없었다. 김류는 즉시 김언림을 어영부장 원두표에게 보내 군사들 앞에서 목을 베게 하였다.

〈병자록〉

1월 11일-스물여덟째 날
최명길, 2차 상서를 쓰다

해가 뜰 무렵 햇무리가 있고 흰 서기가 동쪽에서 서쪽 하늘로 뻗쳤다. 예조판서 김상헌이 들어와 임금에게 아뢰었다.

"사람이 궁하면 근본을 생각하게 되는 것입니다. 갑자기 이런 위급한 날을 당했으니, 마땅히 전하께서 친히 숭은전 영정에 제를 올리셔야 하옵니다."

임금은 그의 말을 따랐는데, 숭은전 영정이란 임금의 아버지 원종의 영정을 말하는 것이다. 그리하여 새벽녘에 백관들과 함께 영정을 봉안해 놓은 개원사 절에서 제를 올렸다. 그간 남한산성에 들어온 이후 성 안에는 까치와 까마귀가 사라졌는데, 이날 많은 수의 까치와 까마귀가 성 안으로 날아들어 모두들 좋은 징조라고 말했다.

한편 장유가 적에게 보낼 글 한 편을 지었는데 애걸하지 않고 이치를 따지는 식이었다. 그 글을 부제학 이경석에게 주면서 임금에게 그 까닭을 자세히 아뢰게 하였다. 임금은 김류와 함께 그 글을 읽었다. 하지만 김류는 최명길의 글을 채택해야 한다고 건의했다. 최명길의 글은 장유와 달리 애걸함을 요지로 지은 글이었다. 당연히 장유의 글은 채택되지 않았다.

〈병자록〉

김류, 홍서봉, 최명길 등이 임금을 뵈었다. 김류가 상서를 보낼 것을 청하니, 임금은 한 번 읽은 뒤에 물었다.

"고쳐야 할 곳은 없는가?"

최명길이 조심스레 대답했다.

"전하 앞에서 여쭈어 고쳤으면 합니다."

최명길은 그 자리에서 붓을 잡고 문장의 자구를 고쳤는데, 그 글의 내용은 다음과 같다.

조선의 제2차 상서

"지난번에 우리나라 재상이 군영 문에 글을 올려 요청하였는데, 황제로부터 장차 회답하는 명이 있을 것이라고 돌아와서 말하기에, 우리나라의 군신은 발돋움하고 목을 빼어 날마다 폐하의 말씀을 기다렸으나 지금 열흘이 지나도록 분명한 회답이 없습니다. 이에 곤궁하고 사정이 급박하여 다시 아뢰지 않을 수 없게 되었으니,

황제께서는 살펴 주소서.

우리나라는 앞서 대국의 은혜를 입어 외람되게도 형제의 의리를 맺고 천지에 명백히 고하였으니, 지역은 구분이 있다 하여도 정의(情意)는 간격이 없다 하겠습니다. 그래서 자손만대의 한없는 복이 되었다고 스스로 여겼는데, 맹서를 한 지 얼마 되지 않아 의혹의 단서가 그 가운데에 맺혀, 그만 위태롭고 급박한 화란을 당함으로써 거듭 천하의 웃음거리가 될 줄이야 어떻게 생각이나 했겠습니까. 그러나 그 이유를 찾아 보건대, 모두가 천성이 유약한 탓으로 군신에게 잘못 이끌린 채 사리에 어두워 살피지 못함으로써 오늘날의 결과를 초래하였으니, 스스로를 책망할 뿐 다시 무슨 말을 하겠습니까. 다만 생각건대 형이 아우에게 잘못이 있음을 보고 노여워하여 책망하는 것은 진실로 당연한 일이지만, 너무나 엄하게 책망한 나머지 도리어 형제의 의에 어긋나는 점이 있게 되면, 어찌 하늘이 괴이하게 여기지 않겠습니까.

우리나라는 바다 한쪽 구석에 위치하여 오직 시와 글만을 일삼고 전쟁을 익히지 않았습니다. 약한 나라가 강한 나라에 복종하고 작은 나라가 큰 나라를 섬기는 것이야말로 당연한 이치인데, 어찌 감히 대국과 서로 견주겠습니까. 다만 명나라와는 대대로 두터운 은혜를 받아 명분(名分)이 본래 정해졌습니다. 일찍이 임진년의 환란에 우리나라가 조석(朝夕)으로 망하게 될 운명이었는데, 명나라의 신종황제께서 천하의 군사를 동원하여 물불 가운데 빠진 백성들을 건져내고 구제하셨으므로 우리나라의 백성들이 지금까지도 그 은혜를 마음과 뼈에 새기고 있습니다. 그리하여 차라리 대국에게 잘

못 보이는 한이 있더라도 차마 명나라를 저버릴 수는 없다고 하니, 이것은 다름이 아니라 은혜를 베푼 것이 두터워 사람을 깊이 감동시켰기 때문입니다. 은혜를 사람에게 베푸는 방법은 한 가지가 아닙니다. 진실로 생령(生靈)의 목숨을 살리고 종사(宗社)의 위태로움을 구원하는 것이라면, 군사를 일으켜 환란을 구제하거나 회군하여 보존되도록 도모해 주는 그 일이 비록 다르다고는 하더라도 그 은혜는 마찬가지라고 할 것입니다.

지난해 우리나라의 일 처리가 잘못되어 대국으로부터 여러 차례나 진지하게 가르침을 받았는데 여전히 스스로 깨닫지 못하여 화란을 초래하고 말았습니다. 그러나 지금 만일 잘못을 용서하고 스스로 새롭게 되도록 허락하여 종사를 보존하고 대국을 오래도록 받들게 해 주신다면, 우리나라의 군신이 장차 마음에 새기고 감격하여 자손 대대로 영원히 잊지 않을 것이고, 천하에서도 이를 듣고 대국의 위신(威信)에 복종하지 않음이 없게 될 것입니다. 이는 대국이 한 번의 거사로 큰 은혜를 조선에 베푸는 일이 됨과 동시에, 더 없는 영예를 사방의 나라에 베푸는 일이 될 것입니다. 그렇지 않고 오직 하루아침의 분함을 쾌하게 하려고 병력으로 추궁하기를 힘써 형제 사이의 은혜를 손상시키고, 스스로 새롭게 하려는 길을 막음으로써 저희의 소망을 끊어버린다면, 대국의 입장으로 볼 때에도 장구한 계책이 되지 못할 듯합니다. 고명하신 황제께서 어찌 이에 대해 생각이 미치지 못하시겠습니까.

가을에 만물을 죽이고 봄에 살리는 것은 천지의 도이고, 약한 나라를 어여삐 여기고 망해가는 나라를 불쌍히 여기는 것은 패왕(

伯王)의 사업입니다. 지금 황제께서 바야흐로 영명하고 용맹스런 계략으로 제국을 어루만져 안정시키고 새로 대호(大號)를 세우면서 맨 먼저 관온 인성(寬溫仁聖) 네 글자를 내걸었습니다. 이 뜻이 대체로 장차 천지의 도를 체득하여 패왕의 사업을 넓히려고 하는 것이니, 우리나라처럼 지난날의 잘못을 고치고 스스로 넓은 은혜에 의지하기를 바라는 자에 대해서는 의당 끊어서 버리는 가운데에 포함시키지 않아야 할 듯합니다. 이에 다시 구구한 말씀을 드려 명을 집사(執事)에게 내려주시기를 청합니다."

이에 대해 우의정 이홍주, 호조 판서 김신국, 예조 판서 김상헌, 비국 당상이 임금에게 아뢰었다.

"갖가지를 생각하고 헤아려 보아도 국서(國書)를 보내는 것이 합당한 일인지 모르겠습니다. 전일 왕래한 재상으로 하여금 먼저 말로 용골대에게 가서 물어보게 하는 것이 순서일 듯합니다."

"말로 전하는 이야기를 저들이 어찌 응답하겠는가."

김상헌이 재차 말했다.

"문서 가운데에 '임진년에 명나라의 신종황제가 군사를 출동시켜 난리를 구원하였다. 지금 만약 군사를 거두어 보존하도록 도모해 준다면 그 은혜가 다름이 없으니 일이 어찌 차이가 있겠는가'하는 등의 말이 있습니다. 그러나 이러한 문자로는 그들의 노여움이 풀리리라고 기대하기 어렵고, 문장을 작성한 것도 매우 타당하지 못합니다."

그리하여 임금은 김류, 홍서봉, 최명길을 불러 물었다.

"우상의 뜻은 문서를 보내지 말고 단지 말로 먼저 탐지해 보는 것이 마땅하다고 하는데, 어떻게 해야 할지 모르겠다."

김류와 홍서봉은 같은 의견을 말했다.

"허다한 이해관계를 말로 전달하기는 어렵습니다."

최명길은 단호한 의견이었다.

"국서는 이미 작성되었는데, 여러 갈래로 논의가 많으니 어느 때나 결정되겠습니까. 지금은 여러 의논을 배격하고 그대로 하는 것이 좋겠습니다."

얼마 후 지평 염우혁, 헌납 김경여가 아뢰었다.

"신들이 일찍이 사신을 파견하는 것은 크게 불가하다고 갖추어 진달하였는데, 지금 듣건대 이 의논이 다시 제기되었고 또 그 글에 애걸하는 내용이 많다고 하였습니다. 적이 만약 욕심을 채우려고 한다면 아무리 사연을 비굴하게 하더라도 끝내는 무익할 것이 분명하니, 사신을 보내는 일을 속히 정지시키소서."

"이는 실로 부득이해서 나온 일이다. 그대들은 다시 더 생각하고 요량하여 번거롭게 하지 말라."

〈조선왕조실록〉

한편 적은 세 길로 나누어 군사를 증강하고, 강가 곳곳에 진을 쳤다. 이는 조선의 구원병이 올까 염려하여 그리 한 것이다. 인심은 나날이 불안해졌다. 이날 밤에 달무리가 있었다.

〈병자록〉

1월 12일-스물아홉째 날
청의 군사가 또 증강되다

좌의정 홍서봉과 최명길, 윤휘, 허한을 적의 진영에 보냈으나 국서를 전달하지 못했다. 그들은 내일 다시 서문으로 오라하고, 새로운 장수가 왔다며 매우 분주해하는 모습이었다. 우리의 동쪽과 서쪽 진영에서 전해 오기를 적의 군사가 또 많이 도착했다고 한다. 아마도 새로운 장수가 왔다함은 용골대가 왔다는 말을 가리키는 것 같았다.

또 들리는 말에 의하면, 적의 기병 수천이 이필현으로 갔다는데 혹 우리 군사가 이 근처로 오고 있지 않나 염려되었다. 허한이 말을 잘 하는 재주가 있어 적을 접대할 때면 늘 그를 보냈다.

〈병자록〉

새벽에 서북쪽 적진을 바라보니, 눈에 보이는 데까지 별이 바둑판처럼 깔리듯 산과 들에 불빛이 깜박거렸다. 군사의 수가 헤아릴 수 없이 많음을 알 수 있었다.

〈정약용의 임진왜란과 병자호란〉

1월 13일-서른째 날
청의 장수에게 뇌물을 주다

서남풍이 심하게 불었다. 임금은 남쪽 성을 순시한 뒤 홍서봉, 최명길, 윤휘를 적진에 보냈다. 국서를 받은 용골대와 마부대는 우리나라가 이유 없이 맹약을 저버렸다고 꾸짖었다. 최명길은 가슴을 치고 머리를 조아리며 사죄의 뜻을 밝혔다.

"그것은 우리 임금의 뜻이 아니라 신하의 죄입니다. 칼로 창자를 꺼내 저희 임금이 그렇지 아니함을 밝히고 싶습니다."

최명길의 말에 화가 누그러진 적들은 수삼일 안으로 회답을 하겠노라고 약속했다.

〈병자록〉

이날 적진으로 떠나기에 앞서 홍서봉, 최명길, 윤휘가 임금을 뵈었다. 홍서봉이 계책을 말했다.

"통역 이신검이 와서 말하기를 '일찍이 정묘년에 유해에게 기만책을 써서 그 덕분에 강화하였다. 지금도 정명수에게 뇌물을 주면 강화하는 일을 기대할 수 있을 듯하다'고 하였습니다."

임금은 그 의견을 받아들이며 당부했다.

"옛날에도 그런 계책을 시행한 적이 있었다. 모름지기 비밀리에 주고 누설되지 않도록 하라."

임금은 은 1천 냥을 정명수에게 주고, 용골대와 마부대에게도 각각 3천 냥씩 주게 하였다.

〈조선왕조실록〉

1월 14일-서른한째 날
고난의 나날은 계속되고…

이날 나만갑과 김신국은 식량 절약에 대한 계획을 세웠다. 하루에 군졸은 3홉, 백관은 5홉으로 감량해야만 겨우 다음 달 24일까지 지탱할 수 있었다. 군사들이 식량이 없음을 알고, 또한 오래 포위되어 있으면 어떤 일을 저지를지 모를 일이었다. 두 사람은 이 계획을 임금에게 보고했다.

한편 서울과 경기도를 횡행하는 적은 지난번에 강릉(동대문구에 있는 명종의 비 인순왕후 능)과 태릉을 불질렀는데, 이번에는 헌릉(태종의 릉)을 불질렀다. 연기와 불꽃이 하늘을 찔러 차마 볼 수가 없었다.

〈병자록〉

임금은 성을 지키는 군사 중에 직책을 받기를 자원하는 자는 차등 있게 직책을 제수하도록 명하였다. 한량은 금군에, 금군은 수문장에 임명하고, 수문장과 부장은 사과(司果:조선시대 5위에 있던 정6품 무관직)로 옮기고, 공천(公賤)과 사천(私賤)은 양인으로 하고 아울러 직첩을 지급하도록 하였다.

이날 날씨가 매우 추워 성 위에 있던 군졸 가운데 얼어 죽은 자가 있었다.

〈조선왕조실록〉

지난겨울과 봄 이후 이렇게 추운 적은 처음이었다. 이 남한산은 높고

뾰족하여 한여름에도 차가운데, 첫 겨울에 눈비가 내린 것이 아직도 녹지 않았기 때문에 추위가 더했다. 장수와 군사들이 처음부터 지금까지 추운 곳에서 지내 얼굴빛이 푸르고 검어 사람 모습 같지가 않았다. 살갗이 찢어지고 동상에 걸린 손가락이 떨어져 나가 그 참혹함은 이루 말로 할 수가 없다. 말도 굶주려 얼어 죽고 거의 없어졌다. 이처럼 찬 기운이 몹시 엉겨 있어 청나라 군사가 움직이면 바람이 일고 멈추면 바람도 그쳤다.

〈정약용의 임진왜란과 병자호란〉

1월 15일-서른두째 날
화친과 전투를 병행하다

요즈음 각 진영으로부터 장계가 끊어져 지방과 전혀 연락이 이루어지지 않았는데, 오늘 비로소 새 도원수 심기원, 함경감사 민성휘, 남병사 서우신, 강원감사 조정호, 찬획사 남선 등으로부터 장계가 들어왔다. 장계를 가지고 온 사람은 함경감사의 군관 두 사람이었다.

내용은 가까이 양근(양평) 미원에 주둔하여, 군사들을 쉬게 하고 있는데 장차 진군하겠다는 내용이었다.

〈병자록〉

도원수 심기원의 군관 지기룡은 장계를 가지고 들어오면서 대구 알과 연어 등의 생선을 바쳤다. 김류가 임금에게 아뢰었다.

"지기룡, 김기량 등이 죽음을 무릅쓰고 들어와 구원병의 소식을 알렸으니, 논상하소서."

임금은 그대로 시행하라 일렀다.

지원병에 대한 소식이 연이어 들어왔다. 남 병사 서우신과 함경 감사 민성휘가 군사를 합쳐 양근의 미원에 진을 쳤는데, 군사가 2만 3천이라고 일컬어졌다. 평안도 별장은 8백여 기병을 거느리고 안협에 도착하였다. 경상좌병사 허완도 군사를 거느리고 쌍령에 도착했는데, 교전하지도 못하고 군사가 패하여 죽었으며, 우병사 민영은 한참동안 힘껏 싸우다가 역시 패하여 죽었다. 충청감사 정세규가 진군하여 용인의 험천에 진을 쳤으나 적에게 패하여 생사를 모른다는 소식도 뒤를 이었다.

최명길과 윤휘가 임금을 뵙고 아뢰었다.

"저들이 장차 회보하겠다고 하고는 지금까지 소식이 없으니, 내일 아침에 사람을 보내 물어 볼까 합니다."

"그렇다면 보내도록 하라."

"충청감사 정세규의 생사가 불확실한데, 두 원수(元帥)도 조정의 명령이 없으면 필시 스스로 알아서 하기가 어려울 것이니, 그들로 하여금 편리할 대로 처리하도록 해야 할 것입니다. 그리고 조정은 화친이 이루어지도록 노력하고, 장수와 군사는 수비 책을 힘써야 할 것이며, 외부의 지원병은 전투를 임무로 삼아야 하니, 이 세 가지를 병행시켜야 할 것입니다."

"그리 하도록 하라."

〈조선왕조실록〉

7장
무조건 항복하라

1월 16일-서른셋째 날
청, 항복을 요구하다

바람이 불고 눈이 내렸다. 홍서봉, 최명길, 윤휘는 적진에 가서 저번 날에 보낸 국서에 대해 아직까지 화답이 없는 이유를 물었다. 용골대와 마골대는 여러 가지로 위협하는 말을 했다.

"공유덕, 경명중 두 장수가 명나라 군사 8만 명을 거느리고 홍이 포 28문을 가지고 올 것이며, 장차 강화도를 공격할 것이오."

적은 흰 바탕의 기에 초항(招降)이라는 두 글자를 써서 망월봉 아래에 세워놓았는데 바람에 부러졌다.

〈병자록〉

최명길은 적진에서 돌아와 임금을 뵙고 아뢰었다.

"신이 통역 이신검에게 물었더니, 여량과 정명수의 뜻을 전하였습니다. 이른바 새로운 말이란 바로 무조건 항복하라는 것이었습니다. 임금과 필부는 같지 않으니 진실로 어떻게든 보존될 수만 있다면 최후의 방법이라도 쓰지 않을 수 없습니다. 새로운 말을 운운한 것은 우리가 먼저 꺼내도록 한 것이니, 신의 생각으로는 적당한 시기에 우리가 먼저 그 말을 꺼내 화친하는 일을 완결 짓는 것이 온당하리라고 여겨집니다. 영상을 불러 의논하여 결정하소서."

임금은 잠시 망설였다.

"어떻게 갑작스레 의논해서 정할 수 있겠는가."

"이런 이야기를 사책(史冊)에 쓰게 하면 안되겠습니다."

임금은 그 말을 받아들여 쓰지 말도록 명하였다.

민형남이 상소하였다.

"오늘날의 일이 급박합니다. 밖으로는 지원병이 승리했다는 보고가 없고 안으로는 믿을 만한 명장이 없이 외로운 성에서 속수무책으로 죽을 날만 기다리고 있습니다. 어육이 될 운명에 놓여 있는 온 나라의 백성이야 돌아볼 겨를이 없다 하여도 2백 년 동안 내려온 종사(宗社)는 어떻게 한단 말입니까. 당초에 정도를 그대로 지키자는 의논이 섣불리 강한 오랑캐의 노여움을 촉발하여 그만 병화를 불러들이게 되었으니, 이러한 지경에 이르러 후회한들 무슨 소용이 있겠습니까.

그러나 부모의 병이 위독하여 목숨이 경각에 달려 있는데, 효자의 마음에 어찌 차마 옛날의 처방만을 고수하며 구급약을 쓰지 않을 수 있습니까. 바야흐로 지금은 국체가 중하게 되지 못하고 대신도 업신여김을 받는데 한 가지 논의가 끝없이 다투고 있으며, 대신들도 서로 대립한 채 걸핏하면 기회를 놓치고 있으니 참으로 애석한 일입니다. 군사 작전에서는 속임수도 꺼리지 않으니 오로지 전승을 거둘 계책이 중요합니다. 모든 계책은 모름지기 대신과 상의하여 전하께서 결정하고, 동요되어 다시 고치는 일이 없게 해야 합니다. 그리고 조정의 신하로 하여금 각기 마음에 품은 바를 진달하도록 하소서."

그의 말이 옳기는 하지만 딱히 방법이 없는 것은 다른 신하들과 마찬가지였다.

1월 17일-서른넷째 날
조선의 임금이여, 네가 살고자 하느냐?

드디어 용골대와 마부대가 조선의 사신을 찾았다. 홍서봉, 최명길, 윤휘 등이 나가서 답서를 받아가지고 왔다. 그 글의 내용이 지난날의 조서처럼 흉측하기 이를 데 없었다. 그것은 곧 성에서 나와 항복하라는 것이었다. 그 내용은 다음과 같다.

청나라의 제2차 조서

대청국 관온인성 황제는 조선 국왕에게 조칙을 내려 깨우치노라. 보내 온 글에 "책망이 너무 엄하면 도리어 형제의 의리에 틈이 생길 것이니 어찌 하늘의 괴이하게 여기시는 바가 되지 않겠느냐?"
했는데, 짐이 정묘년의 맹약을 소중히 생각해 일찍이 너희 나라가
맹약을 어긴 일을 여러 번 타일렀으나, 너희는 하늘을 두려워하지
않고, 도탄에 빠져 있는 백성을 구원하지 않고 먼저 맹약을 어겼다.

　네가 너의 변방 신하에게 보낸 글을 짐의 사신 영아아대가 얻
어, 비로소 너희 나라가 전쟁할 생각을 갖고 있음을 확실히 알았
다. 그리하여 짐은 곧 춘신사, 추신사와 여러 상인들에게 "너희 나
라가 이처럼 무례하니 장차 너희 나라를 칠 것이다. 돌아가거든 너
희 왕 이하 신민에게 전하라"라고 하였다. 이렇듯 확실히 일러 보냈
으니 짐은 속임수로 군사를 일으킨 것이 아니다. 또한 글을 갖추어
너희가 맹약을 어기고 말썽을 일으킨 일을 하늘에 고한 뒤에 군사
를 일으킨 것이다. 짐은 네가 맹약을 배반했음으로 스스로 천벌을
두려워해야 할 것이라고 했다. 실로 맹약을 배반했기 때문에 재앙
이 내린 것인데, 너는 어찌하여 도리어 아주 깨끗하고 아무런 관계
가 없는 사람처럼 하늘 천(天)자 한 자를 억지로 끌어다 붙이느냐?
너는 또 말하기를 "우리나라가 궁벽한 바다 한 구석에 있어 오직 시
와 글을 일삼고 전쟁을 익히지 않았다" 했지마는 지난번 기미년에
너는 까닭 없이 우리를 쳐서, 짐은 너희 나라가 틀림없이 전쟁을 준
비하고 있으리라 생각했는데, 이제 또 말썽을 일으켰으니 너희 군사
가 더욱 정예해진 것이다. 그런데도 오히려 병사를 익히지 않는다고
고집하는 것이냐? 그러나 너는 원래 군사를 좋아하는 자라, 아직도
그만둘 생각이 없으면 이제부터 다시 훈련을 더하는 것이 좋을 것
이다. 너는 또 말하기를 "임진왜란 때에 나라가 거의 망하게 되었는

데 신종 황제가 천하의 군사를 동원하여 전쟁의 재앙에서 구해주었다"고 했는데, 천하는 크고, 또한 천하에는 많은 나라가 있다. 너희를 구해 준 것은 명나라 한 나라뿐인데 어떻게 천하 모든 나라의 군사가 다 왔다는 것이냐? 명나라와 너희 나라는 허탄하고 망령됨이 끝이 없구나.

이제 고달프게 산성을 지켜 운명이 아침저녁에 달려 있는데도 오히려 부끄러운 줄을 모르고 헛소리만 하니 무엇이 유익하리요. 너희는 또 말하기를 "오직 한때의 생각을 시원하게 하고자 끝내 병력으로서 형제의 은혜를 상하고, 스스로 새로워지려는 길을 막아 버려 여러 나라의 소망을 끊어 버린다면, 그것은 또한 대국으로서도 장구한 계책이 되지 못할까 두렵다. 황제의 고명함으로 어찌 이러한 점을 생각하지 않으랴"고 했는데, 그렇다! 네가 형제의 우의를 깨뜨리고, 전쟁을 획책하여 군사를 훈련시키고, 성을 쌓고 길을 닦으며, 수레를 만들어 우리나라를 해치려고 했다. 그런데 어찌 우리나라에 은혜를 베푼 것이 있다고 할 수 있느냐? 무릇 이러한 것을 너희는 스스로 모든 사람의 믿음을 끊지 않는 것이라 하고, 스스로 고명하다 하고, 스스로 장구한 계책이라 하는데, 짐 역시 그것을 정성이라고 해야 한다는 말이냐? 그것이 장구한 계책이란 말이냐? 또 말하기를 "황제는 영무한 방략으로 모든 나라를 무마 안정시켜 새로이 대호를 세우고 관온인성 넉 자를 내세웠다. 이는 장차 천지의 도리를 본받아 패왕의 사업을 회복하려 함이라"고 했지마는, 짐의 안팎 여러 왕과 대신들이 진작부터 이 존호를 짐에게 올린 것이다. 그러나 짐은 패왕의 사업을 회복하지 않는다. 까닭 없이 군사를 일으켜 너희 나라를 멸망시키려 하고, 너희 백성을 해치려 한 것이 아니다. 군사를 일으킨 까닭은 정히 잘잘못을 펴고 밝히고자 함에 있다.

천지의 도리는 착한 일을 하는 자에게는 행복이 오고, 악한 일을 하는 자에게는 재앙이 돌아와서 지극히 공평하고 사사로움이 없다. 짐은 천지의 도리를 몸으로써 행하여, 마음을 기울여 따르고 순종하는 자는 편안하고 무사하게 해 주지마는 명령을 거역하는 자는 하늘을 받들어 치고, 무리를 모아 악한 짓을 하거나 칼을 잡아 어지럽히는 자는 목 베며, 완악한 백성으로 순종하지 않는 자는 가두고, 성질이 억세어 굴하지 않는 자는 깨닫도록 경계하며, 교활하고 속이는 자는 끝까지 나무란다. 이제 네가 짐과 적이 되었으므로 내 군사를 일으켜 여기에 왔다. 만약 너희 나라가 죄다 짐의 판도에 들어온다면, 짐이 어찌 길러 보호하여 적자와 같이 사랑하지 않겠느냐? 또한 너희는 하는 말과 하는 행동이 전혀 같지 않다. 내외 전후에 오고간 문서로서 우리 군사가 얻은 것 중에는 왕왕 우리 군사를 오랑캐 도적이라 불렀는데, 이것은 너희 군신이 평소에 우리 군사를 도둑으로 불렀기 때문에 말을 하는 동안에 무심코 그렇게 나온 말일 것이다. 몸을 숨기고 몰래 가지는 것을 도둑이라고 한다고 들었는데, 내가 과연 도둑이면 너는 어찌하여 잡지 아니하고 내버려 두어 불문에 붙이느냐?

너희가 비방하고 욕하는 짓은, 이른바 양의 바탕에 호랑이의 껍질이란 속담이 참으로 너를 두고 한 말이 아니더냐? 우리나라 풍속에 "사람의 행동은 민첩한 것이 귀하고, 말은 겸손한 것이 귀하다"고 한다. 그러므로 우리나라는 늘 행하여 책잡히지 않고, 말하여

부끄럽지 않고자 경계한다. 그런데 너희 나라는 속이고 교활하고 간
사하고 헛수작함이 날로 깊이 스며들어 결코 부끄러운 줄을 모르
고 이와 같은 망령된 말을 함부로 하여 꺼리지 아니하는구나! 이제
네가 살고자 하느냐? 마땅히 빨리 성에서 나와 항복하여라. 아니면
싸우고자 하느냐? 또한 빨리 나와서 양편 군사가 한 번 싸워 보자.
하늘이 스스로 어떤 처분을 내리실 것이다.

〈정약용의 임진왜란과 병자호란〉

임금이 깊은 근심을 하는 중에 정언 이시우(李時雨)가 와서 아뢰었다.

"군부(君父)가 외로운 성에 포위된 지 이제 한 달이 지났는데도 각 도
의 구원병 중에 한 사람도 목숨을 바쳐 이 어려움을 구하는 자가 없으
니, 이것은 바로 몇 년 전부터 군사들의 기율이 엄격하지 않기 때문에
그런 것입니다. 이의배처럼 군사만 장악하고 머뭇거리면서 주장(主將)이
패배하는 것을 구경만 하고 있는 자를 아직까지 주벌하지 않고 있으니,
어떻게 장수들을 두렵게 징계시켜 생사를 가볍게 보도록 할 수 있겠습
니까. 신들의 생각으로는 급히 결사대를 모집하여 원수에게 명령함으로
써 군율을 어기거나 머뭇거리는 제장은 먼저 참한 뒤에 아뢰도록 하여
군사의 기율을 엄격히 했으면 합니다. 그리고 원수로 하여금 각 군사를
감독하고 통솔하여 하루가 급하게 전진해서 한 번 결사전을 벌임으로써
군부의 위급함을 풀도록 하소서.

또 얼음이 녹은 뒤에 모든 배를 독촉해서 징발하여 한강에 와 정박
하게 하고 하수구를 만들어 위급할 때를 대비하게 하소서. 그리고 경기

는 감사와 수령이 모두 포위된 성 가운데 있으므로 한 도에 호령할 사람이 없습니다. 감사는 외부에 있는 여러 신하 가운데에서 뽑아 임명하고, 수령은 임시로 뽑은 이들을 진짜로 삼아도 안 될 것이 없습니다. 조정으로 하여금 급히 지시하여 시행하게 하소서."

"비변사로 하여금 참작해서 처치하도록 하라."

곧 비변사에서 답변이 올라왔다.

"갑자년(1372)의 사례에 의거하여, 이명은 좌도감사라고 하여 오로지 성 안의 일을 보살피게 하고, 외부에 있는 사람 중에 그 방면의 임무를 감당할 만한 자를 가려 우도감사라고 칭한 뒤 한 도의 일을 겸해서 보살피도록 하소서. 그리고 열읍(列邑) 가운데 수령이 없는 곳은 임시로 수령을 차출하여 조정의 명령을 기다리게 하소서. 이의배 등과 군기를 어긴 장수들은 먼저 참한 뒤에 아뢰도록 하고, 각 포구의 전선과 병선 및 제도의 주사(舟師)와 강화(江華)의 배는 모두 한강으로 되돌려 정박하게 해서 급할 때 활용할 수 있도록 하는 것이 마땅합니다. 이런 내용으로 대장들에게 하유하소서."

임금은 즉시 그대로 행할 것을 명령했다.

"아뢴 대로 하라. 한강의 배는 수습해서 머물며 대기하다가 즉시 강화로 되돌려 정박하게 하라. 이의배 등의 일은 명확하게 조사하여 처치하도록 하라. 성에 들어온 수령은 공로가 매우 중하니, 뒷날에도 체직시키지 말도록 하라."

1월 18일-서른다섯째 날
김상헌, 국서를 찢고 통곡하다

또다시 홍서봉, 최명길, 윤휘에게 국서를 주어 적진에 보냈다. 용골대는 마부대가 어디 갔다는 핑계를 대면서 받지 않았다. 그리고는 겁을 주었다.

"내일이나 모레 이틀 안에 마땅히 서로 싸울 것이오."

적들은 성 아래까지 몰려와 항복하라고 소리를 질렀다. 홍서봉 등이 가져간 국서의 내용은 다음과 같았다.

조선의 제3차 상서

"조선 국왕 이종(李倧)은 엎드려 절하고 대청국 관온인성 황제께 글을 올립니다. 엎드려 밝으신 뜻을 받자오니 간곡하신 타이름을 내리셨습니다. 그 책망하심이 엄하신 것은 곧 가르치심이 지극하심입니다. 가을 서릿발 같이 매운 가운데 봄날이 소생하는 뜻이 들어 있어, 엎드려 읽고 황감하여 몸 둘 바를 모르겠습니다.

삼가 생각하건대, 대국의 위엄과 덕이 멀리 미쳐서 모든 번방이 입을 모아 하늘과 사람이 귀의하여, 크신 명령이 바야흐로 새로운데, 소방은 10년 형제의 나라로서 도리어 홍운의 시초에 죄를 지었습니다. 마음에 반성하여 후회해도 미치지 못하는 뉘우침이 있습니다. 지금의 소원은 다만 마음을 고치고 생각을 바꾸어 지난날의 습관을 깨끗이 씻고, 온 나라를 들어 다른 모든 번방과 같이 명을 좇고자 할 뿐입니다. 진실로 뜻을 굽히시어 위급을 안전하게 하심을 입어 스스로 새로워짐을 허락하신다면, 문서와 절차에 응당 행할 의식이 있을 것이니, 그렇게 행하겠습니다.

오늘에 있어 출성(出城)하라는 명령은 실로 인복의 뜻에서 나온 것이지마는, 그러나 아직 겹겹이 둘러싼 포위가 풀리지 않았고, 황제의 노여움이 대단하시어, 여기 있어도 죽고, 성을 나가도 역시 죽을 것이므로 용기를 멀거니 바라보고 자결하고 싶을 뿐이니 정상이 부끄럽습니다. 옛날 사람의 말에 "성 위에서 천자를 뵈는 자는 예를 그만둘 수 없고 병위 역시 두렵다"고 했습니다. 그러나 소방의 소원은 이미 말씀드린 바와 같으니, 이는 아뢸 말씀을 다 아뢴 것입니다. 이는 깨달아 경계함이요, 마음을 기울여 귀순함입니다.

황제께서는 바야흐로 천지의 모든 생물까지도 마음에 두시는데, 소방이 어찌 온전하게 살아 후하신 보양 가운데 듦이 부당하겠습니까? 삼가 생각하건대, 황제의 덕이 하늘과 같아 반드시 불쌍히 여겨 용서하실 것이라 감히 진정을 토로합니다. 삼가 은혜로운 말씀을 기다리겠습니다."

이 글은 이조 판서 최명길이 쓴 것이다.

〈병자록〉

대신이 적에게 보낼 이 국서를 올리자 임금은 "문서를 제술(製述)한 사람을 들어오게 하라"고 말한 뒤 국서를 읽었다. 그리고 최명길을 앞으로 나오게 한 뒤 온당하지 않은 곳을 감정(勘定)하게 하였다. 이어 이경증이 아뢰었다.

"군부(君父)를 모시고 외로운 성에 들어와 이토록 위급하게 되었으니, 오늘날의 일에 누가 다른 의논을 내겠습니까. 다만 이 일은 바로 국가의 막중한 조치인데 어떻게 비밀스럽게 할 수 있겠습니까. 대간 및 2품 이상을 불러 분명하게 유시하는 것이 어떻겠습니까?"

"사람들의 마음은 성실성이 부족하여 속마음과 말이 다르다. 나랏일을 이 지경으로 만든 것도 이 때문이니, 이 점이 염려스럽다."

이에 김류가 말했다.

"설령 다른 의논이 있더라도 상관할 것이 없습니다."

최명길이 국서를 가지고 비변사에 물러가 앉아 다시 수정을 가하였다. 이때 예조 판서 김상헌이 밖에서 들어와 그 글을 보고는 통곡하면서 찢어 버렸다. 그리고는 바로 임금 앞에 나가 하소연했다.

"명분이 일단 정해진 뒤에는 적이 반드시 우리에게 군신의 의리를 요구할 것이니, 성을 나가는 일을 면하지 못할 것입니다. 그리고 한 번 성문을 나서게 되면 또한 북쪽으로 행차하게 되는 치욕을 면하기 어려울 것이니, 군신이 전하를 위하는 계책이 잘못되었습니다. 진실로 의논하는 자의 말과 같이 전하와 세자께서 이 마침내 겹겹이 포위된 곳에서 빠져나오게만 된다면, 신 또한 어찌 감히 망령되게 소견을 진달하겠습니까. 국서를 찢어 이미 죽을죄를 범하였으니, 먼저 신을 주벌하고 다시 더 깊이 생각하소서."

임금은 한참 동안이나 탄식하다가 겨우 입을 열었다.

"위로는 종사를 위하고 아래로는 부형과 백관을 위하여 어쩔 수 없이 이러는 것이다. 경의 말이 옳다는 것을 모르지 않으나 실로 어떻게 할 수 없기 때문에 나온 것이다. 한스러운 것은 일찍 죽지 못하고 오늘날의 일을 보게 된 것뿐이다."

"신이 어리석기 짝이 없지만 성상의 심중이 어디에 있는지는 압니다. 그러나 한 번 허락한 뒤에는 모두 저들이 조종하게 될 테니, 아무리 성에서 나가려 하지 않더라도 되지 않을 것입니다. 예로부터 군사가 성 밑에까지 이르고서 그 나라와 임금이 보존된 경우는 없었습니다. 진무제(晋武帝)나 송태조(宋太祖)도 제국(諸國)을 후하게 대우하였으나 마침내는 사로잡거나 멸망시켰는데, 정강(靖康)의 일(송나라 흠종 정강 2년에 금나라 태종에게 변경이 함락되어 휘종과 흠종 부자를 비롯해 많은 황족과 신하가 사로잡혀 간 변란을 말함)에 이르러서는 차마 말하지 못하겠습니다. 당시의 제신(諸臣)들도 나가서 금나라의 왕을 보면 생령을 보전하고 종사를 편안하게 한다는 것으로 말을 하였지만, 급기야 사막(沙漠)에 잡혀가게 되자 변경에서 죽지 못한 것을 후회하였습니다. 이러한 지경에 이르게 되면 전하께서 아무리 후회한들 무슨 소용이 있겠습니까."

이때 김상헌의 말뜻이 간절하고 측은하였으며 말하면서 눈물이 줄을 이었으므로 좌우의 신하들 모두 울며 눈물을 흘렸다. 세자가 임금의 곁에 있으면서 목 놓아 우는 소리가 문 밖에까지 들렸다.

〈조선왕조실록〉

울음을 그친 김상헌은 최명길을 돌아보고 말했다.

"선대부께서 사우들 사이에 꽤 명망이 있으셨는데, 대감은 어찌 차마 이런 일을 하시오?"

그리고는 찢어버린 국서를 주워 모아 다시 풀로 붙였다. 병조 판서 이성구가 옆에 앉아 있다가 크게 노하여 김상헌을 책망했다.

"대감이 전에 화의를 배척하여 나랏일이 이 지경에 이르게 했으니 대감이 적에게 가시오."

"나는 죽고 싶어도 죽지 못하고 있소. 만약 나를 적진에 보내 준다면 나는 죽을 곳을 얻은 것이니, 이는 대감이 주시는 것이오."

김상헌은 집으로 돌아가 사람을 만나기만 하면 울어서 눈물이 마르지 않았고, 이 날부터 음식을 물리쳐 먹지 않고 기어코 죽으려고 했다.

〈병자록〉

한바탕 소동이 끝난 뒤 삼사와 이경석 등이 아뢰었다.

"문자에 타당하지 않은 곳이 많이 있으니, 우선 내일을 기다렸다가 사람을 보내도 해로울 것이 없겠습니다."

듣고 있던 최명길이 화를 내어 꾸짖었다.

"그대들이 매번 조그마한 곡절을 다투고 분변하느라 이렇게 위태로운 치욕을 맞게 되었다. 그렇지 않았으면 어찌 오늘날과 같은 상황이 되었겠는가. 삼사는 단지 신(臣)이라는 글자에 대해서 그 가부만 논하면 된다. 사신을 언제 보내느냐 하는 것은 곧 묘당의 책임으로서 그대들이 알 일이 아니다."

그 소리에 주눅이 들어 이경석은 감히 더 이상 말을 하지 못하였다.

결국 사신들이 국서를 가지고 오랑캐 진영으로 갔다. 용골대는 마부대가 지금 없다는 것을 핑계 대고 오늘도 국서를 받지 않아 소득 없이 돌아올 수밖에 없었다. 그리고는 마침내 '폐하(陛下)'라는 두 글자를 더하였다. 이날 눈이 많이 내렸다.

〈조선왕조실록〉

1월 19일-서른여섯째 날
어찌 신(臣)이라 일컬으며…

좌의정이 병이 들어, 대신 우의정과 최명길, 윤휘를 적진에 보내 어제 지은 국서를 전하기로 했다. 그러나 출발하기 전에 항복하는 조목에 대해 왈가왈부하는 우여곡절이 또 있었다.

청이 처음에는 받지 않다가 나중에 마지못해 받기는 했지만 답서는 받지 못하고 빈손으로 돌아왔다. 참찬 한여직이 최명길을 힐난했다.

"답서를 또 받아 오지 못하셨으니 어떻게 된 일입니까?"

"무슨 까닭인지 나도 알 수 없소이다."

"그 글자를 써 보내지 않았으므로 나는 이미 그 답서가 없을 것을 알았습니다. 한 자를 써 보내는 것이 가장 중요한 일입니다. 김상헌이 사처로 나갔으니, 그가 없는 틈에 급히 써서 보내는 것이 좋습니다."

이른바 그 글자란, 국서 중에 '신(臣)' 자를 써야 한다는 것이었다. 최명길 등이 그 말을 옳게 여기고, 날이 이미 어두워졌지마는 신(臣) 자를 써서 보내려고 했다. 이때 누군가가 만류했다.

"밤늦게 가는 것은 좀 당치 않으니 내일 아침에 보내도 늦지 않습니다."

결국 그 날은 그렇게 보내고 말했다.

한편 이 날 아침에 사신이 나갔을 때 용골대는 기고만장이었다.

"대병을 각 도에 보내니 부원수가 이미 붙잡혔고, 강화도 역시 함락되었으니 대세를 가히 알 수 있을 것이오."

그 말에 대해 누군가 거짓일 것이라고 주장했다.

"이 몹시 추운 겨울에 어떻게 육지처럼 얼어붙은 강물을 배를 저어갔다는 것입니까? 강화가 함락되었다는 것은 아마도 위협하는 말일 것입니다."

이 날 이천 부사 조명욱이 병으로 죽었으며, 그 외에도 조관으로 성 안에 들어왔다가 죽은 이가 몇 사람 있었다. 꼭 나쁜 일만 있는 것은 아니었다. 장끼가 남쪽에서 대궐 아래로 날아들어와 잡힌 것이다. 저번에도 성 안에 노루가 있어 잡아다가 임금께 바쳤다.

〈병자록〉

이조 참판 정온이 차자를 올렸다.

"신이 삼가 외간에 떠들썩하게 전파된 말을 듣건대, 어제 사신의 행차에 신(臣)이라고 일컬으며 애걸한 내용이 있었다고 하는데, 이 말이 정말 맞습니까? 만약 실제로 그러하다면 이는 필시 최명길의 말일 것입니다. 신이 이 말을 듣고 저도 모르는 사이에 간담이 다 떨어져 목이 메어 소리도 나오지 않았습니다.

전후에 걸쳐 국서는 모두 최명길의 손에서 나왔는데, 매우 비루하고 아첨하는 말뿐이었으니 이는 곧 하나의 항서(降書)였습니다. 그러나 지금까지는 그래도 신(臣)이라는 한 글자를 쓰지 않아 명분이 아직은 미정인 상태였습니다. 그런데 지금 만약 신이라고 일컫는다면 군신(君臣)의 명분이 이미 정하여진 것입니다. 군신의 명분이 이미 정해졌으면 앞으로 그 명령만을 따라야 할 것인데 저들이 만약 나와서 항복하라고 명한다면 전하께서 장차 나가서 항복하시렵니까? 북쪽으로 떠나도록 명한다면 전하께서 장차 북쪽으로 떠나시겠습니까? 옷을 갈아 입고 술을 따르도록 명한다면 전하께서 장차 술을 따라 올리겠습니까? 따르지 않으면 저들이 반드시 군신의 의리를 가지고 그 죄를 따지며 토벌할 것이고, 따른다면 나라가 이미 망한 것이니, 이러한 처지에 이르러 전하께서는 앞으로 어떻게 처리하시렵니까?

최명길의 생각으로는, 한 번 신이라고 일컬으면 포위당한 성도 풀 수 있으며, 군부도 온전하게 할 수 있다고 여기는 것입니다. 그러나 설령 이와 같이 된다 하여도 이것은 부녀자들이나 소인의 충성밖에 되지 않는 것인데, 더구나 절대로 이럴 리도 없음이겠습니까. 옛날부터 지금까지 천하의 국가가 길이 보존되기만 하고 망하지 않은 경우가 어디에 있습니까. 무릎을 꿇고 망하기보다는 차라리 정도(正道)를 지키며 사직을 위하여 죽는 것이 낫지 않겠습니까. 더구나 부자와 군신이 성을 등지고 한 번 결전을 벌인다면 성을 완전하게 하는 방법이 없지 않은데, 말해 무엇 하겠습니까?

명나라에 대한 우리나라의 입장은 고려 말엽의 금(金)나라나 원(元)나라의 경우와 같지 않은데, 부자와 같은 은혜를 어찌 잊을 수 있겠으며 군신의 의리를 어떻게 배반할 수 있겠습니까. 하늘에는 두 개의 태양이 없는 법인데 최명길은 두 개의 태양을 만들려고 하며, 백성들에게는 두 임금이 없는데 최명길은 두 임금을 만들려 합니다. 이런 일도 차마 하는데 무엇을 차마 하지 못하겠습니까. 신은 몸이 병들고 힘이 약하여 비록 수판(手板)으로 후려칠 수는 없다 하더라도 같은 좌석 사이에서 서로 용납하고 싶지 않습니다. 삼가 전하께서는 최명길의 말을 통렬히 배척하여 나라를 팔아넘긴 죄를 바로잡으소서. 만약 그렇게 하지 않으시려거든 속히 신을 파척(罷斥)하도록 명하시어 망언을 하지 못하도록 하소서."

정온의 차자는 최명길을 비난하는 내용이었으나 난국을 타개할 묘책이 없는 것은 다른 신하들과 별반 다를 게 없었다. 임금은 이 차자에 대해 아무런 답도 내리지 않았다.

오랑캐가 보낸 사람이 서문(西門) 밖에 와서 사신을 보내라고 독촉하였다. 좌상 홍서봉이 병을 핑계 대고 사양하였으므로 우상 이홍주와 최명길, 윤휘를 오랑캐 진영으로 가게 하였다. 한편으로 오랑캐는 성 안에 대포를 쏘았는데, 대포의 탄환이 거위 알만 했으며 더러 맞아서 죽은 자도 생겼다. 사람들이 모두 놀라고 두려워할 뿐이었다.

〈조선왕조실록〉

1월 20일-서른일곱째 날
척화 주모자를 보내라

큰 눈이 내리고 바람이 몹시 불었다. 오랑캐가 보낸 자가 또 와서 사신을 독촉하였다.

대사헌 김수현, 집의 채유후, 장령 임담, 황일호 등이 임금을 뵙고 아뢰었다.

"국서에 그 전에는 신(臣)이라는 글자를 쓰지 않기로 의논하여 정했는데, 이번에는 갑자기 신 자를 썼다고 합니다. 지금 만약 신이라고 일컬으면 다시는 여지가 없게 됩니다. 일이 아무리 위태롭고 급박하다 하여도 명분은 지극히 중요한 것입니다. 한번 신(臣)자를 썼다가 문득 신하의 도리로 책망한다면, 모르겠습니다만 어떻게 하시럽니까?"

신하들은 끊임없이 군과 신의 관계를 반복하여 주장하였다. 어쩔 수 없이 임금은 김류를 불러 물었다.

"헌부가 불가하다고 하는데, 어떻게 하여야 하겠는가?"

"모르겠습니다만, 헌부가 명분이 지극히 엄하니 절대로 안 된다고 하는 것입니까? 그렇지 않다면 이야말로 조삼모사(朝三暮四)와 같은 것입니다."

이때 최명길이 들어와 임금에게 나아가 귓속말을 했다. 그가 무슨 말을 했는지는 아무도 알 수 없었다. 김류가 계속 말했다.

"신은 죄인의 우두머리가 되어야 마땅하니, 어찌 감히 혐의를 피하겠습니까. 그러나 지금 만약 신 자를 일컫지 아니하고 한갓 지난번과 같은 모양의 문서를 주고받는다면, 저들이 반드시 화를 내 다시 어떻게 할 수 없을 것입니다. 옛날부터 외복(外服)의 제후(諸侯)로서 상국(上國)을 위하여 절개를 지키다가 의리에 죽은 경우가 어디에 있습니까?"

최명길은 빨리 항복을 할 것을 종용했다.

"사론(士論)을 견지하는 자는 하루라도 늦추어 신이라고 일컬으려 하며, 계려(計慮)가 있는 자는 약조 맺기를 기다린 뒤에 일컬어 여지를 만들려 하는데, 신은 빨리 일컫는 것만 못하다고 여깁니다."

〈조선왕조실록〉

결국 우의정과 최명길, 윤회가 해뜰 무렵에 적진으로 들어가 청 황제의 조서를 받아 가지고 왔는데, 그 내용은 다음과 같았다.

청나라 제3차 조서

대청국 관온인성 황제는 조선 국왕에게 조서를 내려 효유한다. 네가 하늘을 배반하고 맹약을 어겼기 때문에 짐이 몹시 노하여 군사를 거느리고 와서 치는 것이라 용서하지 않으려고 생각했었다. 그러나 이제 네가 외로운 성을 고단하게 지키다가 짐의 준절히 책망하는 조서를 보고서 죄를 뉘우칠 것을 알고 여러 번 글을 올려 죄를 면하기를 바랐다. 짐이 넓은 도량을 열어 네가 스스로 새로워지기를 허락하는 것은, 짐이 성을 공격하여 함락시킬 수 없기 때문이 아니요, 형세가 포위할 수 없기 때문이 아니라 불러서 스스로 오게 한 것이다.

이 성이야 공격하기만 하면 물론 얻을 것이요, 그렇지 않더라도 너희가 가지고 있는 마초와 군량을 죄다 말과 군사에게 먹이고 나면 네 스스로 곤궁해져서 역시 얻을 수 있을 것이다. 이 조그만 성을 취하지 못한다면 장차 어떻게 유연으로 내려갈 수 있겠느냐? 네게 출성을 명하여 짐을 만나보게 하는 것은, 첫째는 네가 성심으로 열복함을 보고자 함이요, 둘째는 네게 은혜를 베풀어 다시 나라를 다스리게 한 다음 군사를 돌이켜서 나중에 인과 신을 천하에 보이고자 함이다. 만약 계교로서 너를 꾀인다면, 또한 얻을 수 있다. 그러나 짐이 이제 하늘의 돌보심을 받들어 사방을 무마하여 안정시키는 중이므로, 너의 지난번 잘못을 용서하여 남조에 드러내 보이고자 한다. 만약 너를 간사한 꾀로 취한다 하더라도 크나큰 천하를 어떻게 죄다 간사한 꾀로 속여 취할 수 있겠느냐? 이는 스스로 귀순해 오는 길을 끊는 것이니, 이는 진실로 지혜롭고 어리석음의 구별 없이 누구나 다 알 일이다. 만약 네가 머뭇거리고 출성하지 않으면 지방이 유린당하여 마초와 군량이 끊어져서 생령이 도탄에 빠지고 재앙의 괴로움이 날로 더해질 것이니, 참으로 한 시각을 늦추지 못할 일이다.

짐은 처음에 주모하여 맹약을 깨뜨린 너희 신하를 모조리 죽이려고 생각했지만, 이제 네가 과연 성에서 나와 귀순한다면, 먼저 주모한 신하 몇 사람만 결박해서 보내라. 그러면 짐은 그들을 효수하여 뒷사람을 경계할 것이다. 짐의 사정의 큰 계획을 그르치고, 너희 백성들을 물불에 빠뜨린 자가 그들이 아니고 누구더냐? 만약 미리 주모자를 보내지 않고 네가 귀순한 후에 비로소 찾아내서 시행한다면, 짐은 그렇게는 하지 않을 것이요, 네가 만약 나오지 않으면

나중에 설혹 간곡히 빌어 청한다 하여도 짐은 듣지 않을 것이다. 이
에 특별히 효유한다.

〈병자록〉

임금은 조서를 모두 읽은 뒤에 물었다.

"오늘 저들의 말이 어떠하였는가?"

최명길이 대답했다.

"용골대와 마부대가 말하기를 '처음에는 정말로 조금도 호의를 가지
지 않았는데, 그대 나라가 한결같이 사죄하였기 때문에 황제께서 지난
날의 노여움을 모두 푼 것이다. 지금 만일 성에서 나오려거든 먼저 앞장
서서 화친을 배척한 1, 2명을 잡아 보내라. 이와 같이 한다면 내일 포위
를 풀고 떠나겠다. 그렇지 않으면 성에서 나온 뒤에 또 한 번 다투는 단
서가 될 것이다'하였습니다."

임금은 한숨을 깊게 내쉬었다.

"화친을 배척한 신하를 어찌 차마 묶어서 보내겠는가?"

김류가 아뢰었다.

"우리나라가 남조(南朝)에 복종하여 섬겨 온 지 이미 오래되었기 때문
에 배신할 수 없다고 한 몇 사람이 있기는 하지만 오늘부터 대국(大國)을
섬긴다면 그들도 오늘날 남조를 배반하지 않는 것처럼 뒷날 대국을 배
반하지 않을 것이라는 내용으로 말을 해야 할 것입니다."

최명길이 덧붙였다.

"조약(條約)을 살펴보면서 그들의 답변을 살펴보아야 하겠습니다."

"잘 알겠다. 우선 답서를 지어내도록 하라."

〈조선왕조실록〉

지난밤에 오랑캐가 와서 국서의 회답을 독촉하고, 만약 답서가 아직 안 되었으면 말로 대답해도 좋다고 했다. 답서에는 신하를 일컫고 황제를 일컫는 말이 들어갔다. 우의정은 병이 있으므로 이덕형이 대신 우의정의 거짓 직함으로 국서를 가지고 서문으로 갔으나, 적은 이미 저희 진으로 돌아갔으므로 그냥 돌아와야 했다. 최명길이 뒤에 처져 있다가 통역 이신검을 시켜 비밀히 마부대 용골대에게 뇌물을 줄 것, 신하를 일컬을 것, 칙서를 받들어 행할 것, 은혜를 사례할 것 등을 적에게 말하게 했다.

〈병자록〉

1월 21일-서른여덟째 날
적이 상서에 화답하지 않다

아침이 밝아올 무렵에 우의정 이하가 어제의 국서를 전하고 돌아왔다. 저녁 무렵 답서를 받기 위해 다시 적진에 갔으나 적은 회답을 하지 않았다. 그들은 우리 측이 출성과 척화신을 잡아 보낼 일을 허락하지 않았기 때문에 노발대발하고 있었다.

〈병자록〉

이번의 국서 내용은 다음과 같다.

조선의 제4차 상서

"조선 국왕 신 성휘(姓諱)는 삼가 대청국(大淸國) 관온인성 황제(寬
溫仁聖皇帝) 폐하에게 글을 올립니다. 신이 하늘에 죄를 얻어 외로운
성에서 고달프게 지내면서 곧 망하게 되리라는 것을 스스로 알고 여
러 번 서소(書疏)를 올려 스스로 새롭게 되는 길을 찾았습니다만, 실
제로 감히 크게 노여워하시는 하늘에 꼭 용서받으리라고 확신하지
는 못하였습니다. 그런데 이번에 은혜로운 유지를 받들건대 지난날
의 잘못을 모두 용서하여 추상(秋霜) 같은 엄숙한 위엄을 늦추시고
양춘(陽春) 같은 혜택을 베푸심으로써 장차 동방 수 천리의 백성들
로 하여금 수화(水火) 가운데에서 벗어나게 하셨으니, 어찌 한 성(城)
의 목숨만 연장되는 것이겠습니까. 군신 부자가 감격하여 눈물을 흘
리며 어떻게 보답해야 될지를 모를 것입니다.

저번에 성에서 나오라는 명을 받고는 실로 의혹되고 두려워지
는 단서가 많았는데, 마침 하늘의 노여움이 아직 거치지 않은 때라
서 감히 마음에 품은 생각을 모두 진달하지 못하였습니다. 그런데
이제 진실을 숨김없이 알리고 정령하게 인도하시는 유시를 받들건
대, 이는 참으로 옛사람이 이른바 "입장을 바꿔서 잘 헤아려 준다"
고 하는 것이라 하겠습니다. 신이 대국을 받들어 섬긴 지 10여 년
동안에 폐하의 신의를 심복해 온 것이 오래 되었습니다. 대수롭지
않은 언행도 서로 부합되지 않은 것이 없었는데, 더구나 신실하기가
사시(四時)와 같은 사륜(絲綸)의 명이겠습니까. 따라서 신은 다시 이

것을 염려하지는 않습니다.

　다만 신에게 안타깝고 절박한 사정이 있기에 폐하에게 호소하려 합니다. 동방의 풍속은 대국적이 못되어 예절이 너무하리만큼 꼼꼼합니다. 그리하여 군상(君上)의 행동에 조금만 상도(常度)와 다른 점이 보이면 놀란 눈으로 서로 쳐다보며 괴상한 일로 여깁니다. 만약 이런 풍속을 따라서 다스리지 않으면 마침내는 나라를 세울 수가 없게 됩니다. 정묘년 이후로 조정의 신하들 사이에 사실 다른 논의가 많았으나 가능한 한 진정시키려고 하면서 거연히 나무라거나 책망하지를 감히 못했던 것은 대체로 이런 점을 염려해서였습니다. 오늘날에 이르러 온 성의 백관과 사서(士庶)가 위태롭고 급박한 사세를 목도하고 귀순하자는 의논에 대해서는 똑같은 말로 동의하고 있습니다만, 오직 성에서 나가는 한 조목에 대해서만은 모두들 고려조(高麗朝) 이래로 없었던 일이라고 하면서 죽는 것을 자신의 분수로 여기고 나가지 않으려 합니다. 따라서 만약 대국이 독촉하기를 그만두지 않으면 뒷날 얻는 것은 쌓인 시체와 텅 빈 성에 불과하게 될 것입니다. 지금 이 성 안의 사람들이 모두 조만간 죽을 것을 알면서도 오히려 이처럼 말들 하는데, 더구나 다른 일의 경우이겠습니까.

　예로부터 국가가 망한 이유가 오로지 적병 때문만은 아니었습니다. 아무리 폐하의 은덕을 입어 다시 나라를 세울 수 있다고 하더라도, 오늘날의 인정(人情)을 살펴 보건대 반드시 신을 임금으로 떠받들려 하지 않을 것이니, 이것이 신이 크게 두렵게 여기는 바입니다. 폐하께서 귀순하도록 허락하신 것은 대체로 소방의 종사(宗社)

를 보전시키려 함인데, 이 한 가지 일 때문에 나라 사람들에게 용납되지 못한 채 마침내 멸망하고 만다면 이는 분명히 폐하께서 감싸주고 돌보아 주시는 본뜻이 아닐 것입니다.

그리고 폐하가 천둥 번개와 같은 군사로 깊이 천 리나 떨어진 지경에 들어와 두 달도 채 못되어 그 나라를 신하로 만들고 그 백성들을 어루만지셨으니, 이야말로 천하의 기이한 공으로서 전대(前代)에 없었던 일입니다. 어찌 꼭 신이 성에서 나오기를 기다린 뒤에야 바야흐로 이 성을 이겼다고 말하겠습니까. 폐하의 위무(威武)에도 손상이 가지 않고 소방의 존망(存亡) 문제를 해결할 수 있는 열쇠가 바로 이 점 하나에 달려 있다고 할 것입니다. 더구나 대국이 이 성을 공격하지 않는 것은 이기지 못해서가 아닙니다. 또 성을 공격하는 목적은 죄 있는 자를 토벌하기 위함인데, 지금 이미 신하로서 복종하였으니, 성이 무슨 필요가 있겠습니까. 삼가 생각건대 폐하께서는 천부적인 예지(睿智)로 만물을 밝게 살피시니, 소방의 진정(眞情)과 실상에 대하여 반드시 남김없이 환하게 아실 것입니다.

화친을 배척한 제신(諸臣)의 일에 대해서는 이렇게 생각합니다. 소방은 으레 대간(臺諫)을 두어 쟁논(諍論)하는 직무를 주관하게 하고 있습니다. 그런데 지난날의 행동은 실로 그릇되고 망령되기 짝이 없었으니, 소방의 생령으로 하여금 도탄에 허덕이게 한 것은 이 무리들의 죄가 아닌 것이 없었습니다. 그래서 지난해 가을 무렵에 이미 근거 없는 논의로 일을 그르친 자를 적발하여 모두 배척해서 내쫓았습니다. 지금 황제의 명을 받들었으니 어찌 감히 어기겠습니까마는, 지금 이 무리들의 본정(本情)을 생각해 보면, 식견이 치우치고 어두워 천명(天命)이 있는 곳을 모르고 마음속으로 옛날의 습관만 융통성 없이 지키려 하다가 그렇게 된 데 불과합니다. 이제 폐하께서 바야흐로 군신의 대의로 한 세대를 감화시킨다면, 이와 같은 무리도 당연히 불쌍히 여겨 용서하는 가운데 포함시켜야 될 듯합니다.

삼가 생각건대 폐하께서 하늘과 같은 도량으로 이미 국군(國君)의 죄를 용서해 주신 이상, 보잘것없는 이들 소신(小臣)을 곧바로 소방의 정형(政形)으로 다스리도록 회부해 주신다면 관대한 덕이 더욱 나타날 것이기에 아울러 어리석은 견해를 진달하며, 폐하의 결재를 기다립니다. 삼가 죽음을 무릅쓰고 아룁니다.

〈조선왕조실록〉

이 글 역시 최명길이 지은 것이다. 임금은 그 전에 최명길과 대제학 이식 두 사람에게 각각 적에게 보낼 답서를 지으라고 명한 뒤 최명길의 글을 채택했다. 아첨하여 굴복하고 항복을 청하는 뜻은 어느 것이나 조금도 다를 것이 없었는데, 이식은 자기의 글이 채택되지 않았기 때문에 항상 최명길을 공격하고 스스로 높은 체했다. 그러나 사람들은 이식의 말을 옳게 여기지 않았다.

〈병자록〉

이흥주 등이 국서를 전하고 온 뒤에 임금을 알현한 자리에서 최명길이 말했다.

"용골대가 말하기를 '지난번의 글에 두 건의 일이 있었는데 듣고 싶다' 하기에 신이 먼저 화친을 배척한 사람의 일을 대답하고, 성에서 나오는 한 건은 국서 내용을 해석하여 말했더니, 용골대가 '황제가 심양(瀋陽)에 있다면 문서(文書)만 보내도 되겠지만 지금은 이미 나왔으니 국왕이 성에서 나오지 않을 수 없다'고 하였습니다."

임금은 용골대의 뜻을 헤아려 추측할 수 있었다.

"저들이 기필코 유인하여 성에서 나오게 하려는 것은 나를 잡아서 북쪽으로 데려 가려는 계책이다. 경들은 어찌 우물쭈물 대답을 하지 못했는가?"

"준엄한 말로 끊었습니다."

그러던 저녁 때 용골대가 서문 밖에 와서 급히 사신을 청했다. 임금이 대신 이하를 불러 분부했다.

"성에서 나가는 건은 다시 꺼내지도 마라."

이에 이경증이 아뢰었다.

"필경 따르기 어려운 일을 어찌 섣불리 대답하겠습니까?"

"이조 판서는 성질이 본래 유약하니, 저들이 혹시라도 화를 내면 틀림없이 좋은 말로 해명할 것인데, 이렇게 하는 것은 부당하다."

최명길이 물었다.

"혹시 등급을 낮추는 말을 꺼내면 어떻게 대답해야 합니까?"

등급을 낮춘다는 것은 세자(世子)가 성에서 나오기를 청하는 것이었다. 이홍주가 대신 의견을 냈다.

"세자는 상제(祥制)도 아직 마치지 못했으니, 병이 중하다고 해야 할 것입니다."

우상 이하가 나가자 용골대가 국서를 되돌려 주었다. 그러면서 "그대의 나라가 답한 것은 황제가 원하는 내용과 다르기 때문에 받지 않는다"고 말했다.

〈조선왕조실록〉

이조 참판 정온이 상소를 했다. 전에 원수 김자점이 곧 바로 성에 들어와 구원하지 않은 것에 대한 내용이었다.

"엎드려 아룁니다. 그저께는 여러 사람의 의견이 만정한 가운데 아뢴 것은 신에게 도움이 될 만한 계책이 있었던 때문이 아니고, 다만 천안을 우러러 뵙고자 잠시 옅은 소견을 아뢰었을 뿐이었는데, 옥안이 수척하시고 응대에 고달파 하심을 뵙고는, 기가 차고 말이 막히어 품고 있는 생각을 다 아뢰지 못하고 눈물을 머금고 문을 나와 버렸습니다. 지금 천심이 순리를 도우시고 전하의 노여움이 대단하시어 모든 장수들이 죽을 마음을 가지고 군사들이 살 생각을 아니하니 응모하는 군사가 날로 많아지고, 적을 죽인 보고가 날로 많아져서 파죽의 형세를 며칠 안에 기대할 만합니다. 이는 바로 위태로움을 돌이켜서 편안하게 하여 옛것을 잃어버리지 않을 때입니다.

어제 오랑캐 사자가 왔다 간 것은 그들의 본심이 아니라 우리를 놀린 것입니다. 우리를 우롱한 것입니다. 만약 그 달콤한 말을 믿고 또다시 그들의 술책에 떨어졌다가는 지난날 죽을 마음을 가졌던 사람은 장차 살기를 꾀할 것이고, 살 생각을 아니했던 사람은 마음이 변하여 죽지 않으려고 할 것입니다. 나라가 망하고 아니 망하는 것은 고사하고, 전하의 육체에 미치는 화가 또다시 단지하여 오라는 말까지 있게 될 것입니다. 신이 크게 괴이하게 여기는 것은 원수 김자점의 일입니다. 그는 노적 앞에 전하를 버려 극히 외롭고 위태로운 성에 웅크리고 계시게 하고서, 저는 편안하게 물러가 앉아 아직까지도 난을 구원한다는 말이 없으니, 고금 천하에 어찌 이러한 사명이 있겠습니까? 엎드려 원하오니, 전하께서는 분발하시는 뜻을 굳게 정하시어 그릇된 의논에 굽히지 마시고, 곧 금오랑을 보내시어 원수의 목을 베어다가 군중에 매달게 하십시오. 그래야만 오래지 않아 적으로 하여금 하나도 돌아가지 못하게 하는 공을 거둘 수 있을 것입니다. 처분을 기다리겠습니다."

〈병자록〉

8장
오직 살 길은 항복뿐

1월 22일-서른아홉째 날
척화를 주장한 것이 죄인가

비변사에서 홍익한을 화의를 배척한 우두머리로 삼았다. 이에 동궁이 하교를 내렸다.

"내가 이미 아들이 있고 또 여러 아우들이 있으니, 내 어찌 한 몸을 아껴 종묘와 사직을 보존할 계책을 하지 않을 것인가? 내가 출성할 것이니 말과 사람을 마련하게 하오."

그러나 동궁 생각대로 할 수 있는 일이 아니기에 실천되지는 않았다.

〈정약용의 임진왜란과 병자호란〉

김류, 이성구, 최명길이 임금 앞에 나아간 뒤 최명길이 아뢰었다.

"다시 문서를 작성하여 회답해야겠습니다."

뒤이어 김류가 의견을 말했다.

"화친을 배척한 사람들의 의논이 당시에는 정론이었다고 하더라도 오늘에 이르러서는 나라를 그르친 죄를 피할 길이 없으니, 그들이 나가기를 자청한다면 좋겠습니다. 홍익한은 현재 평양에 있는데, 저들로 하여금 그에 대한 처치를 마음대로 하게 하는 것이 적당하겠습니다."

적들이 홍익한을 바로 붙잡아 처치하게 하자는 의견이었다. 이에 대해 최명길이 덧붙였다.

"신은 홍익한과 한 집안입니다. 그러나 연(燕)나라가 장차 망하게 되자 태자 단(丹)의 목을 베어 보낸 일이 있었습니다. 만약 전하의 명령이 있으면 어찌 감히 혐의를 피하겠습니까."

그러나 이홍주는 반대였다.

"지금 만약 묶어 보내 저들이 즉시 포위를 푼다면 그런 것을 돌아볼 여유가 없다고 하겠습니다만, 그들이 꼭 포위를 푼다는 보장이 없는데 묶어서 보내는 일을 어떻게 차마 하겠습니까."

이성구가 이홍주를 힐책하는 투로 말했다.

"이런 일은 아래에서 결정할 일입니다. 중한 군부(君父)의 입장에서 그런 것을 어떻게 돌아보겠습니까. 홍익한의 죄는 경연광의 죄보다도 크니 저들로 하여금 처치하게 하더라도 안 될 것이 없습니다."

김류도 서둘러 찬성이었다.

"이 일은 아래에서 해야 하니, 어찌 전하께서 지시할 필요가 있습니까."

임금은 그들의 말을 듣고만 있다가 손을 내저었다.

"이는 너무나 참혹한 일이다. 날씨가 매우 추우니 우선 물러가서 쉬도록 하라."

〈조선왕조실록〉

조정에서 화친을 배척한 사람에게 자수(自首)토록 하는 결정을 내렸다. 이에 이조 참판 정온이 자수의 글을 올렸다.

"신이 엎드려 구구하게 아뢴 뜻은 실은 명길의 신하를 일컫는 말을 미리 방지하고자 함이었는데, 최명길이 하룻밤 사이에 갑자기 그 계획을 행하였습니다. 신은 미처 몰라 죽음으로써 다투지 못했으니 신의 죄가 큽니다. 임금이 지극한 욕을 당하면 신하는 죽는 것이 당연합니다마는, 신이 아직 머뭇거리고 꾹 차마 스스로 죽지 못하는 것은, 다행히 전하께서 출성하실 뜻이 전연 없으심이 분명하기 때문입니다. 신이 어찌 감히 경솔하게 죽겠습니까? 들으니 저네가 척화한 신하를 보내라고 독촉이 매우 급하다고 합니다. 신은 비록 척화의 우두머리는 아닙니다마는, 사신을 목 베고 글을 불태우기를 청한 사람이요, 처음부터 내쳐 싸우기를 주장했으니, 신도 실상 척화의 우두머리라 할 만 합니다. 신이 죽어서 털 끝만큼이라도 존망의 계책에 보탬이 된다면, 신이 어찌 감히 제 몸을 사랑하고 전하를 위해 죽지 않겠습니까? 엎드려 원하오니, 전하께서는 묘당에 명하시어, 신으로서 적의 요구에 응하게 할 것을 의논케 하십시오. 처분을 기다리겠습니다."

〈병자록〉

이쯤에서 강화도가 함락된 전후 사정을 살펴보자.

오랑캐는 군사를 나누어 강화도를 범하겠다고 큰소리를 쳤다. 당시 얼음이 녹아 강이 차단되었으므로 사람들은 오랑캐들이 허세로 떠벌린다고 여겼다. 충청수사 강진흔이 배를 거느리고 이르러 연미정을 지켰으며, 강화 유수 장신은 광성진에서 배를 정비했는데 장비를 미처 모두 싣지 못했다.

오랑캐는 곧 공격을 개시했다. 오랑캐의 9왕이 군사 3만을 뽑아 거느리고 수십 척에 실은 뒤 갑곶진에 진격하여 주둔하면서 잇따라 홍이 포를 발사했다. 우리 수군과 육군이 겁에 질려 감히 접근하지 못했는데 적들은 이 틈을 타 강을 건널 수 있었다. 장신, 강진흔, 김경징, 이민구 등이 모두 멀리서 바라보고 도망치기에 바빴다. 장관 구원일이 장신을 참하고 군사를 몰아 상륙한 뒤 결전을 벌이려 했으나, 장신이 막아 뜻을 이루지 못하자 구원일은 통곡하고 바다에 몸을 던져 죽었다. 중군(中軍) 황선신은 수백 명의 군사를 거느리고 나룻가 뒷산에 있었는데 적을 만나 패배하여 죽었다.

적들은 성 밖의 높은 언덕에 나누어 주둔하였다. 내시가 원손을 업고 나가 피했으며, 성에 있던 조사(朝士)도 일시에 도망쳐 흩어졌다. 봉림대군이 용사를 모집하여 출격했으나 대적하지 못한 채 더러는 죽고 더러는 상처를 입고 돌아 왔다. 그리고 얼마 뒤에 대병이 성을 포위하였다. 오랑캐 왕이 사람을 보내 성 밑에서 소리쳤다.

"성을 함락시키는 것은 쉽지만 군사를 주둔시키고 진격하지 않는 것

은 명령 때문이다. 황제가 이미 강화를 허락하였으니, 급히 관원을 보내
와서 듣도록 하라."

봉림대군이 한흥일에게 분부를 내렸다.

"저들의 말은 믿을 수 없으나 화친하는 일은 이미 들었다. 시험삼아
가서 살피도록 하라."

그러나 오랑캐가 말을 달려 본부 앞으로 와 또 다른 말을 했다.

"대신(大臣)이 와야만 한다."

이에 대군은 해창군 윤방에게 가도록 하였다. 윤방은 가마로 적의 진
중에 들어갔으며 늙고 병이 들어 거의 죽게 되었음을 핑계대고 일부러
예의를 갖추지 않았다. 화가 난 적들은 좌우에서 칼을 빼 위협하였으나
9왕이 중지시켰다. 그들은 조선 조정이 화친을 맺은 일을 말하고, 대군
을 직접 만나기를 요구했다. 윤방이 돌아와 이를 보고하자 대군은 고개
를 끄덕이며 결연한 태도로 말했다.

"저들이 호의를 갖고 나를 유도하는 것인지는 실로 헤아릴 수 없으
나, 일찍이 듣건대 동궁(東宮)께서도 가기를 원했다고 하니, 진실로 위급
함을 풀 수만 있다면 내가 어찌 죽음을 두려워하겠는가."

마침내 대군은 적의 진문(陣門)으로 갔다. 그러자 9왕이 통역으로 하
여금 인도해 들이게 하고 예의를 갖추었다. 저물녘에 대군이 9왕과 함께
나란히 말을 타고 성으로 들어갔는데, 군사들은 성 밖에 머물게 하였다.
그리고 군사들은 동서로 길을 나누어 피차간에 서로 섞이지 않도록 하
고 군병을 단속하여 살육을 못하게 하였으며, 각 진으로 하여금 사로잡
힌 사녀(士女)를 되돌려 보내도록 했다.

이틀이 지난 뒤에 통역이 돌아와 보고했다.

"임금이 장차 황제를 만나보고 도성으로 돌아갈 것이니, 대군과 빈궁 그리고 여러 신하도 서울로 돌아가야 할 것이다."

당시 서평부원군 한준겸의 자손이 궁내에 피신해 있다가 자결했으며 그 외에도 10여 명이 스스로 목숨을 끊었다. 이튿날 9왕은 도로 강을 건너갔지만 몽고병들은 강화도를 횡행하며 거의 남김없이 불 지르고 파헤치고 살해하고 약탈을 저질렀다. 도제조 윤방이 종묘와 사직의 신주를 받들고 성 안에 뒤떨어져 머물면서 묘(廟) 아래 묻었는데, 몽고병이 파헤쳐 인순왕후의 신주를 잃어버렸다.

1월 23일-마흔째 날
장교들이 궁에 들어와 농성하다

임금의 옥체가 편치 않았으나 변변한 약이 없었다. 내국에서 가져온 약으로는 정기산 열 첩 정도밖에 지을 수 없어서 우선 정기산 두 첩을 지어 드렸더니 곧 나으셨다.

적들은 척화한 신하를 보내지 않는다고 미적거리면서 화의를 허락하지 않았다. 수원, 죽산의 장교와 훈련도감 초관 몇 백 명이 칼을 차고 궁궐로 들어와 화의를 반대한 사람을 내어주기를 청하는 소동을 벌였다.

한편 체부의 중군인 전 통제사 신경인과 남양군 홍진도가 밤을 새워 구굉, 신경진의 진중을 왕래하면서 무엇인가 비밀히 의논하고 있었다.

수원, 죽산에서 온 장교와 훈련초관 수백 명은 대궐 앞에 모여 척화한 신하를 내어 달라고 청하고, 체부로 가서 칼자루를 어루만지며 큰 소리로 외쳤다. 김류는 두려움에 벌벌 떨면서 옳고 그른 것을 따져보지도 않고 덮어놓고 말했다.

"너희들의 청을 들어 줄 것이니 속히 물러가라."

수원부사 구인후가 지금 구굉의 진중에 와 있고, 죽산 부사는 곧 구인기인데, 그 고을의 군졸들이 모두 구굉에게 있고, 신경진은 현재 훈련대장이었다. 이날 이러한 소동은 군졸들의 뜻이 아니었다. 그리하여 우의정 이하 여럿이서 국서를 가지고 적진으로 갔다. 척화신 홍익한을 결박 지워 보내는 일에 관한 것이었다.

조선의 제5차 상서

"조선 국왕 신 이종(李倧)은 삼가 대청국 관온인성 황제 폐하께 글을 올립니다. 신이 쇠약하고 피곤함이 극도에 이르러 고민하다가 글을 올렸으나, 성의가 옅어서 아직 허락을 입지 못하여 부끄럽고 송구합니다. 거듭 생각하건대, 만약 용납되지 않는다면, 군신의 명분은 구차하게 억지로 세울 것이 아니고 나라의 계책은 그만둘 수 없습니다. 비록 엄한 꾸지람을 받을지라도 어찌할 수 없으니 폐하께서는 살펴 주시기 바랍니다.

소방은 해외의 약한 나라로서 중국 본토와는 멀리 떨어져 있어서, 강하고 큰 나라에는 신하가 되어 복종했습니다. 고려의 요와 금에 대한 것이 그것입니다. 이제 폐하께서 하늘의 도우심을 받으시어 크게 운이 열리셔서, 소방과 땅이 서로 닿게 되어 소방이 복종하여 섬겨 온 지 이미 오래입니다. 진실로 마땅히 남보다 앞서 귀순해서 여러 나라에 창도했어야 할 것입니다마는, 이제까지 주저한 것은 대대로 명나라를 섬겨 와서 본래 명분이 정해져 있었기 때문에 갑자기 신하의 절의를 변하지 않으려고 한 것입니다. 정의와 예의로서 당연히 그러해야 한다고 생각한 데서 나온 것입니다마는, 생각건대 이것은 혼암하여 무례를 행하고 망령된 일을 많이 저지를 건이었습니다.

작년 봄 이후로 대국의 소방에 대한 정의는 변하지 않았는데, 소방의 대국에 대해 지은 잘못은 한두 가지가 아니었으므로, 대병의 내공은 진실로 스스로 부른 것입니다. 군신 상하가다 두려움으로 날을 보내면서 다만 죽음을 기다리고 있었는데, 뜻밖에도 성덕이 하늘과 같으시어 불쌍히 여기시므로 종묘사직의 보전을 생각하게 되었습니다. 이 달 17일에 황제께서 "만약 너희 나라가 모조리 내 판도에 들어온다면, 짐이 어찌 기르고 보호하지 않으며 적자와 같이 사랑하지 않겠느냐?" 하셨고, 20일의 말씀에는 "짐이 널리 길을 열어 스스로 새로워지기를 허락한다"고 하셨습니다. 은혜로운 말씀이 알려지자 만물이 다 봄을 맞은 듯하여 그야말로 죽은 것을 살려서 소생하게 하신 것입니다. 장차 동방 사람이 자자손손 다 폐하의 공덕을 칭송할 것입니다. 하물며 신의 몸에는 나라를 다시 이룩하는 은혜가 내리지 않았습니까?

이제 신이 신하를 일컫고 표를 받들어 올리는 것은, 번방이 되어 대대로 대국을 섬기기를 원하는 것이니, 이 역시 인정에서 나온 것이요, 천리가 그만둘 수 없기 때문입니다. 이는 신의 이른바 군신의 명분은 구차하게 억지로 세울 것이 아니라는 것입니다. 신이 이미 몸을 폐하께 맡겼으니 폐하의 명령은 마땅히 지체 없이 빨리 받들어야 할 것입니다마는, 아직 감히 출성하지 못하고 있는 까닭은, 신의 형편이 참으로 전에 아뢴 바와 같이, 다만 이 한 조목에 신의 죽음이 달려 있기 때문입니다. 전에 이르기를 "인간이 하고자 하는 바를 하늘이 반드시 좇는다"고 했습니다. 폐하는 곧 신의 하늘입니다. 어찌 용납해 주시지 않으시는 것이 있겠습니까? 또 폐하께서는 이미 죄를 용서하시고 신하도 허락하셨으므로 신이 이미 신하의 예로서 폐하를 섬겼으니, 출성을 하고 아니 하는 것은 아주 조그만 예절입니다. 어찌 큰 것은 허락하시고 작은 것을 허락하지 않으시겠습니까? 그러므로 신이 바라는 것은 천병이 물러가는 날을 기다려 친히 성중에서 은혜를 배사하고, 나아가 멀리서 절하여 폐하의 승여를 전송하고, 곧 대신을 보내 사은사를 삼아 소방의 성심으로 감복하고 기뻐하는 정을 표하고자 합니다. 이로부터는 사대의 예를 다 정해진 의식대로 하여 영원히 끊이지 않을 것입니다.

신이 정성과 믿음으로 폐하를 섬기고, 폐하께서 또한 예의로서 소방을 대하시어 군신 사이에 각기 그 도리를 다하여 복을 백성들에게 끼쳐 후세에 칭찬을 받는다면, 오늘에 소방이 병란을 입음은 실로 자손을 위해 무한한 경사이겠습니다. 척화한 여러 신하의 일에 대해서는 전번에 올린 글에 이미 대략을 아뢰었습니다마는, 이들이 감히 망령된 말을 하여 두 나라의 대계를 무너뜨리고 그르쳤으니, 이는 다만 폐하께서 미워하시는 바일 뿐 아니라, 어찌 조금이라도 처벌하기를 아까와 하겠습니까마는, 다만 지난해 이른 봄에 대간 홍익한은 천병이 서울에 이르렀을 때 평양 서윤으로 내몰아서 그로 하여금 스스로 군사의 칼날을 감당하게 했는데, 만약 그가 포로가 되지 않았으면 반드시 본토로 회군하시는 길에 어렵지 않게 체포하여 보낼 수 있을 것입니다. 그밖에 파면되어 지방에 가 있는 자는 길이 막히어 그 거처를 찾기가 쉽지 아니합니다. 이는 사세가 의당 그러할 것이 아닙니까? 폐하의 넓으신 도량으로 너그러이 보아 넘기시고 포용하시리라 생각합니다. 만약 기어코 추구하신다면, 회군하시는 날에 그들을 찾아내 처분을 기다리고자 합니다. 삼가 죄를 무릅쓰고 아룁니다.

한편 척화를 주장한 김상헌은 자신이 척화한 일을 상소하고, 대궐 밖에서 처분을 기다렸다. 이에 대해 임금은 벌을 내릴 의사가 없음을 밝혔다.

"경의 처분을 청하는 것은 좀 지나친 일인 것 같소, 안심하고 물러가 있으시오."

김상헌은 18일 국서를 찢은 이후부터 음식을 물리치고 미음 한 모금도 입에 대지 않은 지가 엿새나 되어 목숨이 금방 끊어지게 되었는데, 척화신을 적에게 보내리라는 말을 듣고는 오늘부터 비로소 일어나 음식을 먹었다.

"내가 만약 음식을 먹지 않아 먼저 죽어버리면, 남들이 필시 적진에 가는 것을 피하려고 그랬다고 할 것이다."

전 대사간 윤황도 대궐에 들어와 처분을 청했는데, 그의 아들 윤문거가 상소하여 자신이 아비를 대신하여 성에서 나가 그의 목숨으로 속(贖) 바치기를 청했다. 윤황 역시 일찍이 사신을 보내는 것이 부당하다고 논한 일이 있으므로 화친을 배척한 사람으로 분류된다. 그가 스스로 오랑캐 진영에 가기를 청했으나 임금은 윤허하지 않았다.

"나는 전연 그럴 생각이 없으니 조금도 두려워하지 마오."

이외에 교리 윤집, 전 수찬 오달제가 상소하여 스스로 척화의 우두머리라고 주장했다.

"신들이 삼가 듣건대 조정이 전후에 걸쳐 화친을 배척한 사람으로 하여금 자수하여 적진에 가도록 하였다고 합니다. 이러한 때를 당하여 진실로 임금의 위급함을 구원할 수만 있다면 조정에 있는 어느 신하인들 감히 나가지 않겠습니까. 신들이 지난해 가을과 겨울에 상소를 올려 최명길의 주화론을 배척하였으니, 이는 바로 더욱 드러나게 화친을 배척한 것입니다. 오랑캐 진영에 가 한 번 칼날을 받음으로써 교활한 오랑캐의 요청을 막도록 하소서. 다만 듣건대 조정의 의논이 신들로 하여금 짐승들에게 사죄시키려 한다고 하니, 묘당의 뜻 역시 슬프기만 합니다. 신들에게 이미 사죄할 것이 없고 또 명을 받든 신하도 아닌데, 어떻게 오랑캐와 수작할 수 있겠습니까. 이것은 감히 받들지 못하겠습니다."

〈조선왕조실록〉

이에 대해 임금은 대답하지 않았다. 그 이유는 김류와 이성구, 최명길의 말에 따라 장차 척화신을 심사하여 정하는 조처가 있을 것이기 때문이었다.

이날 밤 삼경(11~1시)에 적이 성 서쪽 이시백이 수비하는 곳에 몰래 사다리를 설치하고 성을 넘어 들어오려고 했다. 성에서 겨우 한 자밖에 안 되는 가까운 곳까지 이르렀을 때, 수어사의 군관이 먼저 알고는 몹시 놀라, 성을 지키다가 잠이 든 병졸들을 발길로 차서 깨우며 소리쳤다.

"순찰하는 선전관이 온다."

순찰 규정에, 초경에는 독전어사가 순찰하고, 이경에는 체부군관이 순찰하고, 삼경에는 선전관이 순찰하고, 사경과 오경에는 수문장 군관이 순찰하게 되어 있기 때문이었다. 졸던 군사들이 모두 일어난 다음에야 적을 발견한 군관은 낮은 목소리로 적이 성을 넘어 오는 것을 알려 군졸들이 놀라 흩어지지 않았다. 창졸간에 미처 활을 쏘지 못하고 먼저 큰 돌로 내리치고, 다음에는 쇠마철을 쓰고, 이어 화포를 쏘았다. 적은 크게 무너져 퇴각했다

밤이 칠흑같이 어두워 처음에는 적을 얼마나 죽였는지 몰랐는데, 이튿날 아침에 보니, 이미적들이 시체를 끌고 내려가 얼음과 눈 위가 피로 새빨갛게 되어 있어, 죽은 자가 매우 많았음을 알 수 있었다.

수어사 이시백은 처음에 갑옷을 입지 못한 군사들과 생사를 함께 하겠다고 갑옷과 투구를 입지 않았는데, 임금이 여러 번 내관을 보내 갑옷과 투구를 입으라고 권했었다. 그럼에도 이시백은 끝내 명령을 받들지 않고 있다가 화살 두 대를 맞았다. 모두 크게 염려했으나 다행히 치료가 잘 되었다. 이시백이 거느리고 있는 군사는 경기 초관으로 훈련을 받지

못한 자들이었지만 이시백은 그들과 희노애락을 같이 하여 마침내 그들의 지지를 얻은 것이었다. 적은 국서가 오고갈 때면 반드시 서쪽 성으로 왔는데, 그것은 산성 전체가 몹시 험하고 다만 서쪽 성이 약간 진군하기에 편하여 그 지세를 파악하려는 계책이었다.

이날 밤 공격은 한 번으로 그치지 않았다. 오경에 또 적이 동쪽 망월성을 침범한 것이다. 신경진이 이를 격퇴시켰는데, 서쪽 성의 전투에서보다 적을 더 많이 죽였다. 전투가 격렬하여 다급하게 되자 몇 사람이 구멍을 파고 몸을 숨겨 살기를 도모했는데, 뒤에도 그 구멍이 그대로 남아 있어, 사람들이 헐뜯어 윤혈, 정혈, 최혈이라고 했다.

〈병자록〉

1월 24일-마흔한째 날
적이 망월봉에 대포를 설치하다

아침 해가 뜰 무렵에 적이 구굉이 수비하고 있는 남쪽 성을 침범하고, 저녁나절에 곡성(성문 밖을 둥글게 둘러쌓은 성)을 침범했다. 우리 군사가 쳐서 크게 이기고, 몰래 곡성으로 나가 일제히 화포를 쏘아 많은 적을 죽였다. 적은 또 대패하여 달아났다.

며칠 전 적장이 군사 칠팔 명을 거느리고 망월봉에 올라가 대포를 설치하려고 할 때, 신경진이 훈국의 방포 훈련생을 시켜 천자포를 쏘아 그 적장과 군사 몇을 맞춘 적이 있었다. 나머지 적들은 혼비백산해서 철수했는데 오늘 또 망월봉에 대포를 갖다 놓고 종일토록 행궁을 향해 끊임없이 쏘아댔다. 사발만한 탄환이 창고 위에 우박처럼 떨어졌다.

적은 또 남쪽 성 건너편에다가도 대포를 설치했다. 그 탄환이 성 안을 지나 북쪽성 밖 10리쯤 되는 적의 진지에 떨어졌다. 자기편이 맞아서 죽은 자가 있었던 모양으로 적은 포진지를 철거해 갔다.

망월봉의 적이 대포를 쏠 때 화약이 터져 적이 많이 죽었고, 우리 군사가 남쪽 성 밖에 출전했을 때에도 역시 화약이 터졌으나 우리 편은 한 사람도 죽지 않았다. 이는 참으로 운이 좋았는데, 다만 군관 이성익이 화약으로 인해 부상을 입었다. 애석하게도 그는 결국 죽고 말았다.

〈병자록〉

이날 포로로 잡혔던 신경원이 도망쳐 돌아와 보고를 올렸다.

청의 황제가 장수들을 불러 이르기를 "산성을 빨리 함락하지 못하면 그 죄를 용서하지 않겠으며, 내일에는 반드시 빼앗아야 한다. 그러나 국왕은 반드시 산채로 잡아야 한다"는 것이었다. 그러자 청나라의 여러 장수들이 황제에게 "남한산성은 너무 험준하여 성을 쳐서 빼앗기에는 많은 군사의 희생이 따를 수밖에 없습니다. 저들이 스스로 지칠 때까지 기다리는 것만 못 합니다"라고 대답했다. 그러나 황제는 "그 죄를 물어 반드시 죽이겠다"고 장수들을 몰아붙였다.

〈정약용의 임진왜란과 병자호란〉

저녁에 적이 서문 밖에 와서 우리 사신을 불러낸 뒤 소리쳤다.

"어제 그 사신들이 왜 오지 않느냐? 황제께서 돌아갈 길을 재촉하셔서 이제 결정을 하고자 하니 빨리 와서 들어라."

이에 이홍주, 홍서봉, 최명길이 국서를 가지고 나갔다. 어제 적이 국서를 받지 않았기 때문에 오늘 다시 가지고 간 것이다.

〈병자록〉

대사헌 김수현, 부제학 이경석, 집의 채유후, 정언 이시우 등이 차자를 올렸다.

"교활한 오랑캐가 갖가지로 속임수를 쓰면서 갈수록 우리를 속이고 있습니다. 지금 아무리 화친을 배척한 사람을 보낸다 하여도 이 정도로 그만두리라는 것을 어떻게 보장할 수 있겠습니까. 이렇게 위급한 때를 당하여 진실로 군부의 화를 구원할 수만 있다면 충성스럽고 의로운 인사가 필시 자진하여 감당할 것입니다. 그러나 결박하여 보내는 일을 어찌 조정이 차마 할 수 있겠습니까. 결코 난을 해소하는 데는 아무 도움도 되지 않을 뿐더러 먼저 그 수족(手足)을 스스로 자른다면 망하는 것을 재촉하는 결과만 될 뿐이니, 어떻게 나라가 유지되겠습니까. 더구나 당초 오랑캐에게 답할 때 이미 배척하여 쫓아냈다고 말했고 보면, 오늘날 그들보다 조금 가벼운 자들을 조사하여 보내겠다는 말은 앞뒤가 틀릴 뿐만 아니라 오랑캐가 요구한 것은 주모자인데 그들보다 가벼운 자들까지 아울러 거론하는 것은 또한 참혹합니다. 속히 의정부로 하여금 그 의논을 개정하도록 하소서."

임금은 그 의견을 받아들였다.

1월 25일-마흔두째 날
임금은 성에서 나오라

적이 또 서문으로 와서 우리 사신을 소리쳐 불렀다. 이덕형, 이성구, 최명길이 적들과 함께 적진으로 가자 용골대와 마부대가 그들을 맞았다. 그러나 그들의 입에서 나온 말은 뜻밖이었다.

"황제께서 내일 돌아가실 것이니 만약 국왕이 성에서 나오지 않으려거든 사신은 절대로 다시 오지 마시오. 이제부터는 다시 올 것 없소. 황제께서는 당신네 나라가 명령을 듣지 않으려 하기 때문에 화가 나서 남김없이 무찔러서 멸망시키고 빨리 돌아가자 하시오. 그리고 당신네 각 도의 구원병은 이미 모조리 격파됐소."

용골대는 이어 그 동안의 국서를 모두 되돌려 주었다. 최명길은 말한 번 제대로 하지 못하고 돌아왔다.

〈조선왕조실록〉

이날 적이 온종일 대포를 쏘아대서 두 사람이 죽었다. 또 밤 삼경에 망월성을 침범했지만 우리 군사가 철통같이 지켜 적은 하는 수 없이 물러갔다. 동쪽 성벽이 적의 대포에 무너져 곡식을 담았던 가마니 4, 5백 장을 가져다 흙을 담아 쌓고 물을 부었더니 꽁꽁 얼어 대포를 맞아도 무너지지 않았다.

신경진은 눈앞에서 군관이 적탄에 맞아 죽고 성이 파괴되었지만 곧 성을 다시 고치고, 조금도 두려워하는 빛이 없었다. 가히 장수의 기풍이 있었다.

1월 26일-마흔셋째 날
차라리 죽고 싶소

신경진, 구굉의 진중 군사들이 대궐 밖에 와서 척화파 대신들을 내놓으라고 소란을 떨었다. 이는 곧 김상헌, 정온, 윤황 등 몇 여러 명을 가리키는 것이었다. 군사들이 승정원으로 가서 소란을 피우자 승지 이행원이 그들 앞으로 나아가 꾸짖었다.

"비록 형세가 위급하기는 하지만 너희들이 감히 어떻게 임금이 계시는 곳이 멀지 않은 곳에 와서 이럴 수가 있느냐?"

그러나 군사들은 눈을 부릅뜨고 이행원에게 폭언을 퍼부었다.

"승지는 재략이 있는 분 같으니 우리가 승지를 모시고 적진으로 가면 적을 쳐부술 것 같으니 같이 갑시다."

승지가 놀라 몸을 피하니 그제야 군사들이 조용해졌다. 군사들이 장차 난을 일으킬 것 같아 사람들이 두려워하였다. 사람들은 입을 모아 이렇게 말했다.

"다같이 성을 지키는 군사들인데 어찌 신경진과 구굉의 군사들만 몰려와 그러하고 다른 장수의 군사들은 그러하지 않은데 그 까닭을 알만도 하다."

군사들의 소란을 듣고 임금이 대신에게 물었다.

"몰려 온 군사들의 상황이 어떠한가?"

김류가 대답했다.

"군사들이 이미 동요되어 물러가도록 타일렀으나 따르지 않습니다. 저들은 부모와 처자가 모두 살육 당했으므로 화친을 배척한 사람을 원수처럼 여겨 이런 지경에까지 이르렀으니 진정시키기가 참으로 어렵습니다. 오직 그 뜻을 따르도록 힘쓰는 것이 마땅하니 오늘 의논해서 결정하여 내일 내보내도록 하소서."

"사태가 이미 위급해졌다. 세자가 자진하여 나가려고 하니 오늘 사람을 보내 말하도록 하라."

세자를 적진에 보내겠다는 말이 대신들이 모두 반대했다.

"감히 명을 받들지 못하겠습니다."

최명길이 앞서 아뢰었다.

"군사들이 배회하며 아직도 물러나지 않고 있는데, 신은 변고가 목전에 닥칠까 염려됩니다. 이것은 대신이 처리할 일이니, 어찌 전하의 분부를 기다리겠습니까?"

"이 성을 보전하지 못하면 역시 화를 벗어나기 어려우니 함께 죽을 뿐이다. 세자가 성에서 나갈 것이라고 한 번 말해 보라."

"전하의 분부가 옳습니다. 이것을 말하여 굳은 약속을 받아두는 것이 좋겠습니다. 사태가 매우 급박하니 신이 나갔으면 합니다."

김류가 안 된다고 했지만 최명길은 뜻을 굽히지 않았다.

"지금이 진실로 어떤 때인데 형식적으로 하겠습니까?" 〈조선왕조실록〉

이날 저녁에 홍서봉, 최명길, 김신국이 적진에 갔다. 용골대와 마부대가 강화도에서 잡아온 종실 진원군과 내관 나업을 불러냈다.

"저번 22일에 우리 군사가 강화도로 건너가 성을 포위하여 봉림대군과 인평대군, 숙의, 세자빈 일행을 잡아 이미 통진에 도착하였소."

말을 마치며 대군이 직접 쓴 친필과 전 영의정 윤방 등의 장계를 전해 주었다.

〈병자록〉

산성으로 돌아온 최명길 일행은 임금에게 아뢰었다.

"청나라 병사들이 매번 강도를 공격하겠다고 하더니, 이미 벌써 그렇게 하였습니다."

임금은 울면서 말을 하지 못하였다. 홍서봉이 그런 임금을 위로했다.

"천하 만고에 어찌 이와 같은 화란이 있겠습니까."

울음을 그친 임금은 윤방의 장계를 내어 보였다. 최명길은

"빈궁(嬪宮) 이하에 대해서는 매우 극진하게 예우하는데, 재상의 가속들도 많이 거느리고 왔다 합니다."

"아무리 큰 강으로 가로막힌 천연의 요새가 있다 하여도 지키지 못하는데 장차 우리는 어떻게 하겠는가."

승지 이경증이 아뢰었다.

"신이 강화도의 장계를 보건대 네 사람의 서명이 한 사람의 손에서 나온 것 같았습니다. 혹시 필적을 모방해서 우리를 속이는 것은 아니겠습니까?"

이에 윤구로 하여금 윤방의 서명을 살펴보도록 명하였으나, 윤구 역시 자세히 분별하지 못하였다.

최명길과 대신들은 이제 임금에게 물었다.

"강도의 장계는 위조한 것인 듯 싶은데, 대군의 친필은 믿을 만합니까?"

"대군의 서찰은 확실하여 의심할 것이 없다. 편지 내용에도 다른 말은 별로 없고 화친하는 일로 만나 보러 나간다고 하였다."

이에 김류가 아뢰었다.

"장계 가운데 김경징, 이민구의 이름이 없는데, 추측하건대 이들은 군사를 거느리고 다른 곳에 있거나 아니면 혹시 전사해서 그럴 것입니다."

"내 생각에는 외지에 도망하여 피했기 때문에 장계 가운데 들어 있지 않은 것으로 여겨진다. 그런데 오늘 청원한 것은 화를 늦출 만한 것이 있었는데도 저들이 또 거절했으니, 장차 무슨 계책을 내겠는가."

홍서봉이 대답했다.

"외로운 성의 형세가 이미 극도에 이르렀는데, 저들이 또 새로 강화도까지 얻었으니 지금 한창 교만할 때입니다. 만약 혹시라도 머뭇거린다면 헤아릴 수 없는 화가 필시 닥칠 것입니다."

김류가 덧붙였다.

"조종하는 권한이 그들 손아귀에 쥐어 있으나, 변고에 대처하는 방법은 의당 우리 쪽에서 먼저 정해야 하겠습니다."

이홍주가 이어 말했다.

"오늘날의 일은 반드시 전하께서 마음속으로 결단한 뒤에야 할 수 있는데, 신자(臣子)의 입장에서는 차마 우러러 진달하지 못하겠습니다."

최명길도 거들었다.

"지금 만약 일찍 결단하시면 그래도 만에 하나 희망이 있습니다."

임금은 그들의 말을 다 들은 뒤에 입을 열었다.

"형세가 이미 막다른 길까지 왔으니, 차라리 자결하고 싶다. 그러나 저들이 이미 제궁(諸宮)을 거느리고 인질로 삼고 있으니, 나 또한 어찌해야 될지 모르겠다."

대신들은 머리를 조아리며 말했다.

"저들의 문서나 언어는 모두 거짓으로 속이는 것이 아닙니다. 성에서 나가면 보존되고 위태로운 확률이 반반이지만 나가지 않을 경우에는 열이면 열 다 망하고 말 것입니다. 전하의 뜻이 정해질 경우, 이로 인해 회복의 기틀이 마련될 줄 어찌 알겠습니까."

"전조(前朝)에서도 나가서 보았다고 한다. 사세가 어떠했는지는 모르겠으나 그런 고사(故事)는 있었다."

최명길이 물었다.

"내일 결단하시겠습니까, 아니면 먼저 국서를 만들어 약속을 정한 뒤에 하시겠습니까? 응당 표문(表文)은 있어야 할 듯합니다."

"어찌 꼭 표문을 만들어야 하겠는가."

이날 마침내 성을 나가기로 결정을 하였다. 그러나 삼사가 청대하여 통곡하며 극력 만류했다.

"내일 차마 말하지 못할 일을 하려고 하신다니, 사람이 생긴 이래 어찌 이와 같은 일이 있었겠습니까. 지난 역사를 두루 살펴보아도 짐승 같은 나라에게 나가 항복하여 화를 면한 자가 몇 사람이나 있었습니까. 성

안의 식량도 수십 일을 버티기에 충분한데, 내일 성을 나가신다니 이것이 무슨 계책입니까. 더구나 교활한 오랑캐의 흉모는 헤아릴 수 없으니, 한번 나간 뒤에는 후회해도 소용이 없을 것입니다."

그 말에 임금은 서글프게 대답했다.

"경들이 말하지 않아도 내가 어찌 모르겠는가. 처음 생각에 이런 일은 결코 따를 수 없고 오직 성을 등지고서 한 바탕 싸워 사직과 함께 죽으려고 하였다. 그런데 군정(軍情)이 이미 변했고 사태도 크게 달라졌다. 밤낮으로 기대했던 것은 그래도 강도가 온전하게 되는 것이었다. 그러나 이제는 나의 자부(子婦)들이 모두 잡혔을 뿐만 아니라 백관의 족속들도 모두 결박당해 북으로 끌려가게 되었다. 내가 혼자 산다고 하더라도 장차 무슨 면목으로 지하에서 다시 보겠는가."

임금의 말이 끝나자 신하들이 모두 통곡하며 나갔다.

〈조선왕조실록〉

9장
항복, 치욕의 삼전도

1월 27일-마흔넷째 날
임금이 성을 나가기로 하다

안개가 대단했다. 이홍주, 최명길, 김신국이 국서를 가지고 적진으로
갔다. 국서의 내용은 다음과 같다.

조선의 제6차 상서

"조선 국왕 신 이종(李倧)은 삼가 대청국 관온인성 황제 폐하
께 글을 올립니다. 신이 이 달 20일에 성지(聖旨)를 받들어 보니 '지
금 그대가 외로운 성을 고달프게 지키며 짐이 절실히 책망하는 조
서(詔書)를 보고 바야흐로 죄를 뉘우칠 줄 아니, 짐이 넓은 도량을

베풀어 그대가 스스로 새로워지도록 허락하고, 그대가 성에서 나와 짐을 대면하도록 명한다. 이는 한편으로는 그대가 진심으로 기뻐하며 복종하는지 확인하는 것이며, 한편으로는 그대에게 은혜를 베풀고 전국(全國)을 회복시켜줌으로써 회군한 뒤에 천하에 인애와 신의를 보이려고 함이다. 짐이 바야흐로 하늘의 돌보심을 받들어 사방을 어루만져 안정시키니, 그대의 지난날의 잘못을 용서함으로써 남조(南朝)의 본보기를 삼으려 한다. 만약 간사하게 속이는 계책으로 그대를 취한다면 천하가 크기도 한데 모두 간사하게 속여서 취할 수 있겠는가. 이는 와서 귀순하려는 길을 스스로 끊는 것이다'라고 하였습니다.

신은 성지를 받들고서부터 천지처럼 포용하고 덮어 주는 큰 덕에 더욱 감격하여 귀순하려는 마음이 가슴속에 더욱 간절하였습니다. 그러나 신 자신을 살펴보건대 죄가 산더미처럼 쌓여 있기에, 폐하의 은혜와 신의가 분명하게 드러남을 모르는 것은 아니었지만, 조서를 내림에 황천(皇天)이 내려다보는 듯 하여 두려운 마음을 품은 채 여러 날 머뭇거리느라 앉아서 회피하고 게을리 하는 죄만 쌓게 되었습니다. 이제 들건대 폐하께서 곧 돌아가실 것이라 하는데, 만약 일찍 스스로 나아가서 폐하의 얼굴을 우러러 뵙지 않는다면, 조그마한 정성도 펼 수 없게 될 것이니 후회한들 무슨 소용이 있겠습니까.

다만 생각하건대 신이 바야흐로 3백 년 동안 지켜온 종사(宗社)와 수천의 생령(生靈)을 폐하에게 우러러 의탁하게 되었으니 정리 상 실로 애처로운 점이 있습니다. 만약 혹시라도 일이 어긋난다면 차라리 칼로 자결하는 것이 나을 것입니다. 삼가 원하건대 폐하께서는 진심에서 나오는 정성을 굽어 살피시어 답변을 분명하게 내려 신이 안심하고 귀순할 수 있는 길을 열어 주소서."

〈조선왕조실록〉

김상헌, 자살을 시도하다

한편 누가 급히 달려와 예조판서 김상헌이 스스로 목을 매 거의 죽을 지경에 처했다고 소리쳤다. 나만갑이 급히 그의 처소에 달려가 보니 거의 숨이 끊어질 것 같았고, 얼굴빛이 죽은 사람 같아 차마 볼 수가 없었다. 달려들어 목에 묶인 끈을 풀어주었는데, 깨어난 지 얼마 후에 가죽 허리띠로 다시 목을 맸고 나만갑이 또 구해주고 밖으로 나왔다. 그런데 김상헌의 조카 참판 김광헌과 아들 전 정랑 광찬이 상복으로 갈아입고 슬픔에 잠겨 있었다. 마치 김상헌이 운명하기를 기다리고 있는 것 같았다. 나만갑은 그들을 나무랬다.

"어르신네의 죽음이 비록 강상을 바로 세우려는 데서 나온 것이기는 하지만 자네들은 어찌하여 스스로 목숨을 끊으시는 것을 보고만 있는가?"

그들은 울면서 대답했다.

"그 어른의 일은 공께서도 이미 잘 아시는 바와 같이 한 목숨을 버림으로써 스스로 판단을 내리시려고 하는데 저희들이 어떻게 만류한단 말입니까?"

"어르신네의 뜻이 비록 그렇다하여도 그대들이 방안에 있는 밧줄이나 끈을 치워버리고 양쪽에서 부축하고 있으면 어찌 자결을 하실 수 있겠는가?"

이때 마침 이조참의 이경여가 소식을 듣고 왔다. 나만갑은 그에게 뒷일을 부탁했다.

"나는 지금 업무가 바빠 여기 오래 머물러 있을 수 없으니, 그대가 여기 좀 있어 주어야 하겠소."

이경여가 김상헌 옆에서 구원하고, 조카와 아들이 김상헌을 양쪽에서 부축하고 있어 자결할 수 없게 하였다. 이튿날부터 조정에서 척화한 신하를 적진으로 보내자는 의논이 시작돼 김상헌은 마침내 죽지 못하였다. 후에 김상헌이 거짓으로 자결하려고 했다고 말하는 사람들이 있었지만 이는 이러한 곡절을 모르고서 하는 소리다.

이조참판 정온은 자신이 반드시 죽을 것이라 생각하고 같은 고향 사람에게서 부탁받은 명문(銘文)을 그 날로 지어 보내주고 또 시 몇 수를 지었다.

> 한 세상 사는 일이 어찌 이리 험한가
> 한 달 서른 날을 혼돈 중에 있구나
> 이 한 몸 아까울 것이 없으나
> 임금께서 어이 이리 곤궁한가.
> 밖으로는 임금께 충성하는 군사가 끊기고
> 조정에서는 나라 파는 흉적이 많구나

늙은 신하가 할 일이 무엇인가

허리에 찬 서릿발 같은 칼날이 운다

대포소리 사방에서 사방에서 울리는데

외로운 성 무너져 군사들 시끄럽네

오직 늙은 신하 한 사람 담소하며 들으면서

조그만 집 조용하기만을 기다려야겠네

정온도 자살을 시도하다

정온은 차고 있던 칼로 배를 찌르니 흐르는 피가 옷과 이불에 가득
했으나 죽지는 않았다. 나만갑이 허겁지겁 달려가니 웃으며 말했다.

"옛글을 읽으면서 그 뜻을 알 수 없었는데, 오늘날 내가 죽지 못했으
니 비록 거짓으로 죽으려 했다 해도 옳은 말이오. 옛말에 칼에 엎어지면
죽는다고 했는데, 엎어지면 오장을 상하고, 누우면 오장이 상하지 않는
가 보오. 칼에 엎드린다는 말을 이제야 알겠소."

정온은 이처럼 전혀 두려워하는 기색이 없었다.

〈병자록〉

산성 안에 사는 서흔남이라는 사람이 지난 12일 임금의 유지를 들고
각 도를 돌다가 오늘 새벽에 돌아왔다. 보고 내용은 이렇다.

"전라병사 김준룡은 광주 광교산에 진을 치고 있다가 적과 수차례

접전하여 적의 이름 있는 장수와 함께 많은 적을 죽이고 사로잡았습니다. 수원은 이미 약탈을 당했으며, 적의 대군이 천안에 있으나 남쪽은 아직 피해를 입지 않았습니다. 전라감사는 공주로 퇴각을 하여 다시 흩어진 군사를 모으고 있으며, 충청감사는 거의 죽을 뻔했는데 살아서 본영으로 돌아갔습니다."

서흔남은 성 안으로 들어오기 위해 적진으로 들어가 병이 들어 성 안으로 들어가지 못한 사람인 체하며 거지처럼 걸어 다녔다. 그때 구슬 달린 면류관을 쓰고, 황금색 옷을 입은 어떤 사람이 노란 막사 안에 앉아서 숯불을 쪼이고 있었다 한다.

"그는 제 행색을 보고 불쌍히 보였는지 음식을 주라고 하였습니다. 저는 손도 대지 않은 체 입을 대고 먹었습니다. 그리고 그 자리에다가 오줌을 쌌더니 아무도 저를 의심하지 않았습니다. 무릎으로 기어오다가 적에게서 멀어진 다음에야 달려서 목책을 넘어 성으로 들어왔습니다."

서흔남은 일정한 직업이 없이 때로 무당 노릇을 하거나 대장장이를 업으로 삼기도 하였는데, 누구든 함부로 업신여길 일은 아니다. 이 공으로 인해 그는 일약 통정대부의 품계를 받았다.

〈정약용의 임진왜란과 병자호란〉

1월28일-마흔다섯째 날
임금의 항복절차를 논의하다

영의정 김류, 좌의정 홍서봉, 우의정 이홍주가 임금을 뵙고 아뢰었다.

"대가가 성에서 나간다면 세자가 응당 성중에 머물러 있어야 할텐데, 성을 나가거나 머물게 하는 권한이 저들에게 있고 우리에게 있지 않으니, 저들이 만약 나오기를 청하면 어떻게 응답해야 합니까?"

"저들이 혹시라도 함께 원한다면 어떻게 거절할 수 있겠는가."

이에 김류가 말했다.

"오늘 화친을 배척한 사람을 붙잡아 보내야 할텐데, 사람들이 모두 엄호하면서 곧바로 지목하려 들지 않습니다. 저들이 이미 앞장서서 모의하여 맹세를 무너뜨린 자를 대상으로 삼았고 보면, 지난 봄에 화의를 반대한 자와 그 뒤로 반대한 자는 의당 스스로 감당해야 할 것입니다. 그런데 이번에 자수한 자 외에도 지난 봄에 그 일을 말한 사람이 한두 사람이 아닐 뿐더러 그 경중도 모르는 판인데, 또 어떻게 취사선택할 수 있겠습니까. 신들의 생각으로는 그 당시의 삼사 및 오늘날 자수한 자를 아울러 잡아 보내면 저들이 반드시 숫자가 많은 것을 기뻐하리라 여겨집니다."

"저들이 사람이 많다고 해서 용서한다면 다행이지만, 그렇지 않을 경우 어떻게 하겠는가?"

〈조선왕조실록〉

영의정이 예조판서 김상헌, 이조참판 정온, 전 대사간, 윤황 부자와 오달재, 윤집, 김수익, 김익희, 정뇌경, 이행우, 홍탁 등 11명을 적진에 보내기를 임금에게 청했다. 적이 척화한 사람으로 홍익한 한 명만을 보내고 더 이상 다른 사람은 보내지 않자, 적이 강화를 허용하려 하지 않아 아무래도 몇 명을 더 보내야 했다. 그런데 영의정 김류는 누구는 빼고 누구는 빼자고 하기가 어려워 아예 여러 사람을 함께 청한 것이었다. 또한 김류는 성을 나가자는 논의에 대해 최명길과 같은 생각이었다. 더구나 김상헌이 김류에 대해 거슬리는 말을 자주 했기 때문에 더욱 그러했다.

임금이 좌의정과 우의정에게 물었다.

"그대들 생각은 어떠한가?"

"영상 말대로 하는 것이 좋겠습니다."

어전에서 물러나온 김류는 체찰부로 가고, 좌의정과 우의정도 제 갈 길로 갔다. 그때 나만갑이 두 사람에게 따져 물었다.

"평소 대감들께서는 그 자부심이 어떠하였으며, 남들이 우러러 보는 것이 어떠했는데 오늘 하신 일을 스스로 어떻게 생각하십니까? 훗날 역사가 어떻게 기록하겠습니까? 만고천하에 어찌 이런 일이 있단 말씀입니까? 더구나 좌의정 대감은 김상헌과 그 정이 형제간 보다 더하셨는데, 이제 영의정의 말에 한마디 이의도 달지 않고 찬성을 하십니까? 사사로운 정으로 만으로도 어찌 그러실 수가 있단 말입니까?"

나만갑의 말에 우의정 이홍주는 길게 탄식을 내뿜었다. 좌의정 홍서봉은 두렵고 걱정스런 모습으로 부리나케 김류를 쫓아가 다시 상의했다.

"우리가 전하께 올린 11명은 너무 많은 것 같습니다. 다시 전하를 뵙고 몇 사람만 보내도록 하는 것이 좋겠습니다."

김류는 고개를 끄덕였다.

"이제 대감께서 누구를 보내고 누구를 보내지 않은 것을 아시는 모양이군요. 보낼 사람을 정해주시면 대감의 말을 따르도록 하겠습니다."

나만갑은 두 재상과 헤어진 뒤에 부제학 이경석을 찾아가 말했다.

"제가 전하를 뵙고 강력히 아뢰고 싶습니다만, 간관이 아니기 때문에 말씀을 올린들 무게가 없습니다. 공은 옥당의 우두머리이신데 어찌 지금 아무 말 없이 잠자코 계십니까?"

"대사간 박황이 들어오면 내 그와 함께 힘써 반대해 보겠습니다."

그 대답을 듣고 나만갑은 또 길을 서둘러 대사간 박황을 찾아갔다. 박황은 "먼저 재상들에게 말해보고, 안 되면 그때 가서 전하께 말씀드려도 늦지 않을 것이오"하며 곧 영의정 김류를 찾아갔다.

"이제 몇 사람만 보내도 적의 입을 막을 수가 있을 것입니다. 11명이나 보낼 필요는 없지요. 오달제와 윤집은 처음부터 상소를 올려 화의를 반대했으니 이는 사사로운 죄가 아닙니다. 이 두 사람을 보내는 일도 차마 못할 노릇이지만, 이 또한 면할 수 없는 일이라면 할 수 없는 일이지만 이 두 사람만 보내도 되지 않겠습니까?"

김류는 고개를 끄덕였다.

"대사간의 말씀처럼 만약 처음부터 의정부에서 보내야 할 사람을 지적했다면, 난들 무엇 때문에 많은 사람을 보내려 하였겠소? 대사간의 말씀처럼 두 명만 보내도록 하겠습니다."

"만약 오달제와 윤집 두 사람만 보낸다면 그들의 자제가 저를 원망하겠지만, 조정의 입장에서는 많이 보내는 것보다 적게 보내는 것이 좋지 않겠습니까?"

결국 박황의 제의로 이 두 사람만 적진에 보내기로 결정되었다.

윤문거는 척화와는 아무런 관계가 없었지만 아버지 윤황 대신 가기를 원했기 때문에 명단에 포함이 되었는데, 박황의 건의로 죽음의 길에서 벗어날 수 있었다.

한편 홍서봉, 최명길, 김신국이 적진을 찾아가 임금이 성을 나가는 것에 대한 절차를 논의했다. 마골대가 간단히 말했다.

"이 일은 옛날부터 규례가 있는데 제1절목은 너무 가혹하니 그만두고, 제2절목으로 행하는것이 좋겠소."

여기서 소위 '제1절목'이란 손을 뒤로 묶고 구슬을 입에 물어 그 구슬을 황제에게 바치며, 죽음에 처해도 달게 받는다는 식으로 관을 짊어지고 가는 것을 말한다. 한 나라의 임금으로서는 차마 못할 짓이었다. 마골대는 은혜를 베푼다는 식으로 이 제1절목을 취하지 않고, 임금을 따르는 신하와 하례객 500명만 거느리고, 위엄과 군사를 갖추지 말고 성을 나오라 요구했다. 또한 죄가 있는 자이니 정문으로 나오지 말고 서쪽 문으로 나오라 했다.

그런데 최명길이 돌아와서는 임금이 성을 나갈 때 붉은 곤룡포가 아닌 푸른 옷을 입고 나가야 한다고 아뢰었다. 마골대가 요구하지도 않았는데, 스스로의 생각으로 그렇게 말을 지어 올린 것이다. 그 날 밤, 밤을 새워 임금과 세자가 입고 갈 푸른 옷을 지어 바쳤다. 한편 청나라에 대포 쏘는 것을 중지해 달라 요청하여 그날 저녁부터 비로소 포성이 멈추었다.

〈병자록〉

또 밤늦게 용골대와 마부대가 청 황제의 답서를 가지고 왔다. 그 내용은 다음과 같다.

청나라 제4차 조서

관온인성 황제는 조선 국왕에게 조유(詔諭)한다. 보내온 글을 보건대, 20일의 조칙 내용을 갖추어 진술하고 종사(宗社)와 생령(生靈)에 대한 계책을 근심하면서 조칙의 내용을 분명히 내려 안심하고 귀순할 수 있는 길을 열어 달라고 청하였는데, 짐이 식언할까 의심하는 것인가. 그러나 짐은 본래 나의 정성을 남에게까지 적용하니, 지난번의 말을 틀림없이 실천할 뿐만 아니라 후일 새롭게 하는 데에도 함께 참여할 것이다. 그래서 지금 지난날의 죄를 모두 용서하고 규례(規例)를 상세하게 정하여 군신이 대대로 지킬 신의로 삼는 바이다.

그대가 만약 잘못을 뉘우치고 스스로 새롭게 하여 은덕을 잊지 않고 자신을 맡기고 귀순하여 자손의 장구한 계책을 삼으려 한다면, 앞으로 명나라가 준 고명(誥命)과 책인(임명서와 그 도장)을 헌납하고, 그들과의 관계를 끊고, 그들의 연호를 버리고, 일체의 공문서에 우리의 형식을 받들도록 하라. 그리고 그대의 큰아들과 둘째 아들을 인질로 삼고, 대신들은 아들이 있으면 아들을, 아들이 없으면 동생을 인질로 삼으라. 만일 그대에게 뜻하지 않은 일이 발생하면 짐이 인질로 삼은 아들을 세워 왕위를 계승하게 할 것이다.

그리고 짐이 만약 명나라를 정벌하기 위해 조칙을 내리고 사신을 보내 그대 나라의 보병, 기병, 수군을 징발하거든 수만 명을 기한 내에 모이도록 하여 착오가 없도록 하라. 짐이 이번에 군사를 돌려 가도를 공격해서 취하려 하니, 그대는 배 50척을 내고 수병, 창과 포, 활과 화살을 모두 스스로 준비하는 것이 마땅하다. 그리고 대군이 돌아갈 때에도 호위하는 예를 응당 거행해야 할 것이다.

황제의 생일, 설날, 동지, 황비와 태자의 생일 및 경조사 등의 일이 있으면 모두 모름지기 예를 올리고 대신 및 내관에게 명하여 표문을 받들고 오게 하라. 바치는 표문과 전문(箋文)의 정식(程式), 짐이 조칙을 내리거나 간혹 일이 있어 사신을 보내 유시를 전달할 경우 그대와 사신이 상견례하는 것, 혹 그대의 신들이 알현하는 것 및 영접하고 전송하며 사신을 대접하는 예 등을 명나라의 예와 다름이 없도록 하라.

포로들이 압록강을 건너고 나서 만약 도망하여 되돌아오면 체포하여 주인에게 보내도록 하고, 만약 속(贖)을 바치고 돌아오려고 할 경우 주인의 편의대로 들어 주도록 하라. 우리 군사로 죽음을 각오하고 싸우다 사로잡힌 사람은 그대가 뒤에 차마 결박하여 보낼 수 없다고 말하지 말라. 내외의 제신(諸臣)과 혼인을 맺어 좋은 관계를 굳게 하도록 하라. 신구(新舊)의 성벽은 수리하거나 신축하는 것을 허락하지 않는다.

그대 나라에 있는 올량합(兀良哈: 여진족의 한 부족) 사람들은 모두 되돌려 보내야 마땅하다. 일본과의 무역은 옛날처럼 하도록 허락한다. 다만 그들의 사신을 인도하여 조회하러 오게 하라. 짐 또한 장차 사신을 저들에게 보낼 것이다. 그리고 동쪽의 올량합으로 저들에게 도피하여 살고 있는 자들과는 다시 무역하게 하지 말고 보는 대로 즉시 체포하여 보내라.

그대는 이미 죽은 목숨이었는데 짐이 다시 살아나게 하였으며, 거의 망해가는 그대의 종사를 온전하게 하고, 이미 잃었던 그대의 처자를 완전하게 해주었다. 그대는 마땅히 국가를 다시 일으켜준 은혜를 생각하라. 뒷날 자자손손토록 신의를 어기지 말도록 한다면 그대 나라가 영원히 안정될 것이다. 짐은 그대 나라가 되풀이해서 교활하게 속였기 때문에 이렇게 교시하는 바이다.

세공 목록

황금 1백 냥, 백금 1천 냥, 물소뿔로 만든 활 2백 부, 호랑이 가죽 1백 장, 다(茶) 1천 포, 수달피 4백 장, 청서피(靑黍皮) 3백 장, 호초(胡椒) 10두, 호요도(好腰刀) 26파, 소목(蘇木) 2백 근, 호대지(好大紙) 1천 권, 순도(順刀) 10파, 호소지(好小紙) 1천 5백 권, 오조룡석 4령, 각종 화석(花席) 40령, 백저포(白苧布) 2백 필, 각색 면주(綿紬) 2천 필, 각색 세마포(細麻布) 4백 필, 각색 세포(細布) 1만 필, 포(布) 1천 4백 필, 쌀 1만 포(包)를 정식(定式)으로 삼는다.

홍서봉 등이 나가서 칙서를 맞았는데, 용골대가 물었다.
"그대 나라가 명나라의 칙서를 받을 때의 의례는 어떠하였소?"
"칙서를 받든 자는 남쪽을 향하여 서고 함께 한 신하는 꿇어앉아 받았소이다."

그리하여 그 형식대로 주고받은 뒤에, 용골대는 동쪽에 앉고 홍서봉 등은 서쪽에 앉았다. 용골대가 먼저 입을 열었다.

"요즈음 매우 추운데 수고스럽지 않소?"

홍서봉이 그 말을 받았다.

"황상께서 온전히 살려주신 덕택으로 노고를 면하게 되었소이다."

이어 두 사람 사이에 항복에 대한 이야기가 오갔다.

"삼전포(三田浦)에 이미 항복을 받는 단(壇)을 쌓았는데, 황제가 서울에서 나오셨으니, 내일은 이 의식을 거행해야 할 것이오. 몸을 결박하고 관(棺)을 끌고 나오는 등의 허다한 절목(節目)은 지금 모두 없애겠소."

"국왕께서 용포(龍袍)를 착용하고 계시는데, 당연히 그 복장으로 나가야 하겠지요?"

"용포는 착용할 수 없소."

"남문(南門)으로 나와야 하겠지요?"

"죄를 지은 사람은 정문을 통해 나올 수 없소."

〈조선왕조실록〉

오달제, 윤집은 척화파가 되어 적진에 가게 되었는데도 기색이 평소와 조금도 다르지 않고 의연했다. 그것이 사람들의 아픈 마음을 조금이나마 누그러뜨렸다. 이날 저녁에 윤집과 오달제는 하직 인사를 하러 임금을 뵈었다.

"그대들의 식견이 얕다고 하지만 그 원래의 의도를 살펴보면 본래 나라를 그르치게 하려는 것이 아니었는데 오늘날 마침내 이 지경에까지 이르고 말았다. 고금 천하에 어찌 이런 일이 있겠는가."

임금이 눈물을 흘리며 통곡하였다. 윤집이 아뢰었다.

"이러한 시기를 당하여 진실로 국가에 이익이 된다면 만 번 죽더라도 아까울 것이 없습니다. 전하께서는 어찌하여 이렇게 구구한 말씀을 하십니까."

"그대들이 나를 임금이라고 여겨 외로운 성에 따라 들어왔다가 일이 이 지경이 되었으니, 내 마음이 어떻겠는가?"

이어 오달제가 말했다.

"신은 자결하지 못한 것이 한스러웠는데, 이제 죽을 곳을 얻었으니 무슨 유감이 있겠습니까."

"고금 천하에 어찌 이런 일이 있겠는가."

임금이 목이 메어 소리를 제대로 내지 못했다.

"신들이 죽는 것이야 애석할 것이 없지만, 단지 전하께서 성에서 나가시게 된 것을 망극하게 여깁니다. 신하된 자들이 이런 때에 죽지 않고 장차 어느 때를 기다리겠습니까."

"그대들의 뜻은 군상(君上)으로 하여금 정도(正道)를 지키게 하려고 한 것인데, 일이 여기에 이르렀다. 그대들에게 부모와 처자는 어디에 있는가?"

윤집이 먼저 대답했다.

"신은 아들 셋이 있는데, 모두 남양(南陽)에 갔습니다. 그런데 지금 듣건대 부사(府使)가 적을 만나 몰락하였다고 하니 생사를 알 수 없습니다."

이어 오달제가 대답했다.

"신은 단지 70세 된 노모가 있고, 아직 자녀는 없으며 임신 중인 아내가 있을 뿐입니다."

임금은 괴로운 탄성을 발했다.

"참혹하고 참혹하다."

"신들은 떠나갑니다만, 전하께서 만약 세자와 함께 나가신다면 성 안이 무너져 흩어질 가능성이 있으니, 이 점이 실로 염려됩니다. 원컨대 전하께서는 세자를 이곳에 머물러 있게 하고 함께 나가지 마소서."

"장차 죽을 곳에 가면서도 오히려 나라를 걱정하는 말을 하는가. 그대들이 죄없이 죽을 곳으로 나아가는 것을 보니 내 마음이 찢어지는 듯하다. 어찌 차마 말할 수 있겠는가. 성에서 나간 뒤에 국가의 존망 역시 단정할 수는 없다만, 만일 온전하게 된다면 그대들의 늙은 어버이와 처자는 마땅히 돌보아 주겠다. 그대들의 늙은 어버이의 연세는 얼마이며, 그대들의 나이는 또 얼마인가?"

오달제가 먼저 대답했다.

"어미의 나이는 무진생(戊辰生)이며 신의 나이는 무신생(戊申生)입니다."

윤집이 이어 대답했다.

"신은 일찍이 부모를 여의고 단지 조모가 있는데 나이는 지금 77세입니다. 신의 나이는 정미생(丁未生)입니다."

두 사람이 절하면서 하직을 고하자 임금이 앉으라고 말한 뒤 내관에게 명하여 술을 대접하게 하였다. 승지가 아뢰었다.

"사신이 벌써 문에 나와 재촉하고 있습니다."

"어찌 그리 급박하게 재촉하는가."

이윽고 두 신하가 술을 다 마셨다.

"시간이 이미 늦었습니다. 이제 떠날까 합니다."

임금이 눈물을 흘리며 그들을 위로했다.

"나라를 위하여 몸을 소중히 하도록 하라. 혹시라도 다행히 살아서 돌아온다면 그 기쁨이 어떠하겠는가."

"신들이 나라를 위하여 죽을 곳으로 나아가니 조금도 유감이 없습니다."

두 사람은 흐느껴 울며 또 한 번 절하고 나갔다.

남한산성에 들어오던 날, 오달제와 그의 형 오달승은 말을 타지 않고 걸어서 들어왔는데, 이날 오달승은 비변사를 찾아가 울면서 요청했다.

"내 아우가 산성에 들어올 때 말이 없어 걸어왔는데, 이제 또 걸어서 적진에 가는 것을 차마 보지 못하겠습니다. 남의 말을 얻어서라도 타고 나가게 해주십시오."

사람들이 이 말을 듣고 눈물을 흘리지 않은 자가 없었다.

〈병자록〉

이날 조정의 문서를 모두 거두어 불에 태웠다. 문서 가운데 간혹 적(賊)이라고 호칭한 등의 말이 탄로 나는 것을 두려워했기 때문이다.

〈조선왕조실록〉

1월 29일-마흔여섯째 날
척화파 대신을 바치다

이 날 새벽에 김류, 이홍주, 최명길이 임금을 뵙기를 청하여 임금의 침전 안으로 들어갔는데, 승지와 사관은 문 밖에 있었으므로 비밀리에 이루어진 말을 기록할 수 없었다. 후에 임금은 이경직에게 일렀다.

"오늘의 말은 중대한 일과는 관계가 없으니, 사관이 적는 것은 온당하지 않다."

아침이 되자 최명길, 이영달에게 국서를 들려 오랑캐 진영에 보내면서 화친을 반대한 신하인 윤집, 오달제를 함께 보냈다. 적에게 보낸 국서의 내용은 다음과 같다.

조선의 제7차 상서

우리나라에 일찍이 일종의 근거 없는 논의가 있어 국사를 무너뜨리고 그르쳤기 때문에 작년 가을에 신이 그 가운데에서 더욱 심한 자 약간 명을 적발하여 모두 배척해서 쫓아냈습니다. 그리고 우두머리 한 명은 폐하의 군대가 국경에 도착하였을 때 평양 서윤으로 임명하고 그 날로 즉시 앞으로 나아가도록 독촉하였는데, 혹 군사에게 잡혔는지 아니면 샛길로 부임하였는지 모두 알 수가 없습니다.

지금 이 성 안에 있는 자는 혹 부화뇌동한 죄는 있다 하여도 앞서 배척을 당한 자에 비교하면 경중이 현격히 다릅니다. 그러나 신이 만약 처음부터 끝까지 어렵게만 여긴다면 폐하께서 본국의 사정을 살피지 못하고 신이 숨겨주는 것으로 의심하시어 신의 진실한 마음을 장차 밝힐 수 없을까 두려웠습니다. 그래서 두 사람을 조사해 내어 군전(軍前)에 보내면서 처분을 기다립니다."

<조선왕조실록>

오달제, 윤집 두 사람이 아침에 적진으로 출발하였다. 그런데 조정에서 그들을 데리고 갈 사람을 정하지 않아 최명길이 국서를 가지고 가면서 데리고 갔다. 최명길은 가면서 두 사람에게 말했다.

"청 황제 앞에 가면 척화한 죄를 자복하고 황제에게 예를 다하시오. 그대들이 가서 내 말대로 따르면 아무 일이 없을 것이오."

오달제와 윤집은 서로 돌아보며 아무 말 없이 웃었다. 적진에 거의 도착했을 때 최명길은 두 사람을 결박한 뒤 청의 황제에게 바쳤다. 황제가 그들의 결박을 풀도록 명하였다. 그리고 최명길 등을 불러 항복한 것을 칭찬하고, 담비가죽 옷 한 벌을 각각 지급하게 하였다. 최명길 등이 이것을 입고 네 번 절하였다. 이윽고 황제가 두 사람을 뜰 아래 꿇어앉히고 물었다.

"너희들이 어찌하여 두 나라의 맹약을 어기고 화의를 반대하였느냐?"

오달제가 대답을 했다.

"우리나라가 명나라의 신하가 되어 섬긴 지 300백 년이 되었소. 명나라가 있는 줄은 알지만, 청나라가 있는 줄은 모르오. 그러니 어찌 척화를 하지 아니하겠소?"

이어 윤집이 말했다.

"우리나라가 명나라를 신하로서 섬겨온 지 이제 300년이나 되어, 의리는 임금과 신하이며, 정으로는 아버지와 자식이오. 청나라가 스스로 황제라 부르고 사신을 보내왔는데, 간관으로서 어찌 배척하지 않으리오. 더 이상 할 말이 없으니 속히 죽여주시오."

두 사람은 다시는 입을 열지 않았다. 그들은 최명길의 요청을 무시하고 당당하고 의연하게 말했으며 조금도 굽히거나 아부하지 않았다. 최명길은 돌아와 한숨짓고 탄식하며 말했다.

"오달제, 윤집이 내가 시키는 대로 하면 해를 입지 않을 것 같아 데리고 가면서 그렇게 타일렀는데도 청의 칸 앞에 가서는 딴 말로 대답을 하였소. 아마도 겁이 나서 그랬을지도 모르겠소."

〈병자록〉

이날 이조 참판 정온이 차자를 올렸다.

"신이 자결하려고 했던 것은 바로 전하의 오늘날의 일을 차마 볼 수 없어서인데, 실오라기 같이 남은 목숨이 3일 동안이나 그대로 붙어 있으니 신은 실로 괴이하게 여겨집니다.

최명길이 이미 전하로 하여금 신이라 일컫게 하고 나가서 항복하게 하였으니, 군신의 관계가 이미 정해졌습니다. 그러나 신하라고 해서 임금에 대해 명령을 잘 받드는 것만으로 공손함을 삼을 것이 아니라 간쟁할 일이 있으면 간쟁해야 하는 것입니다. 저들이 만약 명나라의 도장을 바치도록 요구해 오면, 전하께서는 마땅히 다투기를 "조종조로부터 이 도장을 받아 사용한 지가 지금 3백 년이 되니, 이 도장은 명나라에 도로 바쳐야지 청나라에는 바칠 수 없다"하셔야 합니다. 그리고 저들이 만약 명나라를 공격할 군사를 요구한다면, 전하께서는 마땅히 다투기를 "명나라와 부자(父子)와 같은 은혜 관계가 있다는 것은 청나라도 알텐데, 자식을 시켜서 부모를 공격하게 하는 것은 윤리 기강에 관계되는 일이다. 이는 공격하는 자에게만 죄가 있는 것이 아니라 그렇게 하도록 한 자 또한 옳지 않다"고 하셔야 합니다. 그러면 저들이 아무리 흉악하고 교활하다 하더라도 필시 양해할 것입니다. 삼가 바라건대 전하께서 이 두 가지를 간쟁하여 천하 후세에 죄를 얻는 일이 없게 하신다면 그만한 다행이 없겠습니다.

신의 목숨이 거의 다하여 이미 전하를 모시고 따를 수도 없고 또 길가에서 통곡하며 하직할 수도 없으니, 신의 죄가 큽니다. 신을 체직하시어 눈을 감을 수 있도록 해 주소서."

〈조선왕조실록〉

1월 30일-마흔일곱째 날
굴욕의 날, 세 번 절하고 아홉 번 예를 표하다

햇빛이 나지 않아 날씨가 암울하기 이를 데 없었다. 용골대와 마부대가 성 밖에 와서 임금이 빨리 나오기를 재촉했다. 임금이 푸른 옷차림으로 백마를 타고 의장(儀仗)은 모두 제거한 채 시종 50여 명을 거느리고 서문을 통해 성을 나갔으며, 그 뒤를 왕세자가 따랐다. 백관으로 뒤처

진 자는 서문 안에 서서 가슴을 치고 뛰면서 통곡하였다. 또한 성 안의 모든 사람들이 모두 목 놓아 슬피 울었다. 임금이 산에서 내려가 자리를 펴고 앉았는데, 얼마 뒤에 갑옷을 입은 청나라 기병 수백 명 달려 왔다. 임금이 물었다.

"저들은 뭐 하는 자들인가?"

도승지 이경직이 대답했다.

"이는 우리나라에서 말하는, 소위 영접하는 자들인 듯합니다."

한참 뒤에 용골대 등이 왔는데, 임금이 자리에서 일어나 그를 맞아 두 번 읍하는 예를 행하고 동서로 나누어 앉았다. 용골대가 임금을 위로하자 임금은 마지못해 대답했다.

"오늘의 일은 오로지 황제의 말과 두 대인이 힘써준 것만을 믿을 뿐입니다."

"지금 이후로는 두 나라가 한 집안이 되는데, 무슨 걱정이 있겠습니까. 시간이 이미 늦었으니 속히 갔으면 합니다."

용골대는 말을 달려 앞에서 인도하였다. 임금은 단지 삼정승 및 판서, 승지 각 5인, 한림, 주서 각 1인을 거느렸으며, 세자는 시강원, 익위사의 관리들을 거느리고 삼전도(三田渡)로 나아갔다. 멀리 바라보니 청의 황제가 황금빛 천막을 펼치고 앉아 있고, 갑옷과 투구 차림에 활과 칼을 휴대한 자들이 좌우에 옹립해 있었다. 악기를 진열하여 연주하고 있었는데 이는 중국 제도를 모방한 것이었다. 임금이 걸어서 진(陣) 앞에 이른 뒤 평지의 차가운 진흙 위에서 절을 했다. 그리고는 임금을 진문(陣門) 동쪽에 머물게 한 뒤 용골대가 황제에게 들어가 보고하고 나와 청 황제의 말을 전했다.

"지난날의 일을 말하려 하면 길다. 이제 용단을 내려 왔으니 매우 다행스럽고 기쁘다."

"천은이 망극합니다."

그리고 임금은 용골대의 뒤를 따라 단 아래로 갔다. 임금은 북쪽을 향해 마련한 자리 위에 앉아 세 번 절하고 아홉 번 머리를 조아리는 예를 행하였다. 그 뒤에 용골대는 임금을 인도하여 진의 동문을 통해 나왔다가 다시 동쪽에 앉혔다. 강화도에서 잡혀온 두 대군과 신하들이 단 아래 서쪽에 죽 늘어섰다. 용골대가 청 황제의 말을 받아 임금에게 단에 오르라 명령했다. 청의 황제는 남쪽을 향해 앉고 임금은 동북 모퉁이에서 서쪽을 향해 앉았으며, 그 옆으로 청나라 왕 3명이 차례로 나란히 앉았다. 왕세자가 또 그 아래에 앉았는데 모두 서쪽을 향하였다. 또 청나라 왕 4명이 서북 모퉁이에서 동쪽을 향해 앉고 두 대군이 그 아래에 잇달아 앉았다. 우리나라 대신들에게는 단 아래 동쪽 모퉁이에 자리를 내주고, 강화도에서 잡혀 온 신하들은 단 아래 서쪽 모퉁이에 들어가 앉게 하였다. 차 한 잔을 올린 뒤 청 황제는 용골대를 시켜 조선의 여러 신하들에게 고했다.

"이제는 두 나라가 한 집안이 되었다. 활 쏘는 솜씨를 보고 싶으니 각기 재주를 다하도록 하라."

이에 종관(從官)이 대답하였다.

"이곳에 온 자들은 모두 문관이기 때문에 잘 쏘지 못합니다."

용골대가 억지로 활을 쏘게 하자 수행 군사 정이중으로 하여금 나가서 쏘도록 했는데, 청나라의 활과 화살이 우리나라와 달라 다섯 번 쏘 았으나 모두 맞지 않았다. 술잔을 세 차례 돌린 뒤 황제가 술잔과 그릇 을 치우도록 명하고, 개에게 고기를 썰어 던져주었다.

굴욕적인 항복 절차를 끝낸 임금이 청 황제에게 하직하고 나오니 빈 궁 이하 사대부 가속으로 잡힌 자들이 모두 한 곳에 모여 있었다. 용골 대가 황제의 말을 받아 빈궁과 대군 부인에게 안으로 들어와 절을 하도 록 요구하자 모두 눈물을 흘렸다. 그러나 사실은 궁녀들이 대신 절을 했 다. 이어 용골대는 황제가 준 백마에 영롱한 안장을 갖추어 끌고 왔다. 임금이 친히 고삐를 잡아 옆의 신하에게 넘겨주었다. 용골대는 또 담비 가죽 옷을 가지고 와 황제의 말을 전했다.

"이 물건은 원래 선물로 가져 왔는데, 이제 조선의 의복 제도를 보니 같지 않다. 따라서 감히 억지로 착용케 하려는 것이 아니라 단지 정을 표할 뿐이다."

임금이 받아서 입고 뜰에 들어가 사례하였다. 도승지 이경직으로 하 여금 국보(國寶)를 받들어 올리게 하니 용골대가 받아 갔다. 그러나 조금 있다가 돌아와 힐책하는 목소리로 따졌다.

"고명(명나라 황제가 조선의 국왕에게 내린 임명장)과 옥책(도장)은 어찌하여 바 치지 않습니까?"

이에 임금이 융통성 있게 대답했다.

"옥책은 일찍이 갑자년 변란으로 인하여 잃어버렸고, 고명은 강화도 에 보냈는데 전쟁으로 어수선한 때에 온전하게 되었으리라고 보장하기 어렵소. 그러나 혹시 그대로 있으면 나중에 바치는 것이 뭐가 어렵겠소."

용골대는 고개를 끄덕인 뒤 안으로 들어갔다가 또 담비가죽 옷 세 벌을 들고 와 삼정승과 5조의 판서, 다섯 승지를 불러 입게 하였다.

"주상을 모시고 산성에서 수고했기 때문에 이것을 주는 것이다."

모두 뜰에 엎드려 사례하였다. 이때 홍서봉과 장유가 뜰에 들어가 엎 드려 강화도로 들어간 노모를 찾아보도록 해 줄 것을 청하니, 김석을시 (金石乙屎)가 화를 내며 꾸짖었다. 한편 임금은 밭 가운데 앉아 명령을 기 다렸는데, 해질 무렵이 된 뒤에야 비로소 도성으로 돌아가게 해주었다. 그러나 왕세자와 빈궁, 봉림대군과 그의 부인은 인질로 심양에 데려가기 위해 모두 청나라 진영에 머물도록 하였고 인평대군과 그 부인은 서울로 돌아가게 하였다. 임금은 돌아오기 전에 빈궁을 만나고, 최명길로 하여 금 따라가도록 하였다.

임금은 청 진영을 벗어나 소파진(所波津)에서 배를 타고 건넜다. 당시 소파진의 군사가 거의 죽고 빈 배 두 척만이 남았는데, 백관들이 다투어 건너려고 어의(御衣)를 잡아당기기까지 하면서 배에 올랐으니 그 소동이 몹시 불경스러웠다. 임금이 건넌 뒤에 청 황제가 뒤따라 말을 타고 달려 와 얕은 여울로 군사들을 건너게 하고, 뽕나무 밭에 진을 치게 하였다. 그리고 용골대로 하여금 군병을 이끌고 임금의 행차를 호위하게 했다. 사로잡힌 백성들이 떠나는 임금을 바라보고 울부짖으며 외쳤다.

"우리 임금이시여, 우리 임금이시여. 우리를 버리고 가십니까."

길을 사이에 두고 울며 부르짖는 백성이 만 명을 헤아렸다. 임금 일 행은 밤이 깊어서야 서울에 도착했는데, 인적이 끊긴 채 멀리서 몇 마리 개 짖는 소리만 들릴 뿐이었다. 임금은 창경궁 양화당으로 들어가고, 수행했던 사람들은 모두 궁궐에서 임시로 먹고 잤다.

〈조선왕조실록〉

10장
적군이 돌아가다

2월 1일
인조, 서울로 돌아오다

선전관 음표신이 남한산성으로 가 군대를 해산하고, 모두 성에서 내려오게 하였다. 이때 청나라를 도와 조선에 온 몽고군들이 아직 도성 안에 머물면서 약탈과 노략질이 이루 말할 수 없었다. 백관들은 모두 대궐 안에 들어가 있었는데, 집들이 대부분 불타버렸고, 죽은 시체가 길거리에 이리저리 널려 있었다. 각 관청의 서리들이 각기 그들의 부모와 처자를 찾으러 모두 흩어졌다.

이날 임금이 양화당에서 용골대와 마부대를 접견하였다. 용골대가 황제의 명으로 고려왕의 도장을 올리니 왕이 사례하였다. 임금은 이어 말했다.

"몽고 사람들이 아직도 도성에 있으면서 사람을 해치고 물건을 약탈한다고 하오."

용골대는 즉시 부장으로 하여금 몽고군을 도성 밖으로 몰아내게 하고, 문을 지키도록 명령했다. 그리고 임금에게 일렀다.

"황제가 내일 돌아갈 예정이니, 나와서 전송하지 않으면 안 될 것입니다."

"그리 하도록 하겠소. 그리고 우리 백성 중에 사로잡힌 사람을 돌려주기 바라오."

"황제께서 직접 처분하실 것입니다."

"나라가 전란으로 피폐하여, 공물을 마련하기 쉽지 않을 것 같은데 어찌하면 좋겠소?"

"조선의 사정을 황제께서 직접 보셨으니, 당연히 2년 후부터나 시행할 것입니다."

2월 2일
청 황제, 북으로 돌아가다

산성 안에 있던 사람들이 이제야 모두 잠자리에서 밥을 먹고 아침 일찍 성에서 내려왔다. 아직도 적군이 도처에 깔려 있었다. 평상시 늘 다니던 길이었는데도 정신들이 혼미하여 동서를 분간하지 못했다. 적진에는 포로로 잡힌 우리나라 사람들이 적군과 합쳐 절반을 넘었는데 겉으로 드러내지는 못하고 오직 속으로 흐느껴 울며 바라보기만 할 뿐이었다.

어떤 사람들은 머리를 들어 합장을 하기도 하고, 어떤 사람들은 엎드려 무언가를 호소하고자 했으나 적군이 이를 보고 철편으로 내리쳤다. 그 참혹한 현장은 차마 말로 표현할 수가 없었다. 그런 사이를 몸치장을 하고 얼굴에 분을 바른 계집 하나가 말을 타고 의기양양하게 달려갔는데, 그녀는 적에게 잡힌 관서의 관기라고 했다. 또한 적군들 사이에서 거만하게 드러누워 담뱃대를 비스듬히 빨면서 전혀 슬퍼하거나 근심하는 기색이 없는 사람도 있었다.

사대부의 처첩과 처녀들은 차마 얼굴을 드러내지 못하고, 옷을 머리에 뒤집어 쓴 채 흐느껴 울었다. 어떤 사람은 내를 건너는데 물이 깊어 말안장까지 물이 차고, 일부는 배로 건너는데 서로 타기 위해 아비규환이었다. 아침부터 저녁까지 난리가 아니었다. 적이 수레에다가 대포와 각종 물건들을 싣고 가는데 그 크기가 두 칸 대들보만 하였다. 길이 적병으로 가득 차서 남으로 내려가는 군사들이 길이 막혀 돌아갈 수가 없었다.

〈병자록〉

이날 청나라 황제가 삼전도에서 출발하여 북으로 돌아가니 임금이 전송을 나갔다. 황제가 높은 언덕에 앉아 임금을 여러 왕의 가장 윗자리로 인도하여 앉게 했는데, 도승지 이경직만 따라갔다.

〈조선왕조실록〉

청나라 군사가 2월 13일에야 모두 철수했는데 그 군사의 수가 얼마나 많은지 짐작하고도 남음이 있었다. 가는 길마다 죽은 백성들의 시체가 길에 가득 널려 있어 그 참혹함이야말로 이루 말할 수가 없었다. 또 도성 안의 집들은 모두 거덜이 나 있었다. 광통교에서 향교동 입구까지 인가는 거의 불타고 없어졌다. 산성에서 돌아올 때 병조참지 이상급이 적을 만나 입고 있던 옷을 빼앗겼는데, 추운 겨울이라 그만 얼어죽고 말았다.

〈병자록〉

마골대가 돌아가는 길에 장차 가도를 공격하기 위해 명나라에서 귀순한 경중명과 공유덕으로 하여금 배를 수리하게 하고, 또 우리나라로 하여금 수군을 징발하여 보내도록 하였다. 이에 신천군수 이숭원과 영변부사 이준에게 명하여 황해도의 전선을 거느리고 가게 하였다.

〈조선왕조실록〉

2월 3일
역관 정명수에게 벼슬을 내리다

청나라 장수 용골대, 마부대가 통역 정명수를 데리고 대궐 밖으로 찾아왔다. 영의정 김류와 좌의정 홍서봉이 함께 나가서 그들을 접대하였다. 김류가 그들에게 말했다.

"이제 우리나라는 부자간의 나라가 되었는데 무슨 말씀이든 따르지 않겠습니까? 나중에 가도를 치고 명나라를 치게 되면 응당 명령대로 따르겠습니다."

홍서봉은 공물에 대해 재고해 줄 것을 부탁했다.

"공물 중에 황금은 우리나라에서 나는 것이 아니기 때문에 황제께 아뢰어 면제를 해주셨으면 합니다. 이는 온 나라가 소망하는 일입니다."

이때 통역 정명수가 나섰다.

"우리나라가 처음 공물 조목을 의논할 때, 결정하지 않은 것을 용골대에게 어찌 이야기를 전하며, 용골대 역시 어떻게 황제에게 아뢰겠습니까? 대감께서는 체면을 생각하지 않으십니까?"

하니 홍서봉이 "그도 그렇다"라고 대답할 수밖에 없었다.

당시 전란 중에 김류의 첩의 딸이 적에게 잡혀갔는데, 김류가 임금에게 요청하여 용골대로 하여금 그 딸을 돌려달라고 부탁을 했었다. 임금이 잊지 않고 그 말을 전했는데 용골대는 못들은 척 했었다. 접대가 끝난 다음 김류가 다시 용골대에게 부탁을 했다.

"저의 딸을 돌려주신다면 보답으로 천금을 드리겠습니다. 제 딸에 대해서는 우리 임금께서도 부탁드린 바 있으니 대인께서 힘써주시기 바랍니다."

그러나 용골대는 아무 대답을 하지 않았다. 당시 적에게 붙잡힌 사람들을 찾아오는 데 그 값이 턱없이 높았던 것은 이때 한 김류의 말 한마디 때문이었다. 용골대가 나가자 김류는 정명수를 끌어안고 귀에 속삭였다.

"이제 당신과 나는 일을 같이 할 한 집안 사람이나 다름없는데, 내가 그대의 어떤 청이든 도와주지 않겠으며, 그대 역시 내 청을 어찌 차마 거절하겠소. 내 딸이 돌아올 수 있도록 힘을 써 주시오."

정명수 역시 이에 대해 아무 대답을 하지 않았다. 김류가 계속 정명수를 끌어안고 놔주지를 않자 정명수는 귀찮아하며 팔을 뿌리치고 가버렸다. 김류가 정명수를 끌어안고 말한 것은 오랑캐의 풍습이었다. 오랑캐의 풍습으로 서로 끌어안는 것은 친하다는 의미였다.

이날 저녁에 소현세자가 대궐로 들어왔다. 청나라 사람 5, 6명이 호종하여 왔는데, 대궐에 온지 얼마 지나지 않아 돌아가자고 독촉이 성화였다. 통역 정명수도 함께 왔는데 그는 궁궐 안을 마치 제집처럼 돌아다녔다. 그의 독촉이 오히려 청나라 사람보다 더 하였다. 정명수는 원래 평안도 은산의 관노비로 젊어서 오랑캐에게 사로잡혔는데, 성질이 본래 교활하여 조선의 사정을 몰래 고해 바쳤으므로 청나라의 황제가 신임하고 아꼈다. 결국 소현세자는 이야기도 다 하지 못하고 다시 청의 진중으로 돌아가니 그 비통함은 이루 말할 수가 없었다.

〈병자록〉

그런데 전란이 끝나고 조정에서는 정명수의 공을 치하하여 지사라는 벼슬을 내렸다. 이에 정명수는 "천은이 망극하여 곧 숙배 사은해야 마땅하지마는 주위가 번거로워 안 되겠고, 밤이 깊은 뒤에 정결한 곳을 택하여 동쪽을 향해 절하여 사은하겠습니다"라고 했다고 한다.

〈조선왕조실록〉

이날 호조가 임금에게 구휼 대책을 올렸다.

"서울에 사는 백성이 가장 혹독하게 화를 당해 남아 있는 자라고는 단지 10세 미만의 어린이와 나이 70이 넘은 노인들뿐인데, 대부분 굶주리고 얼어서 거의 죽게 되었습니다. 어린이의 경우는 남들이 길러 노비로 삼도록 허락하고, 늙은이는 호조에서 진휼하여 구제하게 하는 것이 마땅할 듯합니다."

임금은 곧 시행하라 일렀다.

〈조선왕조실록〉

2월 4일
종묘사직의 신주가 돌아오자 임금이 눈물을 흘리다

영중추부사 윤방이 강화도에서 종묘와 사직의 신주(神主)를 받들고 올라왔다. 윤방이 임금을 보고 울자 임금도 눈물을 흘렸다.

"신주를 어제 어느 곳에 봉안하였느냐?"

"어제는 밤이 깊었기 때문에 미처 아뢰지 못하고 신이 거처하는 곳의 정결한 곳에 봉안하였습니다."

임금은 즉시 예관에게 명하여 시민당에 봉안하도록 하고, 가까운 신하들을 거느리고 곡하며 절하는 예를 행하였다.

〈조선왕조실록〉

2월 5일
무관이 득세하다

병조에서 회의가 있었다. 병조판서는 신경진이었고, 참의는 정기광이었다. 신경진은 평소에 "쥐새끼 같은 문관들이 나라를 이렇게 만들었다"고 거칠게 비방을 했는데 정기광이 그에 붙어 그 기세가 이루 말할 수 없었다.

병조좌랑 남노성은 처자가 적에게 붙잡혀 마포에 있는 적진을 찾아갔었다. 그 날 저녁에 미처 돌아오지를 못했는데 정기광이 채찍을 휘둘러 끌고 왔다. 원래 정기광은 오랫동안 선비들로부터 따돌림을 받아왔는데 이제 무장인 신경진에 달라붙어 그 횡포가 말이 아니었다.

구굉은 서울로 돌아와서는 "윤황이 늘 말하기를, 만약 적이 쳐들어오면 자신의 열 아들을 데리고 적을 격퇴시키겠다고 했는데, 그 아들들은 지금 어디에 있는가? 척화를 주장하여 나라를 이 지경으로 만들었으니 마땅히 윤황의 목을 베지 않고 어찌 나라를 위한다고 할 수 있겠느냐?"며 안하무인으로 설쳤다.

이 때문에 무신들이 기세가 등등해서 문관들을 종이나 하인처럼 대했고, 사람들이 그들의 기세에 눌려 아무 말도 못하고 떨었다.

〈병자록〉

2월 6일
인조, 청나라 9왕을 만나다

일찍 아침을 먹고 임금이 서강 근처 성산에 머물러 있는 청나라의 9 왕에게로 갔다. 세자도 이 근처에 있어 임금은 먼저 세자를 만난 다음에 9왕을 찾았다. 9왕은 청나라 황제의 아홉 번째 아우였다. 9왕이 중간에 마중을 나왔다. 말에서 서로 읍하고, 말고삐를 나란히 하고 그의 장막으로 들어갔다. 좌우로 양쪽 신하들과 나누어 마주하고 서로 인사한 다음 음식과 술을 내어 권하였다. 그리고 군악을 연주하였다.

9왕이 먹다 남은 음식을 장수들에게 내리자, 임금 역시 먹던 음식을 호종한 신하들에게 나누어주었다. 임금을 보자 적에게 잡혀 있는 우리 나라 백성들이 어떤 이는 임금을 향해 합장하고, 어떤 이는 임금을 뒤쫓아 따라오다가 적병에게 잡혀갔다. 눈에 보이는 모든 것이 이렇게 비참한 것뿐이었다.

〈병자록〉

2월 7일
포로를 돌려받다

임금이 세 차례에 걸쳐 신하를 적진에 보내 강화도에서 사로잡힌 사람들을 돌려보내 줄 것을 청하니, 남녀 1천 6백여 명을 돌려보냈다.

〈조선왕조실록〉

2월 8일
소현세자, 인질로 끌려가다

9왕이 군사를 거두어 돌아가면서 왕세자와 빈궁, 봉림대군과 부인을 서쪽으로 데리고 갔다. 임금이 창릉(昌陵)의 서쪽에 거둥하여 전송하였다. 길옆에 말을 머물게 하고 9왕과 서로 읍하고 인사를 나누었다.

"멀리 오셔서 서로 전송하니 실로 매우 감사합니다."

"가르치지 못한 자식이 지금 따라가니, 대왕께서 가르쳐 주시기를 바랍니다."

"세자의 연세가 벌써 저보다 많고, 일에 대처하는 것을 보건대 실로 제가 감히 가르칠 입장이 못 됩니다. 더구나 황제께서 후하게 대우하시니 염려하지 마시기 바랍니다."

"자식들이 깊은 궁궐에서만 자랐는데, 지금 듣건대 여러 날 동안 노숙하여 벌써 병이 생겼다 합니다. 가는 동안에 온돌방에서 잠을 잘 수 있게 하면 다행이겠습니다."

"삼가 가르침을 받들겠습니다. 만리 길을 떠나보내니 필시 여러모로 마음을 쓰실 텐데 국왕께서 건강을 해칠까 매우 두렵습니다. 세자가 간다 하더라도 틀림없이 머지않아 돌아올 것이니 행여 너무 염려하지 마십시오. 군대가 갈 길이 매우 바쁘니 이만 하직했으면 합니다."

세자와 대군이 절하며 하직하고 떠나자 임금은 눈물을 흘리며 전송하면서 마지막으로 당부했다.

"힘쓰도록 하라. 지나치게 화를 내지도 말고 가볍게 보이지도 말라."

세자가 엎드려 분부를 받았다. 신하들이 옷자락을 당기며 통곡하자, 세자가 만류하며 타일렀다.

"주상이 여기에 계신데 어찌 감히 이렇게들 하는가. 각자 진중하도록 하라."

세자는 말을 마치고 말에 올라 떠났다.

〈조선왕조실록〉

임금을 따라 세자를 배웅 나간 나만갑에게 세자가 떠나면서 물었다.

"아흔이 넘은 그대의 병든 어머니는 어디에 계신가?"

"어디에 계신지, 죽었는지 살았는지 아직 소식을 모릅니다."

"부모를 버리고 전하를 따라 남한산성에 들어갔을 때 그대가 남보다 고생이 갑절이나 더했는데, 늘 내 마음이 편치 못했다."

나만갑이 감격하여 목 놓아 우니 세자가 그를 달랬다.

"하늘이 하시는 일인데 말해서 무얼 하겠는가."

한편 의주의 통역관으로 있던 한보룡이라는 사람이 이번에 적의 통역관으로 따라왔는데 사대부들에게 이렇게 말했다.

"저는 비록 몸은 오랑캐의 땅에 빠졌지만, 나라를 위해 어찌 마음을 쓰지 않겠습니까?"

그는 적의 사정을 낱낱이 이야기해 주었다.

"이번에 온 청나라 군사가 도대체 얼마나 되느냐?"

"20만 명이라고 하지만 실제는 14만 명입니다."

"적의 군사 중에 우리나라에서 죽은 자는 몇 명이나 되느냐?"

"몇 만 명쯤 되는 것으로 알고 있습니다."

"그러면 장수 중에서 죽은 사람도 있느냐?"

"우리나라 방어사에 해당하는 장수인데, 청 황제의 매부로 지난번 광교산 전투에서 죽었습니다."

"황제가 왔을 때 심양에는 군사가 없었느냐?"

"왜 없었겠습니까? 저들이 어찌 서울을 비워놓고 나왔겠습니까? 6,7만 명이 있었습니다."

이때 다른 통역관이 들어오자 한보룡은 입을 다물고 더 이상 말하지 않았다. 세자와 봉림대군이 출발하자 빈궁의 시비 6명과 봉림대군 부인의 시비 4명이 따랐다. 백관이 일시에 통곡을 하고, 임금 역시 눈물이 용안을 적셨다.

청군은 아침에 해가 뜰 무렵부터 큰 길을 따라 세 줄로 행군하기 시작했다. 포로로 잡힌 우리 백성 수백 명이 앞서가면 그 뒤를 오랑캐 병사 한두 명이 지키며 따라갔다. 이 행렬이 종일토록 끝나지 않았다. 훗날 심양 인구가 60만 명이었는데, 여기에는 몽고인이 포함되어 있지 않아 얼마나 많은 우리나라 백성이 끌려갔는지를 짐작할 수가 있다.

세자가 끌려 갈 때 길에서 한 노파가 손바닥으로 땅을 치고 통곡하며 소리쳐 말했다.

"여러 해를 두고 강화도를 수리하여 백성들이 이를 의지하고 살았는데 어찌하여 오늘날 이리 되었단 말인가? 검찰사 김경징과 그 수하들이 나라의 중한 책임을 맡고서도 날마다 술 마시는 것을 일로 삼았으니, 백성들이 죽지 아니하고 살 수가 있었겠는가? 이것이 누구의 탓이란 말인가? 나와 너의 자식과 남편이 적의 칼에 다 죽고 단지 이 몸만 홀로 남았으니, 아 하늘이시어! 이리 원통한 일이 세상 천지에 또 있단 말입니까?"

[
3부
산성 밖의 전투
]

남한산성 남문(설경)

11장, 지원군들, 나아가 싸울 생각이 없었다
12장, 강화도 함락

국가의 존망이 바람 앞에 촛불 같은 상황임에도 각처의 군대들은 관망만 할 뿐 산속에 처박혀 나오려 하지 않았다. 전의를 상실한 군대는 전투마다 백전백패였다. 승전 소식은 가뭄에 콩 나듯했다. 40년 전 임진왜란 당시에는 전국 각처에서 의병과 승군이 일어나 전란에 맞섰으나, 병자호란 당시에는 극히 일부를 제외하고 의병이 일어나지 않았다. 오히려 군은 싸울 의지도 없었고, 군사들은 도망가기에 바빴다.

물론 3일 만에 서울을 점령한 청나라의 질풍 같은 기세에 대비책도 전무했던 상황이었고 보면 대항 자체가 무모 할 수밖에 없었을 것이다.

11장
지원군들, 나아가 싸울 생각이 없었다

산성 밖 각처에서의 전투

애초에 남병사(南兵使) 서우신이 지원군을 거느리고 올 때, 그는 큰 길을 통해 바로 남한산성으로 진군하려고 했다. 그는 감사 민성휘에게

"험한 길로 가다가 군사들이 피곤하고 말이 지치면 다시 기운을 내기가 어려울 것이니, 바로 남한산성으로 향하는 것이 좋습니다"라고 제의했다.

그러나 민성휘는 원수 심기원이 있는 곳으로 가자고 극력 주장했다. 결국 공문(公文)으로까지 다투다가 하는 수 없이 원수 심기원이 머무르고 있는 양근(현재의 양평)의 미원으로 갔다. 서우신은 새로이 원수에 임명

된 심기원에게 빨리 남한산성으로 진군하자고 요청을 했으나 역시 거부당하고 벌로 장만 맞고 말았다.

전란이 끝나고 그것이 죄가 되어 사형을 받았는데 감형되어 강계로 귀양을 갔다. 뒤에 김시양의 상소로 다시 붙들려 와 군율에 의해 처단될 뻔했으나, 다행히 빨리 진군하자고 공문으로 주장한 사실이 인정되어 죽지 않고 남쪽으로 귀양을 갔다.

김시양이 상소를 올려 그를 사형에 처하자고 한 것은 안변에서 몽고군에게 패한 일 때문이었다. 따라서 그를 죽여 전쟁에서 죽은 사람들에게 보상을 해야 한다는 주장이었다. 당시 청나라와 함께 온 몽고군이 전쟁이 끝나고 철수하면서 사람을 살상하고 재물을 약탈하기가 전쟁 때와 조금도 다를 것이 없었다. 전쟁이 끝나 본영으로 돌아가던 길에 서우신은 철령 고개 위에서 이들 몽고군을 만나 일전을 벌여 크게 이겼다. 몽고군이 패하여 쫓겨 가자 태만해진 남도 군사들은 방심하고 진군하다가 안변 근처 산골짜기에 매복해 있던 몽고군의 공격을 받고 거의 전멸을 하고 말았다. 대장의 안이함이 그럴 수가 없었다. 김시양의 상소는 이 일을 가리킨 것이었다.

전라감사 민성휘는 양평의 미원에 들어가자 서우신과 함께 원수 심기원에게 빨리 진격하기를 계속 청했다. 그러나 심기원은 나아가 싸울 생각이 전혀 없었다. 민성휘는 진격을 요청하여 거부할 때마다 심기원으로부터 내려온 글을 받아 보관해 두었다. 그는 나중에 이 글을 증빙으로 삼아 죄를 면하고 곧 본영으로 돌아갔다. 그런데 화친이 되었는데도 몽고군이 여전히 약탈과 살상을 일삼는다는 보고를 받고, 홀로 말을 달려 몽고군 진영에 가서 왜 화의의 약속을 지키지 않느냐고 따졌다. 그리고 한편으로는 몽고 장수를 후히 대접하였다. 이후 함흥에서부터는 몽고군의 노략질이 없었는데 이는 모두 민성휘의 노력 덕분이었다.

전라병사 김준룡의 작전은, 민첩하고 용감한 군사를 뽑아 방어 진지를 구축하고, 사면에서 밖으로 향해 적을 공격하는 방식이었다. 그가 진격하여 광교산에 와 있었는데 남한산성과는 불과 30리 정도밖에 안 되었다. 적이 날마다 광교산을 공격해 왔지만 그때마다 적은 많은 사상자를 남기고 철수했다. 그러다가 화약과 화살이 다 떨어지고 양식 또한 바닥이 나 일단 수원으로 물러가 진을 쳤다. 양식을 구하는 대로 다시 진격하려고 했으나, 군사들이 도망가고 흩어져 끝내 성공하지 못했다. 김준룡은 이 때문에 파직당하고 말았다.

평안감사 홍명구는 병사 유임으로 하여금 군사를 거느리게 하여 함께 진군하려고 했으나 유임이 빨리 응하지 않자 군율로 처단하려 했다. 유임이 하는 수 없이 명령을 좇았으나 이때부터 둘은 사이가 벌어져 전투 때마다 제대로 협조가 되지 않았다. 김화에 도착하자 적의 대군이 공격해 왔다. 당시 유임은 높은 봉우리에 진을 치고 있었고, 홍명구는 봉우리 아래에 진을 치고 있었다. 홍명구가 유임에게 두 진을 합치자고 했으나 유임이 따르지 않았다. 적이 먼저 봉우리 아래의 홍명구의 진영을 공격했는데, 유임은 봉우리 위에 앉아서 바라보기만 하고 도와주지를 않았다. 홍명구는 죽음을 각오하고 적을 맞아 싸우다가 장렬히 전사했다.

유임은 이름난 무신이고, 또 군사 중에는 어영청의 포수가 많아 수많은 적을 살상했다. 병자호란의 전투 중에서 청나라 군사가 대패한 것이 김준룡의 광교산 전투와 유림의 김화 전투였다. 이것은 청나라 군사 스스로가 인정한 것이다.

신경원이 부원수로서 철옹성을 지키고 있다가 적이 나타나자 군사 수백 명으로 공격, 몇 명을 죽이고 몇 명을 사로잡았다. 그런데 욕심을 내 무리하게 작전을 하다가 적의 대군이 갑자기 퇴로를 차단하는 바람에 진영에 들어오지 못하고 대패했다. 적은 여러 날 철옹성을 포위했지만 성이 험하여 함락시킬 수 없어 거짓으로 포위를 푼 체하고 돌아갔다. 신경원이 곽산 군수 정빈으로 하여금 적진을 정탐해 오라 명령했는데, 정빈은 전에 적의 화살을 맞은 자리가 아파 민가에 누워 있다가 돌아와서는 적이 없더라고 속여 보고했다. 신경원은 그의 말을 조금도 의심하지 않아 진중의 짐을 말에 싣고 군사를 이동했다. 적은 군향산 어귀에 매복해 있었는데 포로로 잡은 우리나라 피난민으로부터 신경원의 행군할 날짜를 파악했다. 그리고 드디어 우리 군사가 지나가자 맹렬히 공격, 우리 군사는 죽고 다치고, 흩어지고 달아나 대패하고 말았다. 신경원은 적에게 사로잡혔다.

신경원을 사로잡은 청군은 그를 명달왕의 진영에 있게 했는데, 이 명달왕은 십왕 가운데 한 사람이었다. 신경원은 명달왕과 함께 여러 달을 지내는 동안 서로 아주 친해졌다. 전란이 끝난 뒤에 명달왕은 신경원이 혹 사형을 받을까봐 걱정이 되어 임금에게 간청, 가벼운 죄로 처벌을 받게 하였다. 처음에 남쪽으로 귀양을 보냈다가 곧 석방되었다. 대간에서는 옳지 않은 일이라고 굳이 주장했지만 임금은 듣기 괴로운 말이라 하고 끝내 따르지 않았다. 그는 얼마 후 총융대장에 임명되었다.

강원감사 조정호는 청나라가 침공했다는 소식을 듣자 각 도 중에서 가장 먼저 군사를 거느리고 달려왔다. 겁에 질린 군사가 흩어져 버려 실제로는 싸움 한 번 제대로 하지 못해 특별한 공은 없었지마는 끝내 진군하지 않은 사람과 같을 수는 없었다. 임금이 남한산성에 있을 때 무인 임몽득이라는 사람이 원주에서 올라와 포위된 성 안으로 들어왔다. 임금이 그에게 강원도 상황을 묻자, 이몽득은 스스로 저를 자랑하고자 감사를 무고했다.

"감사는 평일과 조금도 다름없이 감영 안에 앉아 있기에, 제가 큰소리로 나무라니까 그제야 비로소 진군시켰습니다."

임금은 그를 만호에 임명하였다.

당시 원주 목사 이중길은 조정에 보고하는 고과 성적이 감사 조정호에 의해 중간 성적으로 보고되자 마음속으로 늘 조정호를 원망하고 있었다. 이중길은 체포되어 옥에 갇혀 사정을 하소연할 때 터무니없이 조정호를 모함했다. 임금은 이를 곧이듣고 조정호를 귀양 보내라 하였다가 이듬해에 석방하였다.

도원수 김자점은 등선령에 출병하여 꽤 많은 적을 죽이고 사로잡았다. 그러나 청의 황제가 대군을 거느리고 온 뒤로는 감히 다시 적을 칠 생각을 못했다. 그러나 자신에 대한 조정의 분위기가 이상하게 돌아가고 있다는 사실을 알고서는 황해 감사 이배원으로 하여금 황해도를 지키게 하고, 자신은 병사 이석달과 함께 군사 5천 명과 어영청 포수 수천 명을 거느리고 천천히 토산을 향하여 진군했다. 척후병도 없이 새벽같이 출발하여 해 뜰 무렵 거의 토산에 이르렀을 때, 적병 5, 6천 명이 갑자기 나타나 김자점이 거느리고 온 황해도의 군사는 거의 전멸당하고 말았다. 김자점은 홀로 달아나 읍 뒤의 주산 위로 올라가고, 종사 정태화는 허둥지둥 군아로 달려 들어가고, 강음 현감 변사기는 민가로 들어가서 숨었다. 그러나 어영청 포수들이 총으로 공격하여 적을 격퇴시켰는데, 적은 그날 수차에 걸쳐 공격을 했지만 번번이 패퇴, 결국 살아남은 자가 처음 5천여 명에서 몇 천에 지나지 않았다. 적은 해가 질 무렵에야 퇴각했다가 이튿날 또 마주 대치했으나 끝내 계속해서 싸우지 못하고 물러갔다. 이것은 장수들의 공이 아니라 어영청 군사의 힘이었다.

그때 재령군수 최택선은 적에게 붙잡혀 살해당했다. 김자점은 어영군만 거느리고 미원으로 가서 새 원수 심기원과 각 도의 감사 병사와 함께 20일을 꼼짝 않고 앉아 기다리다가 임금이 남한산성에서 나왔다는 소식을 듣고 그제야 진군했다. 전란이 끝나고 심기원은 나주로 귀양 갔다가 남한산성으로 옮겨졌으며, 오래지 않아 석방되었다. 김자점은 진도로 귀양 갔다가 이내 중도부처 되었는데, 기묘년 가을에 다시 방귀전리가 되었다. 양사에서 여러 달을 두고 그들의 죄에 대해 논란하여 고집했으나 임금은 따르지 않았다. 훗날 두 사람은 모두 병조 판서에 임명되었다.

전라감사 이시방은 얼마 안 되는 수하 군사를 모두 병사에게로 보내고, 또 별장 몇 사람을 정하여 나머지 군사를 지원해주어 전진해서 적의 유격병을 소탕하거나 야습을 하게 했다. 그는 영암 군수 엄황을 양성에 주둔하게 하여 앞으로 나아가게 하고, 자기는 승군이 오기를 기다려 경상 감사 심연과 함께 진격하겠다고 약속했다. 그러나 광교산에 있던 김준룡의 군사가 무너져서 김준룡이 흩어진 군사를 수습한다고 공주로 갔다는 소식을 듣고는 후퇴하였다. 이시방이 후퇴하자 엄황 역시 후퇴를 하였는데, 전란 후 이시방은 정산으로 귀양 갔다가 1년 만에 석방되어 제주 목사에 임명되었다.

통제사 윤숙은 이시방이 보낸 지시에 따라 본진을 버리고 황익을 시켜 수군을 지휘하게 한 다음, 자기는 수하 군사 수백 명을 거느리고 원주 부근 산골짜기로 들어가 교묘하게 적을 피했다. 뒤에 영해로 귀양 갔다가 병들어 죽었다.

경상감사 심연은 경상도에서의 활동은 별로 특이할 만한 것이 없었고, 산성에서 거리가 먼 충주 목계까지 왔지만 끝내 전진하지 않았다. 정월 초이틀에 비로소 여주 영릉으로 와서 쌍령의 군사가 패했다는 말을 듣고 허둥지둥 고개를 넘어 조령에서 의병대장 김식을 만났다. 김식이 거느리고 있는 사람은 사인, 노복 등 몇 백 명밖에 되지 않았는데, 그 역시 참모 군관으로 하여금 군사를 나누어 거느리게 하고, 자기는 사대부 6,7명과 함께 몰래 조령과 죽령 사이를 돌아다니다가 심연과 만났다. 어떤 사람이 적이 왔다고 잘못 전하는 말을 듣고 심연 이하 모두가 제각기 말에 채찍질하여 달아났다. 뒤에 헛소문인 줄을 알고 모두 부끄러워 얼굴을 들지 못했다.

심연은 뒤에 임피로 귀양 갔다가 오래지 않아 제주목사에 임명되고, 그 뒤에 품계가 올라 현직에 등용되었으며, 김식은 발탁되어 이조참판에 임명되었다.

심연은 처음에 전 서윤 도경유를 종사관으로 삼아서 군의 일을 모두 도경유에게 맡겼다. 좌병사와 우병사가 가까운 고을 군사를 거느리고 고개 아래까지 진출하기는 했지만, 먼 고을 군사의 태반이 도착하지 않았을 뿐 아니라 양식이 또한 후방에 있어서 두 병사는 이를 기다리느라고 출발하지 않고 있었다. 그러자 도경유는 우병사의 군관 박충겸을 목 베고 날마다 진군하기를 성화같이 독촉하여 두 병사는 하는 수 없이 진군했다. 그러나 지독한 추위에 군사들은 옷을 입지 못하고, 입고 있는 홑옷도 짧게 잘라서 연일 강행군을 하니 모두 얼고 굶주려서 군정이 크게 무너졌다. 그래서 쌍령에서의 패전은 모두 도경유 때문이라고 했다.

적이 물러간 뒤에 도경유는 남쪽으로 돌아가는 도중 누군가의 탄환을 맞고 죽었다. 그런데 그의 가족이 박충겸의 두 아들 짓이라고 관가에 고하여, 두 사람은 체포되어 2년 동안을 옥에 갇혀 있다가 끝내는 혐의가 없어 석방되었다.

좌병사 허완과 우병사 민영이 거느린 군사는 합쳐 4만여 명이었다. 허완은 늙은 데다 겁을 잔뜩 집어먹고 남을 대하면 눈물을 흘려 모두들 그가 틀림없이 패할 것을 알았다. 두 병사는 광주 쌍령으로 진군하였다. 민영은 오른쪽 언덕에 진을 치고, 허완은 왼쪽 언덕에 진을 쳤는데, 포수

정병을 바깥쪽에 배치하지 않고 모두 안쪽만 굳게 수비하게 했다.

1637년 1월 3일, 적이 먼저 좌병사에게 달려들어 목책 안으로 쳐들어오자 군사들은 싸우지도 않고 스스로 무너져 버렸다. 좌군이 패하자 적은 다시 민영에게 달려들었는데 한동안 대치를 계속했다. 그런데 민영의 진 안에서 화약이 폭발하여 혼란한 틈을 타 적이 맹렬히 공격하였다. 결국 좌우 양군이 한꺼번에 크게 패하고, 두 병사도 진중에서 죽었다. 그들이 전사한 뒤에 감사 심연이 "허완은 도망하여 살았다"고 보고하여, 민영은 추증되고 제사를 하사하는 은전이 내렸지마는, 허완에게는 아무런 은전이 없었다. 허완의 아들 장이 상소하여 억울함을 호소한 다음에야 제사를 하사했다.

유림의 탑골 전투

남한산성 밖에서도 적들과 전투가 벌어졌다. 유림이 군사 5천여 명을 지휘하여 순찰사 홍명구와 함께 김화에 모여 진을 쳤다. 적 진영이 10리 밖에 있는 곳이었다. 새벽녘에 적군이 오른쪽 진영을 공격하고 물러나기를 반복했다. 그러다가 수천 명의 적 기마병이 뒷산에서 달려 내려오며 공격했다. 그 빠르기가 마치 비바람 같아서 유림과 홍명구의 두 진영이 서로 도와 싸울 수가 없었다. 눈 깜짝할 사이에 오른편 홍명구의 진영이 무너지고, 홍명구는 그 자리에서 전사했다. 승기를 잡은 적은 기세를 몰아 유림의 진영으로 몰려들었다. 진중이 놀라 혼란에 빠지자 유림은 높은 곳에 올라 소리를 질러 명령했다.

"내가 여기 있으니 도망하지 말라."

유림은 군사들을 지휘하며 죽을힘을 다해 싸웠다. 지세는 유리했다. 적을 내려다보는 위치였으며 잣나무 숲이 빽빽이 우거져 있어 적의 기마병이 앞으로 나아갈 수 없었다. 우리 군사는 잣나무 숲을 방패삼아 싸웠는데, 앞서 달려드는 적 3명을 총으로 사살하자 적이 주춤하며 일시 물러섰다. 유림은 다시 대오를 정비하고 소리쳐 명령했다.

"화살과 총알이 많지 않다. 낭비하면 안 되니 적이 몇 십 보 앞에 올 때 비로소 내가 기를 흔들 터이니 그때까지 공격하지 마라! 명령을 어긴 자는 목을 베리라!"

전세를 가다듬은 적군이 군사를 나누어 공격해 왔다. 유림의 명령대로 적이 몇 십 보 앞에 이르렀을 때 일시에 활과 총을 쏘아댔다. 죽은 적의 시체가 방책과 나란히 쌓일 정도로 대승이었다. 적은 해질녘이 되어서야 비로소 물러갔다.

이때 백마를 탄 적의 장수가 위 아래로 달리며 지휘를 했는데, 유림이 저격병 10명을 뽑아 방책을 몰래 넘어간 다음, 총으로 저격하여 사살했다. 전란이 끝나고 알아보니 그는 청 황제의 매부가 되는 자로, 우리나라 직책으로 치자면 수어사에 해당하는 장수였다.

하루 종일 싸움으로 군사들이 지칠 대로 지쳤는데 전투 중에 도망한 자도 더러 있었다. 유림은 군사들을 잘 싸웠노라 격려했으며, 오랫만에 군사들의 기세가 드높았다. 적군이 물러가고, 적의 동태를 살피러간 정찰병이 돌아와 보고했다.

"적진에 통곡 소리가 가득합니다. 그리고 적의 지원군이 끝없이 몰려오고 있습니다."

보고를 들은 유림은 이동 명령을 내렸다.

"오늘의 싸움은 다행히 이길 수 있었으나 화살과 총알이 다 떨어져 더 이상 싸울 수가 없다. 승리의 기세를 몰아 남한산성 쪽으로 진을 옮기자."

진영에 남아 있는 화약을 거두어 줄에 매단 뒤 잣나무 숲에 걸어놓고 불을 당겼다. 밤새 포성이 계속 터져 적이 감히 공격해 오지 못했다. 날이 새고 적군이 공격해 왔으나 이미 우리 진영은 텅 비어 있었다. 유림은 진영을 낭천(지금의 화천)으로 옮기고 잠시 쉬었다가 다시 군사를 정비하여 남한산성으로 향하다가 화친의 소식을 접했다.

12장
강화도 함락

검찰사 김경징의 만행

청나라 군대가 쳐들어 와 서울이 함락당할 지경에 이르자 조정은 정승 윤방, 김상용으로 하여금 종묘사직의 신주와 세자빈, 원손(元孫) 그리고 봉림대군과 인평대군 부부를 데리고 강화도로 피난을 가게 했다. 이 때 영의정 김류의 아들이자 판윤 김경징을 강화도 체찰사로, 이민구를 부사로 임명하여 대군 일행이 무사히 도착할 수 있도록 길을 살피고 강을 건널 수 있도록 하였다. 그러나 김경징은 사사로이 자신의 가족부터 강을 건너게 하였다.

서울을 떠나 강화도로 들어갈 때 김경징은 어머니와 아내를 각각 가마에 태우고 계집종에게는 모자를 씌워서 말에 태웠다. 짐바리와 합쳐 말이 50마리나 되어, 서울 장안의 말꾼과 말이 동이 날 지경이었다. 한 계집종이 탄 말이 발을 절어 뒤떨어지자 제대로 수행을 못한다 하여 수행하는 관리를 길에서 매질을 하는 일도 있었다.

이렇게 김경징은 부사 이민구, 종사관 홍명일 등과 함께 먼저 강화로 들어가고, 뒤이어 원임 대신 윤방. 김상용 등이 빈궁과 원손, 두 대군, 공주, 옹주, 부마, 궁인들을 데리고 강화도로 향했다. 이들이 갑곶 나루에 도착했으나 배가 없어 건널 수가 없었다. 수많은 피란민들이 서로 강화도로 가기 위해 모여들었는데 실로 아비규환이었다. 강을 건널 수 있는 것은 검찰사 김경징의 권한이었는데, 김경징은 피난민들의 도강을 허락하지 않았다. 세자빈 일행이 이틀 낮 이틀 밤을 물가에 머물다가 겨우 강을 건넜고, 수많은 백성들은 뒤쫓아 온 적 기병들에게 모두 목숨을 잃었다.

김경징은 배로 김포 통진에 있는 나라의 창고에서 곡식을 강화도로 옮겼는데, 이 곡식으로 섬 안의 사대부들을 구제하여 준다고 했지만, 실은 자신의 가족과 친구 이외에는 아무도 얻어다 먹은 사람이 없었다. 그리고 뒤에 해주, 결성 창고의 곡식도 강화로 운반해 가려고 했으나 섬이 함락되는 바람에 미처 계획을 이루지 못했다. 그 당시 곡식은 귀하고 재물은 중요하지 않았다. 검찰사 김경징은 제 이익만 도모한 사람이었다.

또 그는 강화도가 하늘이 내린 요새이기 때문에 적이 날개가 있다한들 건너지 못할 것이라 하고, 아침저녁으로 잔치를 벌여 날마다 술잔 기울이는 것으로 일을 삼았다. 산성이 포위된 지 이미 한 달이 지나 통 소식을 모르는데도 전혀 관심조차 없었다. 대신이 혹 무슨 말을 하면 그는,

"피란 온 대신이 감히 이래라 저래라 하오?"

하고 화를 내면서 말을 막았고, 심지어 봉림대군이 혹 뭐라고 의견이라도 말하려 하면,

"이 위급한 때에 대군이 어떻게 감히 참견하려 하시오?"

하면서 면박을 주었다. 그리하여 대군이나 대신 모두 그 앞에서 감히 입을 열지 못했다. 별좌 권순장, 생원 김익겸이 김경징, 이민구, 장신 등에게 글을 올려,

"지금은 방비를 철저히 할 일이요, 술을 마실 때가 아닙니다"라고 하자 몹시 성을 냈다. 김경징이야 원래 나무랄 것도 못 되는 위인이지만, 그 나머지 사람들 또한 강화의 험한 지세만 믿고 방비에는 조금도 뜻이 없었다. 경비를 맡은 초관들을 죄다 집으로 돌려보내고 섬 밖의 일에는 아예 관심조차도 없어 사정을 알아보려 하지도 않았다. 생각 있는 사람은 모두 한심해 했다.

이 무렵 충청 감사 정세규가 적진에서 죽어 조정에서 이민구를 대신 임명한다는 소식이 왔다. 이민구는 강화가 아주 안전한 곳이었기 때문에 섬 밖으로 나갈 경우에는 반드시 죽을 것이라 생각했다. 그는 섬을 떠나지 않기 위해 백방으로 노력했다. 독촉이 심하자 바다 바람이 몹시 차서 추위를 막을 술이 있어야겠다고 소주를 만든다면서 헛되이 날을 보내고, 또 그 처자를 데리고 가려 했다.

강화도에 같이 간 전 영의정 윤방은 이민구의 처삼촌이었다. 이민구는 결국 그의 처가 윤방에게 부탁하여 가지 않고 말았다. 이보다 앞서, 경기 감사가 포위된 산성 안에 있어 경기 각 고을의 일을 처리할 수가

없었다. 따라서 조정에서 이민구를 경기 감사에 임명하기를 청했는데 임금이 "내 이 사람에게 내 육친들을 부탁하려고 하니 다른 사람을 골라 보오"하면서 임명을 거절하려 했다. 대신들이 "지금 기백에 임명하시더라도 훗날 부탁하시는데 아무런 관계가 없습니다"고 하여 임금이 그대로 허락했는데 산성을 포위한 적의 경계가 심하여 그 교지가 끝내 밖으로 나가지 못했다. 그러하니 이민구는 참으로 운이 좋은 사람이라 아니할 수 없다.

강화도 군사는 겨우 1천 명 정도였는데, 여러 관원과 관아가 서로 군사를 나누어 관아를 지키게 하고, 나머지 군사로 나루를 지키게 하였다. 또한 검찰사 김경징, 부사 이민구, 유수 장신 등 여러 곳에서 명령이 나와 어느 명령을 따라야 할지 몰랐다. 강화도에 있는 늙은 대신들은 저녁이면 둘러앉아 근심만 했다.

삼도의 수군 중 누구 한 사람 국난을 구하러 오는 이가 없고, 오직 충청도 수사 강진흔이 밤에 배를 거느리고 섬으로 들어와 구원하였다. 김경징은 그가 거느린 배를 연미정과 그 밖의 여러 곳에 나누어 배치하게 하고, 강화도의 배는 다 광진에 두었다.

1월 21일에 통진의 김적이 김경징을 찾아와 보고했다.

"적이 방금 동차에다가 조그만 배를 실어 가지고 강화로 향하고 있습니다."

"강물이 아직 단단히 얼어 있는데 어떻게 배를 젓는단 말이냐?"

김경징이 김적을 군정을 어지럽힌다고 막 목을 베어 죽이려고 하는데, 갑곶의 파수장으로 부터 급보가 올라왔다. 그 보고가 김적의 말과 똑같아 김경징은 놀라고 당황하여 방비를 하려했으나 군사가 몇 백이 안 되었다. 봉림대군이 김경징과 함께 진지에 나가보니 몇 명의 군사만 있을 뿐 엉성하기가 이를 데 없었다. 성 안으로 들어온 봉림대군은 군사를 수습하여 대책을 세우려 했으나 그나마 있던 사람들도 다 도망쳐 흩어지고 없어서 하는 수 없이 성이라도 지키려 했다.

강화 유수 장신을 수군 대장으로 삼아서 광진에서 갑곶으로 향하게 했다. 그런데 때가 그믐에 가까워 조수가 매우 약해 밤을 새워 배를 저었으나 22일 새벽녘에야 겨우 갑곶 아래에 이르렀다. 충청수사 강진흔이 배 7척을 거느리고 갑곶에 있다가 적과 싸워 여러 척을 침몰시켰다. 강진흔의 배 역시 적의 대포에 수십 군데나 맞아서 군사 수십 명이 죽었다.

강진흔은 몸에 화살을 여러 대 맞았으면서도 적의 활과 화살이며 그밖의 무기를 수없이 빼앗았다.

강진흔이 거느린 배가 몇 척 안 되었는데 장신은 상황이 급박한데도 앞으로 나아가려 하지 않았다. 강진흔이 북을 울리고 기를 휘둘러 독촉하는데도 장신은 꿈쩍도 하지 않았다. 강진흔이 배 위에 나서서 장신에게 소리쳤다.

"네가 나라의 두터운 은혜를 받고 어떻게 이럴 수가 있느냐? 내가 네 목을 베고야 말겠다."

연신 호통을 쳤으나 장신은 끝내 움직이지 않고 물을 따라 아래로 내려가 버렸다. 이때 정포 만호 정연, 덕포 첨사 조종선이 선봉이 되었다. 적이 건너오기 시작하자 정연이 적의 배 한 척을 격침시키고 다시 나아가 싸우려고 하는데, 장신이 징을 쳐 퇴군시켜 버렸다.

적은 처음에 복병이 있지 않나 하고 의심을 했으나 배 한 척이 뭍에 무사히 닿자 그제야 복병이 없음을 알고 뭍으로 올랐다. 적병은 활도 없이 손에 칼만 쥔 재 높은 곳으로 달려 올라가 흰 기를 휘둘러 댔다. 건너편에 있는 적이 이를 보고 바다를 건너오기 시작했다. 강화도 중군 황선신이 초관 백여 명을 거느리고 진해루 아래에서 힘을 다해 싸웠으나 적 셋을 죽이고 자신도 힘이 다해 죽었다. 사태가 어려워진 것을 알자 김경징은 포구로 달려가 말을 버리고 물로 뛰어들어 전선으로 기어 올라갔다. 이때 김경징과 장신의 늙은 어머니가 다 성안에 있었는데 모두 달아나버려 두 늙은 어머니는 결국 성 안에서 죽었다.

장신 진영에 이덕윤이라는 자가 있었다. 그는 김경징이 도망친 것을 알고 소리쳤다.

"군정을 어지럽히고 일을 망쳤으며, 이제 군영도 버리고 도망갔으니 그 목을 벨 수가 있을 것이다."

장교와 병졸들이 다투어 김경징을 쳐 죽여야 한다고 소리쳤다. 장신이 몇 안 되는 사람으로 하여금 성을 지키게 하고, 만약 먼저 성을 나가는 자가 있으면 목을 베겠다고 하였다. 세자빈이 내관들에게 원손을 데리고 바닷가로 도망가라 했다. 그러자 나머지 사람들도 "원손께서 이미 나가셨으니 우리가 성을 지켜 무얼 하오?"하면서 모두 성을 나와 뒤따랐다. 바닷가에 이르니 마침 배를 대고 있는 사람이 있었다. 허겁지겁 배에 뛰어 올라 바다로 나와 며칠 만에 교동에 이르렀다.

그러나 적이 섬을 수색하려 한다는 말이 있어 교동에서 주문도로 옮기고, 주문도에서 다시 당진도로 향했는데, 이때 주문도 사람들이 나루

터에 나와 모여 있었다.

"이 배가 교동에서 오는 배입니까?"

배에 있는 사람이 그건 왜 묻느냐고 나무라니까, 섬사람들은

"지난밤 섬의 여러 사람들이, 배가 오색구름에 싸여 교동에서 이 섬으로 오는 꿈을 꾸었기에 그럽니다."

고 말하였다. 놀랍고 기이한 일이다.

자결한 사람들

한편 오랑캐는 강화도의 사방을 포위했다. 전 우의정 김상용은 일이 이미 어렵게 된 것을 알고 입고 있던 옷을 벗어 하인에게 주었다.

"네가 만약 무사히 여기서 나가게 되거든 이 옷을 집의 아이들에게 전해 주어 훗날 허장(시신이 없이 장례를 치르는 일)할 거리로 삼게 하여라."

그리고는 김상용은 곧 남문으로 가서 근처 사람들을 물리치고 화약통 위에 걸터앉아 죽으려 했다. 김익겸과 권순장 두 사람이 이 모습을 보고 달려왔다.

"대감께서 혼자만 좋은 일을 하시렵니까?"

결국 세 사람은 그 자리에서 화약에 불을 질러 순절했다. 김익겸은 그 할아버지가 조선 예학의 고봉이었던 김장생이었다. 또한 그의 아들은 〈구운몽〉의 저자로 널리 알려진 김만중이다. 김익겸이 순절하자 그의 부

인은 강화를 벗어나 친정이 있는 서울로 가는 도중 배 안에서 김만중을 낳았다. 유복자 김만중은 후에 대사헌의 지위까지 이르렀다. 그런데 김만중의 손자 김용택이 경종을 살해하려 한 모의에 참여했다가 멸문지화를 당하고 말았다. 참으로 애석한 일이 아닐 수 없다.

윤방은 종묘 제조로서 신주를 봉안해 놓은 곳에 있었는데 적이 오자,

"차라리 나를 죽여라."

하고 소리쳤으나, 적은 들은 체도 아니하고 신주를 더러운 시궁창에 던져버렸다. 윤방은 신주를 수습하여 가마니에 싸서 말에 싣고, 계집종을 그 위에 올라타게 했다. 전란이 끝나고 이러한 사실이 알려지자 사헌부에서 그의 처벌을 주장하여 유배되었다. 뒤에 석방되어 돌아와서 얼마 되지 않아 죽었다.

도정 심현이 그의 아내와 함께 죽기로 결심하고, 상소문을 써서 품속에 넣고서 함께 목숨을 끊었다. 그가 남긴 상소문은 이렇다. "심 아무개는 동쪽을 향해 백 번 절하며 남한산성에 계신 전하께 글을 올리고, 신의 처 송성과 함께 자결하여 나라의 은혜에 보답하고자 합니다."

주부 송시영이 처음에 이시직과 한 집에서 살았는데, 송시영이 먼저 자결하자 이시직이 목을 매고는 종더러 잡아 당기라 하니 종이 차마 그러지 못했다. 이시직은 지어 놓은 찬문과 망건을 종에게 주어 그 아들에게 남겨 주고는 스스로 목매어 죽었다. 유서는 이러했다.

"장강의 험함을 잃어 북쪽 군사가 나는 듯이 달려드니 술 취한 장수

는 겁을 집어먹고 나라를 배반하고 살 구멍만 찾는다. 수비가 무너져 모든 백성이 어육이 되었으니 저 남한산성이 금시에 함락되겠구나. 구차하게 삶이 의가 아니기에 기쁜 마음으로 자결한다. 절개를 지켜서 목숨을 버려, 땅을 굽어보고 하늘을 우러러보아 부끄러움이 없으련다. 가엾은 내 아들아, 삼가 삶을 상하지 말라. 돌아가 유해를 장사 지내고, 늙은 어머니를 잘 봉양하여라. 고향 땅에 움츠리고 엎드려 숨어서 나오지 말아라. 구구하게 남기는 소원을 네가 잘 따르기 바란다."

여자로서 자결한 사람은 영의정 김류의 처를 비롯해 이성구, 김경징, 정백창, 여이징, 김반, 이소한, 한홍일, 홍명일, 이상일, 이상규, 정선홍의 처가 자결을 했고, 서평부원군 이호민, 정효성의 첩 등도 자결을 했으며 그밖에도 절개를 지켜 죽은 여인이 수없이 많았다. 김진표는 그 처를 독촉하여 자결하게 했고, 김류 부인과 김경징의 처는 그 며느리가 죽는 것을 보자 뒤따라 자결했다.

전란이 일어나기 바로 전에 과거에 급제한 이가상은 문장이 뛰어나 일찍부터 이름이 있었고 기품이 남보다 뛰어났다. 그의 어머니가 오랫동안 병을 앓았는데 육칠 년을 잠시도 옆에서 떠나지 않고 시중을 들었다. 어머니의 약과 음식을 종들에게 맡기지 않고 직접 맡아 시중을 들었기 때문에 그의 행실을 아는 사람은 모두 탄복했다. 그런데 적이 섬 안으로 쳐들어오자 겨우 어머니를 숨기고 자기는 적에게 붙들렸다. 적이 물러간 뒤에 다행히 그의 아내가 어머니를 업고 달아났다. 이가상은 아내가 어머니를 업고 달아났을 것은 생각지도 못하고 자기가 처음 적에게 붙들리던 곳에서 어머니가 죽었을 것이라고 생각하고 위험을 무릅쓰고 도망쳐 돌아와 어머니의 시체를 찾아 적진을 헤맸다. 그는 잡히면 도망하고 잡히면 도망하기를 무려 여섯 번이나 했다.

하루는 섬 가운데 외딴 절로 도망해 들어갔다가 또다시 적진으로 가려고 했다. 그 절에 피난해 와 있던 친구가 옷깃을 잡아당기면서 만류했다. 그러나 그는

"나 역시 여기 있으면 살고, 돌아가면 반드시 죽을 것을 알지마는 병드신 어머님이 도저히 살아 계실 리가 없는데 어떻게 혼자 가만히 앉아 있는 단 말인가?"

하고, 글을 써서 절의 중에게 주어 그의 아버지나 형에게 전해 달라고 한 다음 적진으로 들어갔다. 결국 그는 오랑캐에게 죽었다. 스스로 불타 죽은 권순장의 아내는 먼저 세 딸을 목맨 다음에 목을 매어 죽었고, 12살 난 권순장의 누이동생도 스스로 목매어 죽었다.

강화를 함락시킨 자는 청의 9왕이었다. 그는 회군할 때 성 안에서 붙들린 사람은 석방하여 돌려보내고, 성 밖에서 붙들린 사람은 그대로 포로로 데리고 갔다. 한흥일, 여이징은 입고 있던 옷을 벗고 새 옷으로 갈아입으면서,

"처음으로 타국 사람을 만나보는데 의표를 단정하게 해야 한다."

하고서 먼저 들어가 적에게 절하고,

"부원군 강석기도 여기 있습니다"고 고해바쳤다. 그러나 강석기가 병

으로 걷지 못한다고 핑계하고 오래도록 나오지 않자 적은 기다리다가 그냥 가버렸다. 강석기는 처음에 자결하려고 했고, 빈궁도 따라 죽으려고 했으나 두 대군이 만류하여 뜻을 이루지 못했다.

곳곳에서 문벌 있는 집안의 부인으로서 적에게 붙들린 사람이 많았다. 이민구의 아내와 그의 두 며느리의 일은 하도 추잡하여 남들이 모두 침 뱉고 욕을 했다. 이민구는 그의 처가 가산에서 죽은 것을 절개를 지켜 죽었다고 행장을 지어 연신 그 아름다움을 칭찬하고, 동양위 신익성에게 행장을 써 달라고 하여 사람들이 모두 비웃었다.

전쟁이 끝난 후 강화를 지키던 장수들로 군율을 지키지 않은 장신, 김경징, 이민구 등의 죄를 논하게 되자 대간에서는 여러 날을 두고 장신에게 사사하기를 청했으나 임금은 이를 허락하지 않고 스스로 목숨을 끊으라 명하였다. 그의 집이 서문 밖에 있었는데, 그는 집에서 스스로 목매어 죽었다. 금부도사가 그 죽음을 직접 보지 않았기 때문에 도사는 파면되고, 장신은 달아나 살아 있는지 모른다는 말이 파다했으며, 심지어 승지 홍헌은 임금에게 그의 관을 꺼내 조사해 보기를 청했으나 허락되지 않았다.

김경징은 대간에서 처음에 법에 따라 사형을 주장했으나 강계로 귀양을 갔는데, 전 판서 김시양과 참판 유백증 등의 상소로 대론이 다시 일어나 잡아다가 사사했다. 김경징은 영의정 김류의 아들인데, 처음 난리가 터졌을 때 강화도 검찰사로 임명되자 김류가 아들을 칭찬하였다. 그러나 사람들은 직분에 미치지 못하는 자라 하여 비웃었다.

이민구는 영변에 귀양보내고, 강진흔은 힘써 싸우지 않아 적이 바다를 건넜다고 하여 처음에 먼 곳으로 귀양 보냈다가 대간이 다시 청하여 잡아다가 효시했다. 충청도 수영의 군관과 하졸들이 여러 차례 대궐 앞에 와서 목놓아 슬피 울고, 글을 올려 강진흔의 원통함을 호소했지만 강진흔은 끝내 죽음을 면치 못했다. 그는 처음에 김경징과 함께 금부에 있었는데, 사사의 명이 내렸다는 말을 듣자 경징은 목놓아 울고 예의를 잃었지마는 진흔은 웃으면서 경징에게,

"운다고 면할 수 있겠소."

하면서 의연하게 음식을 먹었다. 그리고 자기가 가지고 있던 보검을 풀어 목 베는 사람에게 주면서,

"이것은 아주 잘 드는 칼이다. 이것으로 빨리 내 목을 베어 네가 가지고 가거라."

했다. 강화에서 강진흔 만큼 힘을 다해 싸운 사람은 아무도 없었지만 애석하게 죽고 말았다. 모든 사람들이 그의 죽음을 슬퍼했고, 수영의 군사들은 노소 없이 다 그를 사모하여 자기의 친척이 죽은 것처럼 눈물을 흘렸다.

[
4부
전란은 끝났는데…
]

남한산성 북문(설경)

어느 시대나 전란이 끝나고 나면 논공행상이 따르기 마련이다. 특히 공보다는 과를 다루는 데 철저하다. 병자호란 역시 예외는 아니었다. 많은 이들이 파직되고, 유배를 가고, 죽임을 당했다. 중국으로 끌려간 심학사가 그랬고, 김상헌 역시 오랫동안 탄압을 받았다. 심양으로 간 정뇌경 등의 죽음에 이르러서는 말을 닫을 수밖에 없다. 어찌 그뿐이랴. 인조는 아들인 소현세자와 그 가족을 의문의 죽음으로 몰고 가는 패행을 저지른다.

그러나 인생은 무상한 것, 그도 결국 손자들을 죽이고 나서 2년 만에 세상을 떠나고 말았으니…

13장
척화의 주역들

홍익한(洪翼漢), 척화의 주역으로 지목되다

홍익한은 1624년(인조 2년 2월) 임금이 직접 치룬 문과에 급제하여 관리의 길로 나섰다. 급제 당시 그의 이름은 홍습이었으나 뒤에 홍익한이라고 이름을 고쳤다. 그는 과거에 급제한 지 11년 후인 1635년(인조 13년)에 사간원 정언(正言)이 되었다가 같은 해에 이조 정랑이 되었다. 그리고 다음해에 다시 정언이 되었다. 정언이란 사간원의 정6품 벼슬로서 임금에게 조정의 대소사를 논쟁하여 아뢰는 여론의 중추적인 직책이었다. 여기에는 대부분 강직하고 청렴한 젊은 관리들이 천거되었다. 이 자리가 훗날 그를 죽음으로 몰고 가리라고는 아무도 예견치 못했다. 병자호란이 일어나기 전 해인 1636년에 올린 상소문 하나가 그를 척화의 주역으로 지목하게 만듦으로써 그는 재앙의 모든 책임을 떠맡아야만 했다.

그를 척화의 주역으로 만든 상소문 내용은 다음과 같다.

"신이 들으니, 지금 오랑캐 장수 용골대와 마부대가 온 것은 바로 금나라의 칸을 황제라 칭하는 일 때문이라고 합니다. 신이 태어난 처음부터 명나라의 천자가 있다고만 들었을 뿐이었는데, 이런 말이 어찌하여 들린단 말입니까. 정묘년 초에 적신(賊臣) 강홍립이 도적을 이끌고 갑자기 쳐들어와 임금께서 피난하였습니다. 이에 화친을 애걸하는 일이 비록 부득이한 데서 나온 것이라고 할지라도 한결 같이 꺾이고 무너져서 이와 같은 지경에 이르렀으니 통탄스러움을 금치 못하겠습니다. 참으로 그때 먼저 강홍립의 머리를 효시하여 우선 임금과 신하의 분의를 밝힌 다음에 교린의 도를 강구하고 형제의 의를 약속했다면 오랑캐들이 비록 승냥이나 이리와 같은 마음을 가지고 있을지라도 어찌 감동하는 마음이 없었겠습니까. 계교를 이렇게 세우지 아니하고 오직 강홍립을 얻은 것만을 다행으로 여겨 머리를 숙이고 그들의 명령을 들었으니, 저 오랑캐들이 우리나라의 풍속을 오랑캐화하고 우리 군신을 신첩(臣妾)으로 삼으려는 것은, 실로 여기에서 비롯된 것입니다.

우리나라는 원래 예의의 나라로 소문이 나서 천하가 작은 중국이라 일컫고 있으며, 태조대왕 이래 서로 계승하면서 한마음으로 사대하기를 정성스럽고 부지런히 하였습니다. 그런데 지금 오랑캐를 섬기며 편안함을 취해 겨우 보존하고 있습니다. 비록 세월을 연장해 가고 있으나 조종들에 대해서는 어찌겠으며, 천하 사람들에 대해서는 어찌겠으며, 후세에 대해서는 어쩌겠습니까. 그리고 용골대 등이 데리고 온 자들 중 반은 새로 부속된 서달(몽고인)이라고 합니다. 서달은 우리나라와 교류의 예가 없는데 어찌 손님으로 접대할 수가 있겠습니까. 거절하고 받아들이지 않았어야 되는데 국경에 들어온 지 여러 날이 되었으나 아직까지 의정부에서는 한마디 말도 없습니다. 신은 모르겠습니다만, 조정에 있는 자들은 어떤 사람들이기에 베개를 높이 베고 깊이 잠을 자면서 아직도 깨닫지 못하고 있단 말입니까.

아, 몸소 조정에 재직하고 있으면서 편안하게 날짜만 보내고 있으며, 잠시 뒤에 닥칠 화가 있는데도 아무렇지 않게 여기고 있고, 수모를 당하는 것을 오(鳴)나라와 월(越)나라 사람들이 서로 보듯 보통으로 여기고 있을 뿐만이 아닙니다. 그렇다면 오랑캐가 황제라 일컫는 것은, 오랑캐가 스스로 황제라고 일컫는 것이 아니라 우리나라 조정에서 황제라 일컫게 해서 오랑캐가 할 수 없이 황제가 되게 하는 것입니다. 진실로 천자라 일컫고 대위(大位)에 오르고 싶으면 스스로 제 나라에서 황제가 되고 제 나라에 호령하면 되는 것입니다. 그럴 경우 누가 그것을 금하기에 반드시 우리나라에게 물어본 뒤에 황제의 일을 행하려 한단 말입니까.

그들이 맹약을 변경하고 분란의 실마리를 연 것은, 우리를 호통하고 우리를 업신여기는 것이 분명합니다. 그런데도 그들이 우리에게 신의를 지킬 것을 요구하는 것을 보면 장차 천하에 일컫기를 "조선이 우리를 높여 천자로 삼았다"고 하려는 것입니다. 그럴 경우 전하께서는 무슨 면목으로 천하에 서시렵니까. 신의 어리석은 소견으로는 그가 보낸 사신을 죽이고 그 국서를 취하여 사신의 머리를 함에 담아 명나라 조정에 주문한 다음 형제의 약속을 배신한 것과 참람하게 천자의 호를 일컫는 것을 책하면서 예의의 중대함을 분명히 말하고, 이웃 나라의 도리를 상세히 진술한다면 우리의 설명이 더욱 펴지고 우리의 형세가 더욱 확장될 것으로 여겨집니다.

간곡히 바라건대 전하께서는 스스로 힘써 분발하고 큰 용기를 더욱 떨쳐서 빨리 관(館)에 있는 오랑캐 사신을 잡아다 큰길에 늘어놓고 목을 베소서. 만일 신의 말을 망령되어 쓸 수 없다고 여기신다면, 신의 머리를 참하여 오랑캐에게 사과하소서."

이때 임금이 이 상소문을 받고 다음과 같이 답을 내렸다.

"나라를 위한 정성을 가상하게 여긴다. 사신을 참하라고 한 것은 아직 이른 것 같다. 형세를 보아가며 처리해도 늦지 않다."

청나라가 1636년에 조선을 침공하자 조정은 주화와 척화의 두 의견으로 나뉘었다. 그리고 청나라가 화의의 조건 중 하나로 척화를 주장한 사람을 넘겨 줄 것을 강요했다. 조정은 일단 홍익한을 평양 서윤으로 발령을 냈다. 척화를 주장한 신하들은 그만이 아니었다. 김상헌을 비롯하여 정온 등 중신들이 주화에 더욱 격렬히 반대했다. 우두머리는 사실 그들이었다. 청나라의 강력한 요청에 줄도 없는 힘없는 중간 관리인 그가 희생양으로 바쳐진 것이었다.

적이 군사를 돌이켜 돌아갈 때 조선 조정은 증산 현령 변대중으로 하여금 당시 평양 서윤으로 있던 홍익한을 체포해 적의 진영으로 압송하게 했다. 변대중은 홍익한을 압송하면서 잔뜩 결박을 짓고, 심한 모욕을 주면서 음식조차 제대로 주지 않았다. 홍익한이 결박을 풀어달라고 했으나 그는 듣지 않았다. 이 날이 바로 1636년 2월 12일이다.

잡혀 떠난 지 8일 만인 20일에 봉천성에 있는 통원보에 도착했다. 청나라 인들이 와서 멀리 온 까닭을 묻고는 음식을 내어 후히 대접했다. 그들은 비록 오랑캐족이었지만 오히려 조선의 변대중보다 잘해주었다. 25일에 심양에 도착하니 청의 황제가 예부에 명해 숙소에다가 잔치를 차리게 하여 조금도 해칠 뜻이 없는 것 같았다. 그리고 3월 7일 문초가 있었다. 홍익한은 조금도 굽히지 않고 의연하고 당당하게 황제를 대했다.

"조선의 신하 홍익한은 척화한 사실의 내용을 역력히 말하려 하나, 말이 서로 잘 통하지 않으므로 글로 써서 말하고자 하오. 온 세상은 다 형제가 될 수 있으나 천하에 아비가 둘 있는 자식은 없소. 조선은 본래 서로 예의를 존중하고, 간원은 오직 바른대로 주장함이 풍습으로 되어 있기 때문에 지난해 봄, 마침 언론의 임무를 맡고 있을 때, 금나라가 장차 맹약을 배반하고 황제를 일컬으려는 마음을 가지고 있다는 말을 듣고 이렇게 생각했소. 만약 정말 맹약을 배반한다면 이것은 형제를 거스르는 것이고, 만약 정말 황제를 일컫는다면 이것은 천자가 둘이라, 한 뜰 안에서 어찌 형제를 거스르는 일이 있을 것이며, 하늘과 땅 사이에 어찌 두 천자가 있을 것인가. 하물며 금나라는 조선과 새로이 교린의 맹약을 했는데, 금이 먼저 배반한다면, 대명이 조선에 대해 예전부터 보호하고 사랑해 준 은혜로 하여 서로 깊이 맺어진 큰 은혜를 잊고 상대가 먼저 배반한 헛된 맹약을 지킨다는 것이 이치에 매우 멀고 일이 매우 부당하기에, 내가 먼저 나서서 예의를 지키고자 했소. 이것은 신하의 직책일 뿐 다른 아무것도 아니오. 다만 신하의 도리로서 마땅히 충효를 다하려 했던 것뿐이오.

위로 임금과 어버이가 계신데 안전하게 보호해 드리지 못하여 이제 왕세자와 대군께서 모두 볼모가 되었고, 늙으신 어머니의 생사도 모르고 있소. 상소하여 함부로 아뢰었다가 집안과 나라의 재앙을 가져와서 충효의 도리가 땅을 쓴 듯이 말끔히 없어졌소. 스스로 내 죄를 돌아보아도 마땅히 죽어야 하지 용서할 수 없소. 천 번 만 번 죽더라도 마음에 달게 여기고, 죽으면 넓은 하늘을 날아 고국으로 돌아가 놀 것이니 이 얼마나 좋고, 또 즐겁겠소. 이밖에는 다시 할 말이 없으니 빨리 나를 죽여주기 바라오."

이 글을 받아본 청나라 황제는 격노했다. 그의 종을 따로 가두어 각기 거처해서 서로 연락하지 못하게 했다가, 종은 곧 조선으로 돌려보냈다. 그 뒤의 홍익한에 대한 사정은 알려진 것이 없다. 어느 기록에도 그이후의 이야기는 나와 있지 않다. 일설에는 그가 문초받은 지 3일 만인 3월 10일에 죽임을 당했다고 한다. 죽을 때 그는 얼굴빛이 조금도 변하지 않고 오히려 자랑스럽게 여기는 것 같아 오랑캐들은 모두 탄복하고 눈물을 흘리는 자도 있었다고 한다.

홍익한의 아내와 두 아들은 모두 적에게 죽고, 늙은 어머니와 딸 하나가 살아남았다. 3월 3일 이전의 일은 다 그가 남긴 일기 가운데서 나온 것이다. 홍익한은 그의 마지막 일기를 쓴 삼월삼짓날(답청일)에 시 한수를 남겼다.

> 양지쪽 어린 풀 싹터 나오는데,
> 외로운 섬에 갇힌 몸 마음만 애달프다.
> 중국 풍속 답청은 생각에 시들고,
> 금성의 부백이 꿈속에 오는구나.
> 바람이 야석을 뒤번지고 음산이 들먹,
> 눈은 봄 얼음에 녹아들고 달은 떠온다.
> 기갈에도 실낱같은 목숨은 붙어있어
> 오랜 세월 지내 온 오늘 눈물이 뺨을 적신다.

참수당한 오달제와 윤집

청나라에 넘겨져 중국으로 잡혀간 윤집과 오달제는 1637년 4월 15일에야 심양에 도착했다. 19일에 용골대가 소현세자를 수행해 따라간 정승 남이웅과 박로, 박황을 불러들인 뒤 윤집과 오달제를 그 앞에 앉혀놓고 황제의 명령을 전했다.

"그대들이 화친을 단절하자는 의논을 앞장서 외쳐 두 나라의 틈이 생기게 하였으니 그 죄가 매우 중하다. 죽여야 하겠지만 특별히 황제께서 사람의 목숨을 아껴 너희를 살려주고자 하니 처자를 거느리고 이곳에 들어와서 살겠는가?"

윤집이 대답하였다.

"난리 이후에 처자가 살았는지 죽었는지 알 수 없으니, 천천히 들어보고 처신하겠다."

그러나 오달제는 그 반대였다.

"내가 참고 여기까지 온 것은 만에 하나라도 살아서 돌아가면 우리임금과 노모를 다시 보려는 것이었다. 다시 고국에 돌아갈 수 없다면 사는 것이 죽는 것만 못하다. 속히 나를 죽여라."

용골대는 화가 치밀어

"저것이 황제가 살려주는 은혜를 생각하지 않고 항거하여 말하기를이와 같이 하니, 이제는 다시 용서할 수 없다."

하였다. 이에 우리나라의 재신 박황과 궁관(宮官) 이명웅이 선처를 부탁했다.

"나이 젊은 사람이라 다만 임금과 어버이를 사모하는 마음만 간절하여 함부로 생각하였던 것을 말한 것이니 아무쪼록 그를 용서해 주시오."

박황은 오달제에게 이르기를,

"그대는 유독 서서(徐庶) 일(모친을 위하여 절개를 굽혔던 일. 조조(曹操)가 형주(荊州)에서 패배하고 서서의 모친을 인질로 잡아 서서를 부르니, 서서가 패업을 맹세했던 유비를 하직하고 노모를 찾아 조조에게로 간 일)을 듣지 못하였는가. 그대의 어머니에게 그대가 살아 있다는 말을 듣게 하는 것이 비록 이역에 있다 하더라도 죽었다고 하는 것보다야 낫지 않겠는가?" 하니, 오달제가 대답하지 않고 다만 눈물만 흘릴 뿐이었다. 결국 청나라 군사가 서문 밖에서 그를 죽였다. 시체를 수렴하려고 청하였으나 허락하지 않았다. 오달제는 끌려가는 도중에 가족에게 다음과 같은 시를 지어 보냈다.

임금에게

외로운 신하 의리가 떳떳하니 마음에 부끄러울 것 없고,
어지신 임의 은혜 깊으니 죽음 또한 가소롭다.
이젠 이생에 아무런 원한도 서러움도 없는데,
어머님은 헛되이 나 돌아올까 기다리시겠지.

어머니에게

풍진 일어 남북으로 갈려서 부평초 되었네.
그 누가 서로 헤어질 이번 길 있으리라 했던가.
떠나던 날 두 자식 나란히 어머님을 뵈었는데,
다음번엔 한 아들만 혼자서 뵙겠구나.
소매를 뿌리쳐 이미 삼천을 가르치심 배반했는데,
울고 울어 헛되이 조그만 정 지키려 한다.
관문 닫히고 길은 먼데 저녁 해 저무는구나.
이생에서 어느 날에나 다시 돌아가 뵈올까.

형에게

남한산성 그 날 그때 죽었어야 했던 몸이,
이역에 잡혀와 돌아가지 못하는 신하 되었다.

서녘에 와서 그 몇 번이나 형 생각하는 눈물 휘 뿌리면서,
동쪽으로 멀리 아우 생각하는 이를 바라보았던가.
넋은 날아가는 기러기를 좇아 외로운 그림자 처량하고,
꿈은 못가의 풀에 놀라 가는 봄을 아까와 하네.
고운 옷 입고 뵈어야 할 날 생각하시면 차마 무슨 말씀으로
어머님 위로하실까?

아내에게
지아비 지어미의 은정이 그지없는데
만난 지 두 돌이 채 안돼서
이제 멀리멀리 이별하여
백년해로 하잔 기약을 저버렸구료.
땅이 아득하여 글 보내기 어렵고
산이 첩첩하여 꿈 또한 더디오.
내 목숨 어이될지 모르는 일이니
뱃속의 아이나 잘 부탁하오.

당시의 애달프고 고통스런 오달제의 마음이 어떠했는지 미루어 짐작
할 수 있다. 사람들 중에 그 시를 듣고 슬퍼하며 울지 않는 이가 없었다.
〈조선왕조실록〉은 그들이 용골대에 의해 문초를 받고 저항했다가 바로
참수당했다고 기록되어 있는데, 당시 항간에는 깊은 곳에 갇혀 살다가
죽었다는 말이 떠돌기도 했다.

윤집의 형 윤계 역시 의병을 모집하여 싸우려다가 죽었다. 그는 병자년에 응교로서 지방의 수령으로 나가기를 청하여 남양 부사로 가 있었다. 난이 일어나자 의병을 모집하여 싸우려 했는데, 그 소문을 듣고 많은 사람이 모여들었다. 그런데 적이 그가 군사를 모은다는 말을 듣고 갑자기 습격해 왔다. 윤계는 뜰에 두 개의 깃발을 세워 놓고 단정히 앉아 움직이지 않고 있다가 적들에게 붙들렸다. 그는 큰 소리로,

"내 머리는 자를 수 있지만 무릎은 꿇리지 못한다."

하고 다시

"이 개 돼지 같은 놈아, 왜 나를 빨리 죽이지 않느냐?"

하고 꾸짖었다. 적이 노하여 칼로 마구 쳐 짓이겨 온몸이 조금도 성한 데가 없었으며, 칼로 양쪽 볼을 도려내고 혓바닥을 잘라내고 살갗을 벗겨냈다. 윤계의 늙은 종과 하인이 몸으로 윤계를 막아 다 같이 한자리에서 죽었다. 윤계의 할아버지도 임진왜란 때 상주에서 죽어 한 집안 할아버지와 손자 세 사람이 국가의 전란 중에 죽었다.

〈병자록〉

척화의 거두, 김상헌

전란이 끝나자 조정은 다시 척화의 거두 김상헌에 대한 논죄를 가지고 한바탕 논란에 휩싸였다. 전란 후에 논공행상을 하면서 척화를 주장했던 김상헌에게도 임금은 상을 내리고 품계를 올려주었는데, 이 일에

대해 일부 조정의 여론은 상당히 비판적이었다. 이미 비록 청나라와 굴욕적 화의를 맺었지만 전쟁의 공은 최명길을 비롯한 주화파에 있었다. 따라서 전란 후의 실권은 주화파가 장악할 수밖에 없었다. 그런 상황에서 김상헌은 죄인의 입장이었다. 그런 그에게 임금이 상을 내렸으니 김상헌 스스로도 받아들일 수 없는 논공행상이었다.

결국 김상헌은 이를 사양하고 상소를 올렸다.

"신은 본래 병이 있는 몸이고 게다가 늙어서 망령이 들어 수없이 많은 죄 되는 말로 마음이 떨어지고, 천지가 뒤집히고, 본성을 잃어버려 형체는 있으나 마음은 이미 죽어서 마치 흙덩이나 나무 등걸과 같이 되어, 다시 조정에 나아가 벼슬에 종사할 가망이 전연 없게 되었으므로, 이리저리 굴러다니며 아침저녁으로 목숨이 다하기만을 기다리고 있었습니다. 그런데 엎드려 들으니, 뜻밖에 남한산성에 호종한 여러 신하들에게 모두 상을 내리시고 품계를 올려 주시는데 신의 이름도 그중에 들어 있다고 합니다. 신은 처음에 놀라고 의심하다가 나중에는 부끄럽고 두려웠습니다. 달이 바뀌고 열흘이 지났습니다마는 오히려 스스로 편안치 아니합니다.

전하께서 산성에 들어가 계실 때, 대신 집정들이 다투어 출성하시기를 권했는데, 신이 망령되게 전하께 나아가 감히 죽음으로써 의를 지킬 것을 아뢰었으니, 이것이 신의 첫번째 죄입니다. 항복하는 글을 차마 볼 수가 없어서 그 초고를 찢어버리고 묘당에서 통곡하였으니, 이것이 신의 두번째 죄입니다. 양궁께서 몸소 적의 진영으로 가시는데 신이 말 앞에서 죽지 못하고 또한 따라 가지도 못했으니 이것이 신의 세번째 죄입니다. 신은 이런 세 가지 죄를 짓고도 오히려 처벌을 피했으니 어찌 감히 처음부터 끝까지 전하를 모신 여러 신하들과 똑같이 은상을 입겠습니까?

엎드려 비오니 전하께서는 신에게 내리신 명령을 빨리 거두시어, 징계하고 권장하는 도리를 엄격하게 구별하십시오. 만약 신과 같은 자를 마구 섞어 놓으시면 반드시 고쳐야한다는 공론이 있을 것입니다. 멀리 황야에 엎드려 있어 올바로 듣고 보지 못하고서 함부로 이렇게 번거로이 부르짖는 것이 오히려 잘못이 아닌지 모르겠습니다. 또한 신이 엎드려 생각하옵건대, 춥고 더운 것이 없어지지 아니하니 겨울옷과 여름옷을 없앨 수 없듯이, 적국이 아직 멸망하지 않았으니 싸우고 지킬 것을 잊어서는 안되겠습니다. 전하께서는 와신상담하시는 뜻을 힘쓰시고, 요긴한 곳의 성을 쌓거나 수리하시어 또다시 나라가 욕을 당하는 일을 면케 하시기 엎드려 바랍니다.

아아, 한때의 맹약을 믿어서는 안 되며, 전일의 큰 덕을 잊어서는 안 되며, 범과 이리의 어짊을 지나치게 의지해서는 안 되며, 부모의 나라를 아주 끊어 버려서는 안 됩니다. 누가 능히 이러한 일을 전하께 간곡히 아뢰어 경계하겠습니까? 먼 곳 원수에게 부림을 받는 일은 옛날이나 지금이나 수치로 여기시는 것입니다. 선왕을 뵈올 때 늘 '모든 물은 반드시 동으로 꺾인다'고 하신 말씀을 생각할 때마다 옷깃이 젖는 것을 깨닫지 못합니다. 전하께서는 깊이깊이 생각하시기를 엎드려 빕니다. 신이 허망하고 정신이 흐려 또다시 망령된 말을 하였으니, 신의 죄 만 번 죽어 마땅합니다."

드디어 척화를 주장했던 김상헌을 파면하라는 상소가 장령 유석 등으로부터 올라오기 시작했다. 조정은 이 일로 한바탕 소란이 야기된다. 처음 관직 파면으로 시작된 논란 제기는 시간이 지나면서 귀양을 보내야 한다는 것으로 진전되고, 이를 반대하고 김상헌을 옹호하는 사람들과 일대 접전이 이루어진다. 이날 이 상소로부터 시작된 김상헌에 대한 논란은 이 해가 저물어갈 때까지 몇 달 동안이나 지속되었다.

그런데 그토록 김상헌으로부터 논박을 받았던 좌의정 최명길도 차자를 올려 그를 변호하고 나섰는데 그 대략은 다음과 같았다.

"김상헌은 문장과 조행이 한때에 크게 존중받았고, 남한산성이 포위당하던 날 몸을 돌보지 않고 국난에 나섰으며, 글을 찢어 버리고 통곡했습니다. 절개와 의리가 참으로 칭찬할 만한 듯 합니다마는 종묘사직을 받든 임금을 책망하려고 발끈하여 성을 나간 뒤 돌아보지 않고 가 버리니 그의 행동은 근거 없는 짓입니다. 충신이 나라를 떠나면 그 이름이 깨끗지 못하다고 하는데, 그는 평소에 스스로 자기를 어떻게 보았기에 위기에 임해 그렇게 처신했습니까? 보는 사람들이 미처 살피지 못하고 그것을 고상한 행동이라고 하니 세상의 도의가 적잖이 염려됩니다. 그러나 그의 소행을 들추어보면, 그것은 성질이 지나치게 강하고 너무 편벽되며 식견이 모자란 데서 나온 것입니다. 한때 견해의 차이로 마침내 얼마간 일을 낭패하게 한 것입니다.

그는 오늘에 있어서는 한낱 시골로 달아난 신하에 지나지 아니하니 내버려두고 묻지 않는 것이 좋겠습니다. 천지와 같은 넓으신 도량으로 보이셔야 할 때인데, 임금을 업신여기고 도리를 어겼다는 죄목으로 그를 지나친 법으로 다스려서 인심이 불평하여 두 마음을 자라게 할 이유가 있겠습니까? 이해창이 윗사람에게 묻지 않고 단독으로 논핵을 한 것은 심히 해괴한 일이니, 벼슬을 바꾸라는 명령도 역시 너그러우신 처분이고, 그 밖의 두 신하도 사실상 죄를 면할 수 없습니다. 신의 어리석은 생각으로는 낫고 못함을 물을 것 없이 다 같이 면직시켜서 다시는 말썽이 일어나지 않도록 하는 것이 일을 가라앉히는 길이 아닌가 합니다. 신이 김상헌과 동조하지 않았음은 모든 사람이 다 아는 바입니다마는 세상의 도의를 위해 이렇게 말씀드리지 않을 수 없습니다."

자신에 대한 길고 복잡한 논란에 대해 김상헌은 〈풍악문답〉이라는 글에서 자신의 소회와 변호를 다음과 같이 밝혔다.

"묻기를 '어가가 남한산성을 나갈 때 그대가 따르지 않은 것은 어째서인가?' 하기에, 내가 응답하기를 '대의가 있는 곳에는 털끝만큼도 구차스러워서는 안 된다. 나랏님이 사직에 죽으면, 따라 죽는 것이 신하의 의리이다. 간쟁하였는데 쓰이지 않으면 물러나 스스로 안정하는 것도 역시 신하의 의리이다. 옛 사람이 한 말에, 신하는 임금에 대해서 그 뜻을 따를 뿐 그 명령을 따르는 것이 아니라고 하였다. 사군자(士君子)의 나가고 들어앉은 것이 어찌 일정함이 있겠는가. 오직 의를 따를 뿐이다. 예의를 돌보지 않고 오직 명령대로만 따르는 것은 바로 부녀자나 환관들이 하는 충성이지 신하가 임금을 섬기는 의리가 아니다'하였다. 또 묻기를 '적이 물러간 뒤에 끝내 문안하지 아니하였으니 이 뜻은 무엇인가?' 하기에, 내가 응답하기를 '변란 때에 초야에 낙오되어 호종하지 못했다면 적이 물러간 뒤에는 의리로 보아 마땅히 문안을 해야 하겠거니와, 나는 성 안에 함께 들어갔다가 말이 행해지지 않아 떠난 것이니, 날이 저물 때까지 기다릴 수 없었던 것이 당연하다. 어찌 조그마한 예절에 굳이 구애되겠는가.' 또 묻기를 '자네가 대의는 구차스럽게 해서는 안 된다고 한 그 말은 옳으나, 대대로 봉록을 받은 집안으로서 나라의 두터운 은혜를 입었는데, 어찌 조종조의 은택을 생각지 않는가?' 하기에, 내가 응답하기를 '내가 의리를 따르고 명령을 안 따라 200년의 강상을 부지하려 하는 것은 선왕께서 가르치고 길러주신 은택을 저버리지 아니하기 위해서이다. 우리나라가 평소 예의로 세상에 알려졌는데 하루아침에 재난을 만나 맹세코 스스로 지키지 못하고 임금에게 다투어 권하여 원수의 뜨락에 무릎을 꿇게 하였으니, 무슨 면목으로 천하의 사대부를 볼 것이며 또한 지하에서 어떻게 선왕을 뵙겠는가. 아! 오늘날 사람들은 또한 무슨 마음을 가지고 있는가."

그 후 그는 조정에서 군대를 보내 청이 명을 치는 것을 돕는다는 말에 분연히 반대하였다. 이 때문에 청나라로부터 위험인물로 지목되어 1641년 심양으로 끌려가게 되었다. 이때 그는 시 한 수를 지었다.

가노라 삼각산아, 다시 보자 한강수야.

고국산천을 떠나고자 하랴마난,

시절이 하 수상하니 올동말동하여라.

패전국의 전범자로 몰려 끌려가는 사람으로서, 다시는 못 올지도 모르는 길을 가는 불안한 심경, 고국산천에 대한 절절한 사랑, 오랑캐 땅에 잡혀가는 비장감 등이 뒤섞인 작자의 심경이 직설적인 표현 방식으로 표출되고 있다. 그가 서울을 지나 서쪽으로 갈 때에 백성들이 서로 돌아보고 통곡하고, 아이들과 사졸들이 모두 슬퍼하였다.

심양으로 끌려가던 도중에 그는 의주에서 청나라 장수 용골대를 만났다. 실록은 1640년 12월 19일의 일을 이렇게 기록하고 있다.

김상헌이 의주에 도착하자 용골대가 영상 이하 여러 대신과 사은사 일행을 관청에 모아놓고 불러들이게 하였다. 상헌이 베옷에 짚신을 신고 지팡이를 짚고 걸어와 절을 하지 않고 이현영의 우측에 의지해 누웠다. 청나라의 3인이 한참 동안 서로 의논한 끝에 용골대가 물었다.

"우리들이 들은 바가 있으니 모두 말하라."

"묻는 말이 있으면 내 의당 대답할 것이다. 그런데 이제 단서를 말하지 않고 말하라 하니, 무슨 말을 해야 할지를 모르겠다."

"정축년의 난에 국왕이 성을 나왔는데도 유독 청국을 섬길 수 없다 하였고, 또 임금을 따라 성을 나오려 하지 않았는데, 그것은 무슨 의도였는가?"

"내 어찌 우리 임금을 따르려 하지 않았겠는가. 다만 늙고 병들어 따르지 못하였을 뿐이다."

"정축년 이후로 여러 차례 관직을 제수하였는데도 받지 않고 직첩을 반납한 것은 무슨 의도였는가?"

"국가에서 늙고 병들었다 하여 직에 제수한 적이 없는데 무슨 관직을 제수받지 않았다고 하는지 모르겠다. 그처럼 허황된 말을 어디서 들었는가?"

"수군을 징발할 적에 어찌하여 저지하였는가?"

"내가 내 뜻을 지키고, 내가 나의 임금에게 고하였는데, 국가에서 충언을 채용하지 않았다. 그 일이 다른 나라에 무슨 관계가 있기에 굳이 듣고자 하는가?"

"어찌해서 다른 나라라고 하는가?"

"피차 두 나라는 각기 경계가 있는데 어찌 다른 나라라고 할 수 없는가?"

세 청나라 사람이 서로 쳐다보면서 말이 없다가 즉시 나가도록 하였다. 김상헌이 나간 뒤에 그들은 자기들끼리 말했다.

"조선 사람은 우물쭈물 말하는데 이 사람은 대답이 매우 명쾌하니, 감당하기 어려운 사람이다."

그 광경을 지켜본 청나라 사람들이 모두 감탄하였다.

이후 심양으로 끌려간 김상헌은 6여 년을 청나라에서 지냈다. 여전히 강직한 성격과 기개로 청나라 사람들의 굴복 요구에 불복하여 끝까지 저항하였다.

1645년 소현세자와 함께 귀국했지만 여전히 척화신(斥和臣)을 탐탁지 않게 여기는 인조와의 관계가 원만하지 못해 벼슬을 버리고 향리로 내려가 은거하였다. 1649년 효종 즉위 후에 좌의정에 임명되었다. 이후 수차례 은퇴의 뜻을 밝히면서 효종에게 인재를 기르고 대업을 완수할 것을 강조하였다. 죽은 뒤 대표적인 척화신으로서 추앙받았다. 그는 자신의 죽음이 다가옴을 알고 효종에게 유서 형식의 상소를 올리고 죽었다.

"신은 본래 용렬한 자질로 여러 조정에서 다행히도 은혜를 입어 지위가 높은 벼슬에 이르렀는데도 작은 공효(공을 들인 보람이나 효과)도 이루지 못하고 한갓 죄만 쌓아 왔습니다. 병자호란 이후로는 벼슬에 뜻을 끊었는데 중간에 다시 화를 당하여 온갖 어려움을 겪었습니다. 그러다가 뜻하지 않게도 선왕(인조)께서 초야에 있던 신을 부르시어 최고의 벼슬에다 두시기에, 전하의 부름에 감격하여 힘든 몸을 이끌고 한번 나아갔으나, 흔단(서로 사이가 벌어져서 틈이 생기게 되는 실마리)만 쌓은 여생이 힘을 다할 희망이 없어, 조상의 묘소가 있는 고향 땅에 물러나 지내면서 죽을 날만 기다리고 있었습니다.

효종조에 이르러서는 남다른 은총을 과분하게 받아 노쇠한 몸이 보답할 길이 없기에, 다만 선비들을 가르치고 삼강오륜을 진작시켜 새로운 교화의 정치에 만에 하나라도 보답코자 하였는데, 불행히도 일이 마음과 어긋나 뜻을 조금도 펴보지 못하고 외로이 성덕을 저버린 채 낭패하여 돌아왔습니다. 질병과 근심 걱정이 점점 깊이 고질이 되어 오늘날에 이르러서는 목숨이 거의 다 되었습니다. 거듭 용안을 뵙기에는 이 인생 이제 희망이 없으니 멀리 대궐을 우러러보며 점점 죽어갈 뿐입니다.

삼가 바라건대 전하께서는 처음 왕위를 물려받으시던 때의 뜻을 더욱 가다듬으시고 어진 이를 좋아하는 정성을 바꾸지 마시어 선한 사람을 등용하여 훌륭한 정치를 이루시고, 실제적인 덕업을 잘 닦아 왕업을 넓히소서. 그리하여 우리 동방 억만 년 무궁한 아름다움의 기반을 크게 마련하시면 신이 비록 죽어 지하에 있더라도 거의 여한이 없을 것입니다. 죽음에 임해 기운이 없어서 무슨 말씀을 드려야 할지 모르겠습니다."

이 상소를 받고 임금은 승정원에 하교를 내렸다.

"하늘이 사람을 남겨두지 않고 내게서 원로를 앗아갔으니 매우 슬프고 슬프다. 이 유소(유서 형식의 상소문)를 보니 말이 간절하고 훈계가 매우 지극하다. 나라 위한 충성이 죽음에 이르러서 더욱 독실하니 매우 가상하다. 가슴 깊이 새기지 않을 수 있겠는가. 내가 슬픔을 이기지 못하고 근신에게 하유한다."

김상헌은 벼슬살이를 하면서도 청백했다. 〈목민심서〉에는 그에 대한 칭찬이 자주 등장한다.

"김상헌은 벼슬살이에 청백했다. 어느 벼슬아치가 자기 부인이 뇌물을 받아 비방을 듣고 있음을 걱정하자, 김상헌은 '부인의 요구를 하나도 들어주지 않으면 비방이 그칠 것이다'고 일러주었다. 그 벼슬아치가 크게 깨닫고 그 말대로 하였다. 그 부인이 항상 김상헌을 욕하기를 '저 늙은이가 자기만 청백리가 되었으면 그만이지 왜 남까지 본받게 해서 나를 이렇게 고생하게 하는가'라고 했다는 것이다."

14장
전란 후의 이야기들

인조의 유시

전란이 끝나고 임금이 전국의 군사와 백성에게 유시했다.

"내가 덕이 부족한 몸으로 대위에 있은 지 지금 15년이 되었다. 운명이 험한데다 나랏일도 어려움이 많아 잇따라 변고를 당하고 두 번이나 재앙을 초래하였으니 백성에게 해독을 끼친 것이 실로 이미 적지 않은데, 하늘이 바야흐로 재앙을 내리고 있는데도 사람들은 이를 어렵게 알고 징계할 줄을 모르고 있다.

　오직 대의를 지켜야 한다는 것만을 생각하고 뜻밖의 화가 거듭 닥칠 줄을 깨닫지 못한 나머지 외로운 성에서 포위당한 채 겨울을 보내고 봄을 맞게 되었다. 지키는 군졸이 부족하자 유신(儒臣)을 항오(行伍)에 편입시키고 저축한 식량이 모자라자 콩 반쪽으로 군사의 배를 채웠으며, 심지어 집을 뜯어 꼴로 충당하고 나무뿌리로 불을 때 밥을 지었는데, 위급한 상황은 날이 갈수록 더욱 심해졌다. 그러나 장수와 군사들을 위로하고 격려하며 굳게 지킬 것을 죽기로 맹세하면서 외부의 구원을 기다렸는데, 호남과 영남의 5개 진(陣)이 잇따라 패배하고 서북의 군대들은 전연 소식조차 없었다. 포탄이 날아와 성벽을 공격하니 맞는 곳마다 모두 날아갔는데, 사람 수와 식량을 계산하니 열흘을 지탱하기가 어려웠다.

이러한 때를 당하여 군신 상하가 망할 날만 기다리는 형편이었는데, 그래도 다행인 것은 두 아들과 한 손자가 종묘사직을 받들어 모시고 강화도(江都)에 건너가 있었으므로 신민(臣民)을 의탁할 희망이 아직 있다는 것이었다. 그러나 어찌 생각이나 했겠는가. 사람의 지모(智謀)가 훌륭하지 못해 자연의 요새도 함락되고 말았다. 가령 내가 하루의 치욕을 참지 못하고 변통성 없이 필부의 의리만을 지켰던들 이씨(李氏)의 혈식(血食)은 여기에서 끊어졌을 것이다. 전자와 후자를 비교하면 죄에 경중(輕重)이 있기 때문에 두세 명의 대신이 눈물을 흘리며 나에게 억지로 청하였으니, 본래의 마음과 일이 어긋나 오늘날 얼굴을 들기가 실로 부끄럽다.

아, 겹겹이 포위된 약한 군졸은 바람 앞의 등불보다 더 위태로웠는데, 뜻을 굽히고 보존하기를 도모하여 겨우 청성(青城)의 재액만은 모면하였다.

그러나 나라는 망하지 않았다 하더라도 백성들이 나를 뭐라고 하겠는가. 좋은 옷과 맛있는 음식은 사람마다 원하는 바인데 지금 나는 혜

진 갖옷을 입고 거친 밥을 먹는 것이 일반 천민과 다름이 없고, 자식을 사랑하고 돌보려 하는 마음은 천성에서 자연히 우러나오는 것인데 지금 나는 두 아들과 두 며느리를 모두 이미 북쪽으로 떠나보냈다. 그러나 돌아보건대 내가 매우 마음 아파하는 것은 여기에 있지 않다. 백성을 기르는 자리에 있으면서 자신이 도를 잃은 나머지 나 한 사람의 죄 때문에 모든 백성에게 화를 끼쳤다. 그리하여 난을 구하러 달려온 군사들로 하여금 길이 전장의 원혼이 되게 하였고, 죄 없는 백성을 모두 다른 나라의 포로가 되게 하여 아비는 자식을 보호하지 못하고 지아비는 지어미를 보호하지 못하게 하여 어디를 보든지 간에 가슴을 치고 하늘에 호소하게 하였다. 백성의 부모가 되어 책임을 장차 누구에게 전가할 것인가. 이 때문에 고통과 괴로움을 머금고 오장이 에이는 듯하여 뜬눈으로 밤을 새운다.

지난날의 잘못을 생각하건대 후회되는 일이 한두 가지가 아니었다. 갑옷과 병기를 수선하고 단련하여 환란에 대비할 것을 생각했지만 각 마을이 이로 인해 불안해하였고, 미곡을 무역하여 군량을 비축하려고 했지만 민력이 이로 인해 크게 곤궁해졌던 것이었다. 명예와 절개를 포상(褒賞)함은 세상 사람들을 격려시키기 위한 것인데도 근거 없는 의논이 이로 인해 더욱 심해졌고, 요역(搖役)과 부세(賦稅)를 부과하여 독촉함은 완악함을 경계하기 위한 것인데도 포악한 관리가 이로 인하여 횡포를 부렸다. 조정에는 아첨하는 풍조가 지배적이었고, 세상에는 순후한 풍속이 결여되었다. 재앙과 이변이 번갈아 나타났는데도 나는 두려워 할 줄 몰랐고, 원망과 한탄이 떼로 일어났는데도 제대로 듣지를 못했다. 이는 실로 천성이 용렬하고 어두워 정치의 요체를 몰랐기 때문인데, 합당한 정치를 펴려다가 도리어 혼란으로 몰고 갔으니 대군이 몰려오기도 전에 나라는 이미 병들었던 것이다. 전(傳)에 "나라는 반드시 자신이 해친 뒤에야 남이 해치는 법이다"고 한 말을 어떻게 믿지 않겠는가.

이제 묵은 폐단을 통렬히 징계하고 가혹한 정치를 모두 없애며, 사당(私黨)을 떨쳐 버리고 공도(公道)를 회복시키며, 농사를 힘쓰고 병란을 그치게 하여 남은 백성들을 보전시키려 한다. 아, 그대 팔도의 사민(士民)과 진신 대부들은 나의 어쩔 수 없었던 까닭을 양해하도록 하라. 그리하여 이미 지나간 잘못을 가지고 나를 멀리 버리지 말고, 상하가 합심하여 어려움을 널리 구제함으로써 천명(天命)이 계속 이어져 우리 태조(太祖), 태종(太宗)의 유업을 떨어뜨리지 말도록 하라. 이 모든 일을 오늘부터 시작해야 하는 까닭에 이렇게 교시(敎示)하니, 모두 잘 알았으리라 생각한다."

그런데 이 교서가 지방으로 전달되는 과정에서 청나라의 손에 들어가는 일이 발생했다. 청나라와 화의할 때 청의 황제가 앞으로 모든 문서에는 명나라의 연호를 파하고 청나라의 연호를 사용할 것을 명령한 바 있었다. 이 사건이 일어나자 이조 판서 최명길이 임금을 뵙고 아뢰었다.

"애통해하는 교서(敎書)를 청나라에게 빼앗겼는데, 청나라의 연호를 쓰지 않아 저들이 반드시 화를 낼 터이니 참으로 안타깝기 그지없습니다. 신이 지난번에 모든 문서는 모두 정축(丁丑)으로 쓰자고 말했는데, 대신이 그 일을 중대하게 여겨 즉시 거행하지 못한 결과 지금 이와 같이 되고 말았습니다. 신은 지금부터라도 그 연호를 사용하여 뒷날의 여지를 만들어 놓아야 마땅하다고 여겨집니다."

"그 당시 대신에게 하문하였는데 대신이 즉시 가부를 결정하지 않아 이와 같이 되었으니, 어떻게 하면 좋겠는가?"

"오늘날의 일은 신이 담당하겠습니다. 이미 표문(表文)을 받들며 신(臣)이라고 일컫게 된 이상 그 연호를 사용하는 것은 단지 하나의 절목(節目)일 뿐입니다."

임금은 이 일이 있은 후 비변사로 하여금 앞으로 모든 문서에는 청의 연호인 숭덕을 표기하라고 지시하였다.

광해군을 제주로 부처하다

병자호란 중이었던 겨울에 폐주인 광해군이 강화에서 교동으로 옮겨 안치되었는데, 이는 당시에 그곳으로 피난 갔던 세자빈을 비롯해 두 대군의 입장을 고려한 것이었다. 또한 조정에서 생각하기를 청이 조선 정벌 후에 그를 다시 왕으로 세울 수 있다는 염려도 작용했을 법하다. 남한산성에서 서울로 돌아온 뒤에 신경진, 구굉 등이 연명으로 경기 수사에게 글을 보내 '선처'하라고 했다. 그 말은 곧 광해군을 몰래 죽여 버리라는 것이었다. 그러나 경기 수사는 이를 듣지 않았다. 그리하여 2월에 광해군을 교동에서 제주로 옮기기로 결정을 내렸는데 무인 황익이라는 자가 광해군을 죽여 공을 세우려고 했으나 뜻을 이루지 못했다. 이것도 신경진 등의 사주에 의한 것이었다.

그의 재위 때 명나라와 청나라 사이에서 등거리 외교를 함으로써 나라를 전쟁으로부터 막고자 했던 광해군! 그는 폐주가 되어 홀로 외로운 섬에 안치되어 겪었던 정묘호란과 병자호란을 어떤 눈으로 바라보고 생각했을까? 그리고 그가 왕위에서 쫓겨나지 않았다면 과연 두 차례의 호란이 일어났을까? 광해군은 병자호란이 끝나고 4년 후인 1641년 7월 2일에 제주에서 세상을 떠났다.

김류와 윤방의 죄를 묻다

기평군 유백증이 상소하였다.

"신이 전하의 뜻을 보건대, 처음은 있으나 마지막이 없습니다. 의병을 일으킨 것은 부귀를 위한 것이 아니었는데 임금과 신하 위아래가 오직 부귀를 일삼고 있으며, 성을 나간 것은 구차히 살려는 것이 아니었는데 임금과 신하 위아래가 오직 구차하게 산 것을 다행으로 여겨서 성을 나갔던 뜻을 생각하지 않으니 오늘날처럼 전철을 그대로 따르다가 마침내 망하는 것을 면치 못한다면, 차라리 성안에서 어육(魚肉)이 될 것이지 당초에 무엇 하러 성을 나갔습니까. 신이 오늘날의 조정을 보건대, 권신(權臣)만 알고 임금은 있는 것을 모르고 있으니, 누가 다시 전하를 위하여 말하겠습니까. 윤방과 김류가 나라를 그르친 것은 신이 정월에 상소하여 이미 아뢰었거니와, 정월 이후의 윤방과 김류의 죄를 신이 조목조목 벌려 말하겠습니다.

지난해 가을, 겨울 이전에는 김류가 화친을 배척하는 논의가 매우 준열하여 '청국이라 쓰지 말아야 하고 신사(信使)를 보내서는 안 된다'고까지 말하다가, 전하께서 특별히 '적이 깊이 들어오면 체찰사는 그 죄를 면할 수 없으리라'는 분부를 내리신 이후로 화친하는 의논에 붙어 윤집 등을 묶어 보내고 윤황 등의 죄를 논할 것을 김류가 오히려 주장하였습니다. 자신이 장상(將相)을 도맡아 마침내 임금이 성을 나가게 하고도 자신의 잘못을 말한 적이 한 번도 없었습니다. 당초 청나라에서 동궁을 내놓으라고 요구할 때에 김류가 곧 입대하여 따라가기를 바라더니, 동궁이 북으로 떠날 때에는 감히 늙고 병들었다고 핑계하였습니다. 동궁이 또한 이미 북으로 가고 나서는 김류가 아들 김경징을 '어미의 상을 입고 있다' 하여 인질에서 빠졌는데, 이 때문에 구굉이 큰소리로 '동궁의 지위가 김경징에 못 미치는가. 중전의 돌아가신 지가 이제 겨우 지났는데 김경징이 감히 어미의 상을 핑계하는가'하니, 김류의 낯과 목이 붉어졌습니다. 이러한 일들이 어리석은 데에서 나왔겠습니까, 방자한 데에서 나왔겠습니까?

지난해 용골대가 왔을 때 비변사가 감히 화친을 배척하는 계사를 올렸는데 승정원이 그것을 베껴서 유지(有旨)를 받았다고 하고는 파발로 전하였다가 청나라 사람에게 발각되었으니, 화친을 배척한 사람을 보낸다면 묘당이 당하는 것이 옳을 것인데, 젊은 사람이 무슨 죄가 있습니까.

이 거조(擧措)는 지금까지도 사람의 뼈 속까지 써늘하게 하나 저들이 이미 요구한 것이므로 그래도 평계할 만한 것이 있습니다. 환도한 뒤에 윤황 등을 귀양 보낸 것은 누가 협박해서 한 것입니까. 조경과 유계는 다 대신에게 죄를 얻은 사람입니다. 대신에게 죄를 얻었는데 대신이 스스로 죄를 정하였으니, 이것은 전에 듣지 못한 일입니다. 전하께서 두 달 동안 포위 당하였을 때 양남(兩南)의 사방은 인적이 끊어졌으니 병화(兵禍)의 참혹함이 개벽 이래 없던 것이었습니다. 다행히도 양남의 깊은 곳만 병화를 입지 않았는데, 이 때문에 깊이 들어오지 않았다고 여기는 것이 아니겠습니까. 이 때문에 깊이 들어온 것이라 한다면 국가의 법이 어찌 김류에게만 행해지지 않는단 말입니까.

윤방은 정승 자리에 오래 있었으면서 자신은 관계없는 듯이 여겼으므로 그 죄는 처벌을 벗어날 수 없는데, 변란이 일어난 처음에 이미 묘사 제조(廟社提調)의 직임을 받았으니, 그 책임이 중하지 않습니까. 김경징이 검찰사가 된 것은 김류가 스스로 천거한 데에서 나왔는데, 대개 온 집안이 난리를 피하려는 계획이었습니다. 당초 강화도로 들어갔을 때에 먼저 제 집안 일행을 건너게 하고 묘사와 빈궁은 나루에 사흘 동안 머물려 두어 건너지 못하였으므로, 내관 김인(金仁)이 분을 못 이겨 목매어 통곡하고 빈궁도 통곡하였으니, 이 사람은 전하의 죄인일 뿐더러 실로 종사의 죄인입니다. 또 영기(令旗)로 제 친한 사람만 건너게 하고는 사민(士民)들은 물에 빠지거나 사로잡히게 하였으니, 통분하여 견딜 수 있겠습니까. 그때 대신과 원임(原任) 대신 윤방, 김상용 등이 다 강도에 있었으니, 이 죄로 김경징을 효수하였다면 장신이 어떻게 달아났겠으며, 강화도

가 어찌하여 함몰되었겠으며, 김상용이 어찌 자결까지 하였겠습니까. 양
사(兩司)가 김류의 뜻을 받들어 그 중죄를 없애고 대강 책임만 면한 정상
은 신이 차마 바로 보지 못하겠습니다.

나루턱을 장차 지키지 못하게 되었을 때에 빨리 묘사(廟社)를 받들고
빈궁과 대군에게 말에 오르기를 청하여 뒷문으로 달려 나갔더라면 배
를 탈 수 있었을 것인데, 윤방이 쥐처럼 달아나 민가에 숨었다가 내관에
게 들켰습니다. 묘사의 신주를 더럽히고 잃었을 뿐더러 마침내 적진에
출입하였습니다. 이것은 전하께서 산성에 계실 때의 일이니, 만약 윤방
이 성 밑에 앉아서 적이 성에 다가오는 것을 보았다면 어떻게 하였겠습
니까. 윤방의 죄가 이러한데 다만 묘사의 신주를 잃었다는 것으로 파직
되기만 하였으니, 아, 공론은 어느 때에나 볼 수 있겠습니까. 장신이 판결
에 임해서도 승복하지 않았으므로 본죄(本罪)에 한 등급을 더해야 하는
데도 자진하게만 하였으니, 예전부터 어찌 자진하는 군율이 있겠습니까.
이것은 국가의 원기가 자진할 조짐입니다. 지난번 헌부에 내린 비답에
'막중한 죄를 사사로운 정에 따라 결정함으로써 죽는 자가 승복하지 않
게 하였다' 하셨으니, 전하께서는 장신만 죽은 것이 억울한 것과 김경징
이 죽지 않는 것이 형벌을 잘못 쓴 것임을 이미 아신 것입니다. 전하께서
이미 아셨으면 누구를 꺼려서 반드시 양사의 논계를 기다려야 합니까.

삼사에서 올린 상소문의 답에 '원훈(元勳)의 외아들을 차마 처형할 수
없다' 하셨으니, 이것도 김경징이 죄가 없다고 여기시지 않은 것입니다.
과연 김류의 권세가 무겁습니까, 가볍습니까. 조정의 신하들이 전하의 심
중을 익히 알기 때문에 김류처럼 나라를 그르치는 자가 조정에서 거드

름을 피우고 앉아 있지만 사람들이 감히 말하지 못하고, 김경징처럼 죄진 자에 대해서는 임금이 죽이고자 하는 것을 알고도 양사가 오직 피하고만 있습니다. 심집은 가짜 왕제이니 가짜 대신이니 하는 말로 청인에게 호소하여 나라의 일이 마침내 크게 그르쳐졌으니, 그때에 그 머리를 자를 만한데도 오히려 목을 보전하였으니, 통분하여 견딜 수 있겠습니까.

화친을 배척한 사람이 편법을 모르고 사세를 헤아리지 못하였으니 멀리 생각하는 것이 없었다 하겠으나, 홍익한, 오달제 등이 굽히지 않고 죽은 그 큰 절개가 가상하니 그 사람됨을 상상할 수 있습니다. 그 밖의 여러 사람들에 있어서는 그들의 말을 따르지는 못하였지만 어찌 그 기를 꺾어서야 되겠습니까. 그 기를 꺾어서도 안 되는데 어찌 그 몸을 귀양 보내서야 되겠습니까. 중국에서 들으면 어찌 유감스럽게 여기지 않겠으며, 청나라 사람이 들으면 어찌 우습게 여기지 않겠습니까. 바라건대, 전하께서 놓아 돌려보내소서. 지금 절의(節義)가 땅을 쓴 듯이 없어지고 명분이 다 무너지고 시비가 전도되고 공론이 막혀서 만사가 와해되어 나라를 세울 희망이 아주 없습니다. 말할 만한 것은 많습니다마는, 오늘날 급히 힘쓸 것은 신상필벌입니다.

계해년(1408) 처음에 궁노(宮奴)를 베고 위훈(僞勳)을 삭제하는 등의 일을 다 임금의 마음에서 결단하여 사람들의 이목을 시원하게 하셨으니, 어찌 예전에는 할 수 있었는데 오늘날에는 할 수 없겠습니까. 신이 차마 임금의 형세가 위에서 외롭고 임금의 위세가 아래로 옮겨지는 것을 보고 종묘사직이 망하는 대로 맡겨두고 아무 일도 아니하고 옆에서 보고만 있을 수 없으므로 감히 말을 다하였습니다. 오직 전하의 결단에 달려 있을 뿐입니다."

상소가 임금에게 올라갔으나 끝내 답을 내리지 않았다.

조선국왕 책봉서

정축년 10월에 청나라 황제가 임금을 조선 국왕에 임명한다고 사신을 보내왔다. 그 글은 다음과 같았다.

"천지는 춥고 더운 계절을 물리치고, 제왕은 상벌을 가려 내린다. 그러나 한갓 배반했다가 복종했다가 하는 자는 무상하기 때문에 은혜와 위엄을 각각 달리 하는 것이다. 너희 조선을 두고 보건대, 우리와 이웃해 있는 나라이고, 사신들이 서로 오고가 형제와 같을 뿐 아니라, 짐이 바야흐로 금석같이 의가 굳게 되기를 기약했었다. 그러나 그대가 갑자기 불화를 일으킬 다른 생각으로 내 사신을 거절하고, 너희 변방의 신하를 단속하여 마침내 군사를 일으켰으므로 짐이 너희를 징벌했던 것이다. 죄를 밝혀 그 책임을 물으려 했으나 네가 마음을 돌이켜 항복을 했다.

왕이 이미 지난 잘못을 뉘우쳤으니, 짐이 어찌 그냥 지나간 죄를 생각하겠느냐. 이제부터는 새롭게 나아갈 것을 가상히 여겨 받아들일 것이다. 이미 조선을 대청의 제후국으로 정했으니, 이에 특별히 사신을 보내 너를 조선 국왕에 봉하니, 공손히 책봉문을 받고 거듭 새롭게 되길 바라노라. 한때의 명분을 세워서 만년의 예를 정하면 하늘과 땅이 변동시키지 아니하여 잘못되는 일이 없을 것이다. 왕은 마음과 생각을 씻어 대대로 왕으로서의 옳은 도리를 닦아 처음부터 끝까지 영원히 편안한 복을 보전하라. 공경하고 힘써 내 명령을 저버리지 말라. 그리고 너의 귀한 이름을 생각하여 마땅히 선물이 있어야 할 것이므로 이제 특별히 영아아대와 마부대를 보내 너를 국왕에 봉하고, 선물을 가지고 가게 하니 왕은 공손히 받아 짐의 각별히 주는 지정을 알라. 그러므로 조선 국왕에게 흑호피 1장, 현호피 1영, 자초피 100장, 준마 1필, 영롱안 1부를 준다."

삼전도 전승비를 세우다

남한산성에서 내려온 뒤 산성의 망월대 봉에 곡성(반원형의 구부러진 성)을 더 쌓았는데 청나라 사신이 보고 모조리 헐게 했으며, 또한 삼전도에 전승비를 세우게 했는데, 여러 층계를 쌓은 위에 비각을 지어 그 안에 비석을 세우고 담으로 둘레를 막게 하여 그 공사가 거창하고도 정교했다.

대제학 이경석이 그 비문을 짓고, 참판 오준이 쓰고, 참판 여이징이 전서하고, 청국 몽고의 번역문을 한 비에 함께 썼는데, 그 내용은 이러했다.

"대청 숭덕 원년 겨울 12월 황제께서, 우리 측에서 화의를 깨뜨렸으므로 크게 노하시어 군대의 위엄으로 바로 동녘을 치시니 아무도 감히 항거하는 자가 없었다. 이때 우리 임금께서 남한산성에 계셨는데, 위태롭고 두려워 마치 봄날 얼음을 밟는 것 같으시어 밝은 해를 기다리시기를 5순이었다. 동남쪽 여러 도의 군사가 잇달아 패해 무너지고, 서북쪽 군사들은 산골짜기에 틀어박혀 머뭇거리고 한 발자국도 전진하지 못하는데 성안의 양식이 또한 다 떨어져갔다. 이러한 때에 황제께서 대군으로 성에 육박하시니 마치 서릿발 같은 바람이 가을 대나무 껍질을 휘몰아 가려는 것 같고, 화로의 이글거리는 불이 조그만 새털을 태워버리려는 것 같았다. 그러나 황제께서는 죽이지 않는 것으로 군대의 위엄으로 삼으시고, 오직 덕을 펴시는 것을 앞세우셨다. 그리하여 곧 칙유를 내리시어 '오라, 짐은 너를 온전하게 할 것이다. 그렇지 아니하면 도륙할 것이다' 하셨고, 용골대, 마부대 등 여러 대장들이 황제의 명령을 받들고 길에 가득 차 있었다. 이에 우리 임금께서는 문무 모든 신하들을 모아놓으시고 '내가 대국에 평화를 의탁한지 10년인데 이제 이 지경에 이르렀다. 이것은 내가 어둡고 미혹하기 때문에 스스로 천국을 재촉하여 만백성이 어육이 되게 한 것이니, 죄는 나 한 사람에게 있다. 그런데 황제께서는 오히려 차마 도륙하지 못하시고 이와 같이 타이르셨다. 그러니 내 어찌 감히 삼가 타이르심을 받들어, 위로 우리 종묘사직을 안전하게 하고 아래로 우리 생령을 보전하지 않을까 보냐' 하셨다.

대신들이 찬성하여 마침내 임금께서는 수십 기를 거느리고 황제께 죄를 청하셨는데, 황제께서는 예로서 대우하시고 은혜로서 가까이 하시어, 한 번 보시매 심복으로 허락하셨으며 다시 물건을 하사하시는 은혜가 따른 신하들에게 고루 미쳤다. 예가 끝나자 황제께서는 곧 우리 임금을 서울로 돌아가게 하시고, 그 자리에서 남쪽으로 내려간 군사를 부르시어 서쪽으로 돌아가게 하셨으며, 난폭한 짓을 못하게 금하시고, 농사를 권장하시어 멀고 가까운 곳에 새떼처럼 흩어졌던 사람들이 모두 제자리로 찾아들어 얼어붙은 땅 수 천리 산하가 곧 옛날 모습과 같이 되었다. 서리와 눈은 따뜻한 봄으로 변하고, 가물어 마르던 것은 때맞추어 오는 비로 바꾸어 이미 죽었던 것이 도로 살아나고, 이미 끊어졌던 것이 다시 이어졌다. 이는 실로 만고에 드문 일이다.

한강 상류 삼전도의 남쪽은 곧 황제께서 머물러 계시던 곳이라 단과 뜰이 있는데, 우리 임금께서는 수부에 명하시어 그 단을 더 높고 크게 하시고, 또 돌을 깎아 비석을 세워서 황제의 공덕을 전하여 영원히 드날리게 하셨다. 참으로 천지자연과 함께 함이니 어찌 유독 우리나라만이 대대로 영원히 의지하랴. 또한 큰 나라의 어지심을 행하고 무(武)를 올바르게 행함을 들으면 아무리 먼 곳에 있는 자라도 귀순하지 않는 이가 없을 것이니, 그것은 다 이에 기인하는 것이다. 하늘과 땅의 큼을 흉내 내고, 해와 달의 밝음을 그린다 하더라도 그 만의 하나도 방불하게 하기에 모자랄 것이나 삼가 그 대략을 적는다."

그리고 비명은 다음과 같았다.

하늘이 서리와 이슬을 내리고, 땅이 만물을 실어 기르므로 임금은 이를 본받아서 위엄과 덕을 아울러 편다. 황제께서 동정하시매 십만 군사가 천지를 뒤흔들어 범과 같고 짐승과 같았으며, 변방의 여러 종족이 무기를 들고 앞장서니 군사의 기세가 대단하였으나 황제께서는 지극히 인자하셔서 은혜로운 말씀을 내리시어 곧 마음을 돌리라고 하셨다. 말씀이 엄하시고도 온자하시어 처음에는 미혹하여 알지 못하여 스스로 근심을 불렀는데, 황제께서 밝은 명령이 계시어 잠에서 깨어난 듯 우리 임금께서는 삼가 복종하시고 서로 이끌어 귀순하시니, 오직 탄복하여 어렵게 여기실 뿐 아니라, 그것은 덕에 의지하시는 것이었다.

황제께서 가상히 여기시어 예우가 흐뭇하셨다. 얼굴빛을 부드럽게 하여 웃으시며 무기를 거두시고, 준마와 옷은 가죽 옷을 주시니 남녀가 모두 노래하였다. 우리 임금께서는 서울로 돌아오시고, 황제께서는 군사를 돌이키셨다. 우리 백성의 헤어짐을 애처로이 여기시고 농사일을 권장하시어 나라가 영원히 예와 같게 되고, 조정은 새로워져서 죽은 사람의 뼈에 살이 붙고, 마른 풀뿌리에 봄이 돌아왔다. 한강 가에 돌이 우뚝 서 있으니, 만 년 삼한에 황제의 아름다움이여.

청나라 군의 가도 공략

가도는 평안북도 철산군 가도리에 속하는 작은 섬이다. 그런데 당시 이 섬에 명나라의 도독 심세괴가 군대를 주둔시키고 있었다. 이 곳은 지리적으로 청의 남진정책을 저지하는 보루이기도 했다. 그런데 청나라 군대가 돌아갈 때 청의 공유덕. 경중명 두 장수는 남아 조선과 함께 가도를 치도록 했다. 공유덕과 경중명은 원래 명나라 장수들로 바다에 익숙

했다. 이들은 명나라를 배반하고 산동에 모여 있다가 명나라의 공격을 받자 바다로 나와 청나라에 귀순한 자들이었다. 청나라가 가도 공략에 대한 협조 요청을 하자 조정은 심각한 고민에 빠졌다. 명나라와의 의리를 저버리자니 그렇고, 그렇다고 청의 요청을 안 들을 수도 없는 입장이었다. 왕은 대신들을 불러 어찌할 것인가를 고민했다.

임금이 영의정 김류, 좌의정 홍서봉, 우의정 이성구를 불렀다. 이 자리에는 최명길, 이홍주 등도 함께 있었다.

임금 : "사신을 심양에 보내려 하는데 의결할 일이 많으므로 경들을 소견하였다. 군병을 징발하는 일이 가장 들어주기 어려운 일인데 어떻게 처리했으면 좋겠는가?"

김류 : 군병을 조발한다는 것은 차마 못할 일입니다. 그렇다고 들어주지 않으면 필시 큰 환란이 생길 것이니 닥쳐올 앞일이 크게 염려됩니다.

홍서봉 : 우리나라는 중국 조정과 부자의 의가 있는데, 하루아침에 칼날을 서로 겨눈다는 것은 진실로 차마 할 수 없는 일입니다.

이홍주 : 이 일은 가도를 공략하는 경우와 다릅니다. 만일 인정과 형세를 가지고 말한다면 혹 들어줄 리가 없지 않습니다.

이성구 : 저들이 만일 억압하여 독촉한다면 어찌 우리가 변론하는 것을 용납하겠습니까. 저들이 만일 이미 가도를 공략한 것을 가지고 꼬투리를 잡을 바탕으로 삼는다면 더욱 답할 길이 없을 것입니다.

임금 : 가도는 기껏해야 피난 간 사람이 있는 곳에 불과하니 중원을

침범하는 것과는 비교하여 동일시할 수 없다. 곧바로 의리를 내세워 차마 할 수 없다는 것을 말하는 것이 좋겠다.

이성구 : 신은 아마도 이 일은 끝내 그만둘 수 없을 듯합니다.

최명길 : 우리가 만일 말없이 따른다면 저들은 비록 겉으로는 좋아하겠지만 앞으로 무어라고 하겠습니까. 신의 뜻은 악의(樂毅)의 고사(古事)를 들어 문서로 자세히 타이른다면 행여 노여움을 살 걱정은 없을 듯합니다.

임금 : 경의 말이 옳다.

이성구 : 저들은 본래 우리나라를 믿지 않습니다. 세자를 데려간 것도 역시 이 때문입니다. 지금 사은사로 들어가면서 이러한 요청을 한다면 그들이 과연 흔쾌히 들어줄지 모르겠습니다.

임금 : 저들이 비록 들어주지 않는다 하더라도 우리의 도리로는 그렇게 하지 않을 수 없다. 일이 이미 여기에 이르렀으니 우리의 도리는 최선을 다하는 수밖에 없다. 경들이 만일 잘 주선하여 군병을 조발하는 일을 면할 수만 있다면 진실로 다행이겠다.

〈조선왕조실록〉

그러나 결국 조정은 수차례의 회의 끝에 청의 요구에 응할 수밖에 없었다. 청이 물러간 지 며칠 만에 항복 당시 약속했던 가도 공략에 대한 협조를 무시할 수 없었기 때문이었다. 또다시 화란을 자초할 수 있는 상황이 아니었던 것이다.

우리나라에서는 평안병사 유임을 대장으로 삼고, 의주부윤 임경업을 부장으로 삼아서 청의 두 장수를 도와 가도를 공격하도록 했다. 섬이 바다 가운데 있어 배로 함락시키기가 매우 어려울 뿐 아니라 섬 둘레에 화포를 설치해 놓아 며칠이 지나도록 쳐들어 갈 수가 없었다. 청의 장수는 우리나라 두 장수에게 계책을 물었는데 모르겠다고 하자 갖은 말로 위협하고 혹은 꾀었다. 결국 임경업이 그 계책을 말했다.

"섬 한 쪽은 산이 막아 서 있고 바로 산 아래는 바닷물이 통해 있어서 섬사람이 여기에는 아무런 방비를 해놓지 않았으니, 만약 밤을 타서 배를 매고 산을 넘어 몰래 건너 들어가면 능히 함락시킬 수 있을 것이오."

임경업이 말한 대로 공격하여 마침내 섬을 함락시켰다. 임경업은 짐짓 머물러 있겠다고 핑계를 대고 뒤에서 은밀히 많은 청나라 군사를 죽였다. 섬을 함락시킨 계책은 오로지 임경업에게서 나온 것이었다. 그런데 섬에 들어가자 우리 군사는 청나라 군사보다 더 심하게 주민을 죽이고 약탈했다. 섬사람들이 겨우 5, 6척의 배를 타고 바다로 달아나 목숨을 건졌다.

가도의 도독 심세괴는 군사 수백 명을 거느리고 산꼭대기로 올라갔다. 청의 장수는 그런 심세괴를 유인했다.

"네가 만약 내려와서 항복하면 부귀를 누릴 수 있을 것이다."

그러나 심세괴는 콧방귀만 뀔 뿐이었다.

"나는 본래 명나라의 신하다. 죽게 되면 죽을 뿐이다. 어찌 개, 돼지에게 항복한단 말이냐?"

결국 명나라 군사는 모두 청의 칼날에 죽고 한 사람도 항복하는 이가 없었다. 심세괴는 원래 장사꾼으로 당시로서는 천한 계급으로 알려져 있다. 처음에 청나라 군사가 섬을 공격하려 하자 우리 조정에서는 미리 몰래 가도에 알릴 생각이 있었지마는 적의 위세가 두려워 알리지 못하고 말았다. 토벌이 끝난 뒤 청나라 군대는 4월부터 차례로 압록강을 건너가고, 임경업은 섬을 공격한 공이 많다 하여, 적에게서 상을 많이 받고 적의 벼슬까지 받았다.

〈병자록〉

가도가 함락된 후 청에 문안사로 갔던 남두첨이 돌아오자 임금이 명나라 장수 심세괴에 대해 물었다.

"그들의 사정을 자세히 알아왔느냐?"

"8왕(청 황제의 여덟 번째 아우)이 처음에는 가도를 공격하기 어렵게 여기더니 하루는 사냥을 한다고 핑계하고 나가서 가도의 형세를 살핀 다음 배를 떠메고 산으로 올라가 안개를 타고 행군하여 명나라 군대의 우측으로 돌출하니 군사들이 '청나라 군대가 날아서 건너왔다'면서 제대로 저항하지도 못하고 패하였습니다."

"심세괴가 죽을 때 어떻게 처신하였다고 하던가?"

"심세괴가 마부대의 포로가 되어 8왕의 진중에 압송되어 가서는 두 다리를 뻗고 앉자, 마부대가 노하여 꾸짖기를 '어찌 감히 이렇게 하는가?'하니 심세괴는 '속히 나를 죽여라'하였고, 마부대가 '그대는 옷을 벗어도 좋다'하니 심세괴는 '내가 어찌 옷을 벗겠는가. 사람을 죽이고 옷을 가져다 입는 것이 바로 너희들의 예삿일이니 나를 죽인 후에 피에 물든 옷을 네가 직접 가져가라'하자, 마부대가 크게 노여워하여 즉시 끌어다가 베었다고 합니다."

"처음 섬에 들어갔을 때 우리 병사가 싸움에 참여하지 않다가 결국은 약탈한 일이 있었다고 하는데 사실인가?"

"우리 병사가 처음엔 배에서 내리지 아니하였는데 청나라 군사들이 이것을 꼬투리 잡아 말하므로 어쩔 수 없이 배에서 내려 그들의 의심을 풀어주었다 합니다."

〈조선왕조실록〉

청이 파병을 요구하다

신사년(1641년) 봄에 청나라에서 또 포수 1천 명, 말 500마리, 마부 500명을 보내라 하고, 유임을 장수로 삼아서 3월 20일에 심양에서 점검할 수 있도록 하라고 요구했다. 그래서 유임의 통제사 직책을 해임한 뒤 군량과 함께 들여보냈다.

유임이 심양에 들어가 청의 군대와 함께 명나라의 금주위를 공격했다. 바로 그 주변 성을 점령하고 몇 달 동안 금주위를 포위하고 있었는데 명나라 구원병과 접전이 벌어졌다. 이때 조선의 성주 출신 포수 이사룡이 주머니에 탄환 40여 개를 차고서, 거짓으로 명나라 군사를 향해 총을 쏘는 체하다가 청의 장수에게 들켜 죽임을 당했다. 이사룡은 비록 한낱 군졸이지마는 원래 문벌 있는 집안의 서자였다. 그는 떠나올 때 가족에게 이렇게 말했다.

"만약 내가 명나라와 싸웠다는 말을 듣거든 그 날이 바로 내가 죽은 날로 알아라."

그의 뜻이 이미 정해져 있었던 것이다. 그가 죽었다는 기별을 듣고 모두 슬퍼했는데, 당시 성주 목사 최유연은 친히 그의 집에 가서 제문을 지어 제사 지냈다.

같은 해 5월, 청나라가 포수를 교대시킨다고 하면서 또다시 나이 젊은 무장을 장수로 하여 포수 500명을 보내라고 요구했다. 조정은 통제사 유정익을 장수로 삼은 뒤 가까운 서울의 어영군에서 포수를 뽑아 6월에 명부에 일일이 사람 수효를 조사하여 보냈다.

의주 품관 최효일과 의주 부윤 황일호 사건

의주 품관 최효일이 논밭과 집안 물건들을 죄다 팔아 배를 산 뒤 명나라로 들어가 파총(종 4품의 무관)이 되었다. 이 말을 들은 청나라에서 명나라 출신 첩자에게 가짜 최효일의 편지를 가지고 최효일의 고향으로 보냈다. 그는 명나라 조정에서 온 사람인 체 몰래 안부를 전한 다음, 가짜 효일의 글을 내어놓고 답장을 받아왔다. 그런데 그 답장 내용 중에 전 의주 부윤 황일호가 최효일에게 "네가 한 일에 대해 탄복하고 집안을 극력 보호해 주고 있다"라는 말이 있었다.

신사년 시월에 청나라 연락관 두 명이 우리나라에 왔다. 그들은 바로 대궐로 들어가 승지와 사관을 물리치고 임금에게 귓속말을 하고는 최효일 친척의 한글 편지를 올렸다. 그리고 그 편지에 들어 있는 효일의 친척을 모조리 잡아오게 해서 먼저 문초한 다음에 조선의 법에 따라 처벌하라고 요구했다.

우의정 강석기가 그들을 외딴섬으로 귀양 보내자고 하자, 영의정 이성구와 좌의정 신경진은 목을 베어야 한다고 주장했다. 강석기는 자신의 의견이 받아들여지지 않자 자리에서 일어나 나가 버렸다.

같은 달 8일에 청나라 연락관 두 명과 통역관 정명수가 남별궁 밖에 나가 승상에 걸터앉아서, 영의정 이하 백관들을 죽 늘어 서 있게 하고, 최효일의 친척 등 11명과 참지 황일호를 한꺼번에 목 베어 죽이니 피가 흘러 길을 덮었다.

〈병자록〉

이날 음산한 바람이 사방에서 일고 해가 빛이 없었다. 처음 임금이, 황일호를 불쌍히 여겨 청나라 사신에게 뇌물을 매우 후하게 써서 죽음만은 면하게 하려 했으나 모면하지 못했다. 그러자 또 교살(絞殺)하게 하려고 했으나 통역 정명수가 끝내 들어주지 않았다.

한 나라의 임금이 일개 관노 출신 통역보다도 힘없는 처지였으니 당시의 실상을 능히 짐작하고도 남음이 있다.

황일호는 죽음에 임박해서도 행동이 조용하고 조금도 두려워하는 기색이 없었다. 이조참의 이덕수가 옆에 있었는데, 황일호는 의젓하게 말했다.

"여보게, 내 평생에 나라를 위해 일을 하려고 했는데 이제 개죽음을 하니 참으로 가소로운 일일세. 그러나 내가 죽는 것이 자네들이 사는 것보다야 낫지."

황일호에게는 70세 된 편모가 있어, 남들이 모두 마치 자기 친척이 죽은 것처럼 통곡하고 애석해 했다. 황일호는 죽은 명재상 판서 황신의 양자다. 황신은 또한 세종조의 명신 황희의 손자이기도 하다. 그는 위인이 강개하여 나라 일을 잘했기 때문에 사람들이 더욱 아까워한 것이었다.

처음 사건이 일어났을 때, 임금이 최효일의 친척들을 잡아 가두라는 명령을 내리자 전 영의정 홍서봉이 임금에게 은밀히 글을 올려 그들을 석방하기를 청했다. 그런데 청나라 사신이 이를 알고 홍서봉을 뜰아래 불러내다가 갖은 모욕을 다 주었다.

영의정 이성구가 통역 정명수와 이야기할 때 정명수가 "대감의 입에서 나온 말씀은 내 똥구멍에서 나온 소리보다도 못합니다"라고 했지마는 이성구는 이것을 조금도 모욕으로 여기지 않고 "내 아들이 오래지 않아 심양에 인질로 갈 것이니 잘 돌보아 주시오"했다.

또한 정명수가 접대하는 기생이 예쁘지 않다며 직접 나가 여염집에서 계집을 구하려고 하자 이성구는 은 1천 냥을 그에게 뇌물로 주며 환심을 사려고 했다. 청나라 사신이 돌아가게 되자 임금께 "이번 돌아가는 길에 처리할 일이 있으니 금부당상 한 사람만 동행시켜 주십시오" 하여 박노를 금부당상에 임명하여 따라가게 했다. 청나라 사신은 돌아가면서 다시 최효일의 고향에 들러 최효일의 친척 15명을 죽이고 떠났다.

15장
심양으로 간 인질들의 수난

역관 정명수를 제거하라

전란이 끝나고 그 다음 해 2월 심양에서는 뜻하지 않은 뇌물 사건이 발생했다. 당시 심양에는 인질로 잡혀간 세자 일행과 그 일행을 수행하여 따라간 조선의 많은 관리들이 있었다. 이역의 땅에서 패전국의 인질로 감내해야 하는 치욕, 특히 청나라 장수 용골대와 마부대, 그리고 역관인 정명수의 횡포와 위세는 말할 수 없었다. 그런 상황에서 용골대와 마부대, 통역관을 청의 조정으로부터 제거하려는 조선의 관리들이 있었다. 정뇌경과 강효원이 바로 그들이다.

그들은 조선 출신인 통역관 정명수와 김돌시, 청나라 장수 용골대와 마부대가 조선을 떠나올 때 많은 뇌물을 받았고, 또한 황제에게 보내는 선물을 착복했다고 청나라의 조정에 밀고했다. 조선 조정은 난리 중에 이들에게 수 차례에 걸쳐 화의를 주선해달라고 뇌물을 주었었다. 그러나 이 사건은 조선의 조정을 벌집 쑤시듯이 들끓게 했고, 결국 두 사람은 이역만리에서 목 졸려 죽는 비운을 맞았다.

심양에서 날아온 밀서

〈조선왕조실록〉이 기록하는 사건은 이렇다. 1639년 12월 6일, 심양에 있던 신득연, 박노 등이 비밀리에 조선 조정에 글을 올렸다.

"정월 21(음력)일에 청나라 조정에서 심지상(청에 투항한 명나라 장수)에게 벼슬을 내리는 일로 조회하는 일이 있어 세자와 대군이 참여하였습니다. 궁궐 밖을 막 나가는데, 청나라 형부(刑部)의 관원들이 찾아와 강원(講院)의 관원을 만나보고자 하였습니다. 사서(司書) 김종일이 나가 그들을 맞이 했는데, 그들은 김종일을 은밀히 형부에 데리고 가서 묻기를 '조선이 은 2천 6백냥 및 잡물 7바리를 역관 정명수와 김돌시 등에게 뇌물로 주었으며, 또 황제에게 헌납하는 감과 배 각 1천 개를 두 역관이 훔쳐 축냈다고 한다. 심씨 성을 가진 사람이 이런 내용으로 우리 조정에 고하였다'하고, 이어서 물목이 기록된 것을 내어 보이며 말하기를 '이것이 모두 참말인가?'하였습니다. 이에 김종일이 '모릅니다'라고 대답하였습니다.

그리고 뒤이어 당시 신득연과 정뇌경이 세자의 궁을 지키고 있었는데 하인이 와서 '청의 형부의 관원이 문밖에 와서 강원(講院)의 서리 강효원을 불러갔는데, 강효원이 그 사실을 자세히 알고 있다고 형부의 관원에게 대답하였습니다'라고 보고하였습니다. 그러자 정뇌경이 놀라더니 이윽고 웃으며 말하기를 '강효원이 스스로 알아서 할 것이다' 하였습니다.

조금 뒤에 형부의 관원이 다시 찾아와 또 다른 강원의 관원을 만나보려 하자 정뇌경이 벌떡 일어나며 말하기를 '강원에서 만나 보겠소' 하였습니다. 이에 신이 '어떻게 대답하려 하는가?'라고 물었더니, 정뇌경이 대답을 하지 않고 나갔습니다. 사람을 시켜 몰래 알아보았더니, 정뇌경이 강효원의 말한 것과 같다고 대답하였다고 하였습니다. 한참 뒤에 정뇌경이 돌어와 물어보았더니 '우리나라에서 포로로 잡힌 심천로란 자가 정명수, 김돌시를 고발하였는데, 강효원이 그들의 조사에 사실대로 말을 해버렸기 때문에 나도 굳이 속이지 못하고 사실대로 말하였소'라고 하였습니다. 세자가 그 말을 듣고 크게 놀라 내관 나업, 선전관 구오에게 명령을 내려 강효원에게 비밀히 물어보게 하였더니, 강효원이 말하길 '스스로 한 것이 아니라 정뇌경과 김종일이 전에 그렇게 이야기해서 그리 대답했다'는 것이었습니다.

그런데 신을 비롯해서 그 사실에 대해 아는 사람이 한 명도 없어, 이일로 장차 헤아릴 수 없는 난처한 일이 일어날 것 같다는 생각에 모두가 근심하고 두려워하였습니다.

이틀 후에 또 형부의 관원이 정명수, 김돌시 두 역관을 데리고 와서는 정뇌경, 강효원, 김종일을 불러 대질을 시켰습니다. 김종일은 처음부터 모른다고 대답했기 때문에 돌아가게 하고, 정뇌경과 역관 최막동만 남게 하였습니다. 이때 정뇌경은 전날에 이야기한 것보다 더 자세하게 대답을 했는데, 형부의 관원이 '네가 직접 본 것이 아니고, 또 증명할 만한 문서도 없으니 이것은 사실이 아닌 듯하다'하고는 일어나 가버렸습니다.

신들이 세자에게 들어가 아뢰기를 '두 역관과 용골대 등이 몹시 화가 나 있으니 형세가 장차 헤아리기 어렵습니다. 급히 강효원을 먼저 중죄로 다스리고, 정뇌경은 빨리 우리나라로 보낸 다음 청나라 조정에 죄를 청하여 그들의 화를 풀어야 합니다'하였더니, 세자도 그렇게 여겼습니다. 이에 신들이 강효원을 잡아내 사람들이 보는 한길에서 곤장을 쳤습니다. 형부에서 곧바로 정뇌경과 강효원을 불러가고, 얼마 뒤에 또 신 등 두 사람을 부르기에 곧 달려갔습니다. 그랬더니 정뇌경과 두 역관이 뜰 가운데 꿇어앉아 있었고, 형부의 왕(王)인 질가(質可)와 용골대가 그들을 심문하고 있었습니다. 용골대가 신들에게 묻기를

"정뇌경 등이 두 역관을 모해한 일을 세자 및 재신(宰臣)도 모두 알고 있었는가? 그리고 정뇌경은 '그 문서를 박시랑이 머무는 곳에서 태웠다' 하고 강효원은 '강원(講院)에서 태웠다' 하는데, 두 사람의 말이 틀리는 것은 무슨 까닭인가?"

신들이 국가에 그지없는 화를 끼칠까 두려워 부득이 모른다고 대답하였는데, 그들이 고개를 끄덕이며 곧 돌아가게 하였습니다. 이에 신들이 세자에게 그 사실을 아뢰었습니다. 얼마 뒤에 용골대와 형부의 관원 2명이 찾아와 신들 및 정뇌경, 강효원을 불러 황제의 말을 전했습니다.

"정뇌경이 두 역관을 모해한 정상은 이미 다 드러났다. 세자와 재신

도 알고 있었는가? 국왕이 설사 뇌물을 주었다 하여도 신하가 밀고하였다면 이것은 국왕을 모함한 것이다. 조선 백성도 우리 백성이니 우리 법으로 다스려야 한다."

그리고는 정뇌경과 강효원의 손을 뒤로 묶었습니다.

"세자가 만일 모르고 있었다면 반드시 몰랐다고 맹세를 해야 하고, 따라서 이곳에서 죽여야 실정을 알 수 있다."

세자가 나가서 말하기를

"오로지 황제의 은덕을 입어 편안히 있게 되었는데, 뜻하지 않게도 지금 거느리고 있는 신료가 그 모르는 바를 억지로 우겨 이러한 망령된 일을 하여 황제의 명을 내리게 하였으니, 부끄럽고 송구스럽다. 내가 모르고 있었을 뿐만 아니라 재신들도 모두 모르고 있었으니 맹세는 할 수 있으나, 다만 우리나라의 법에 죽이고 살리는 일을 세자가 마음대로 할 수 없으니, 모름지기 국왕에게 아뢴 뒤에 처치할 수 있다."하였습니다.

27일에 용골대 등 3명이 찾아와서 세자로 하여금 꿇어앉게 한 다음, 황제의 명을 듣게 하였습니다. 다시 어제 저녁 때 말한 것을 거듭해 말하고, 힐책하며 말하기를

"칙서 가운데 '절대로 사사로이 서로 뇌물을 주어서는 안 된다'는 말이 있다. 국왕이 만일 과연 주었다면 이것은 국왕에게 죄가 있는 것이다. 설사 준 바가 있다 하더라도 그 신하가 고하였다면 이것은 신하가 임금을 고발한 것이며, 세자가 이 사실을 알고 있는데 고발하였다면 이것은 세자도 죄가 있는 것이다. 고발한 자를 죽이지 않으면 이것은 국왕 및 세

자가 서로 의논하여 한 것이다. 이것을 우리에게 납득시키려면 그 사실을 몰랐다고 맹세하고 저들을 죽여야 한다. 세자가 스스로 결정하지 못하여 국왕에게 여쭙겠다는 말은 매우 옳다. 고발한 자를 구류하였다가 사람을 보내 온 뒤에 처단하라."

이에 세자가 답하기를

"황제의 명을 진실로 감히 어길 수는 없으나 다만 여기에서 죽이면 나라 사람들이 보지 못할 것이니 어떻게 경계가 되겠는가. 조선으로 내보내 엄히 국문해 죄를 바르게 다스려야만 체통을 얻게 될 것이다. 만일 못 믿겠으면 청나라 사람이 함께 가도 될 것이다."

그러자 세 사람이 같은 목소리로

"국왕이 이 일을 알고 있는데 고발하였다면 죽이는 것이 가합니다. 지금 정뇌경이 여기에 있으면서 스스로 계책을 꾸몄으니, 이곳에 관계된 일이므로 내보낼 수 없소."

하였습니다. 세자가 영을 내리기를

"정뇌경은 나에게 강의를 한 지 오래되었을 뿐만 아니라 남한산성을 나와 용감하게 나를 따라온 이래로 갖은 고난을 겪으며 공로가 매우 많았는데, 이런 망극한 화를 당하니 몹시 불쌍하다. 몸소 내가 대궐에 나아가 대죄하고 변명하고자 한다."

하시기에 신들이 상의하고 들어가 아뢰기를

"이 나라의 습속은 죄인을 편들면 동참한 것으로 의심합니다. 저들이 현재 본국이 알고 있었던 것으로 말하고 있으니 결코 가벼이 입을 열 수 없습니다."

하니, 드디어 그만두었습니다. 이 일은 원래 이룡, 이성시, 김애수 등이 두 역관에게 원한을 맺어 보복하려고 한 것이며, 정뇌경이 먼저 계획을 꾸민 것이 아닙니다. 만일 이 무리들을 끌어대면 정뇌경에 대한 화가 조금은 풀어질 것 같아 세자가 또 신들로 하여금 이들을 끌어대 다시 변명하도록 하게 하였습니다. 그런데 정뇌경이 말하기를

"이룡 등을 서로 고발하여 옥사가 퍼지게 되면 국가에 거듭 화를 끼칠 것이오."

라고 하였으므로 이끌어대도록 강권하지 못하였습니다. 정뇌경, 김종일 등이 별도로 작성한 글을 함께 올립니다.

그 글은 다음과 같다.

"신들은 어리석고 망령되어 스스로 죄를 지었으니 만 번 죽어도 애석할 것이 없습니다. 신들이 보건대, 청나라가 우리를 대접하는 도리가 상당히 후했는데, 중간에서 날조하여 반드시 해를 입히려 한 것은 오로지 두 역관의 소행입니다. 그들은 천부적으로 악독한 성품을 타고났을 뿐만 아니라 뇌물을 많이 받아서 사람들의 비난이 점차 많아지자 혐의를 벗어날 계책으로 그렇게 하지 않을 수 없었던 것입니다. 이에 신들이 서로 비분해 하면서 말하기를 '국력과 백성의 목숨이 두 역관의 손에서 다하게 되었다. 칙사의 행차 때 횡포를 부린 것과 사람을 속(인질이나 포로를 돈을 주고 풀려나게 하는 일) 바칠 때 농간을 부린 것은 다 말할 수 없다. 그러나 이곳에서 날이 갈수록 걱정이 더욱 심해져 현재 이와 같은 상황이니,

끝내는 어떻게 되겠는가. 이 나라의 모든 모의는 제왕(諸王) 이외에는 용골대나 마부대처럼 신임받는 사람도 알지 못하는데, 하물며 일개 역관이 어찌 이 나라에 있어서 중요한 인물이겠는가. 그러나 양쪽 사이에 말을 전하는 것은 오로지 이들에게 의지하고 있다. 만일 은혜를 보여 그들이 해를 끼치지 않는다면 힘을 다해 그들의 환심을 사는 것이 마땅하다. 그런데 두 역관은 그렇지 않다. 우리를 해쳐서 자신의 위치를 굳히려는 생각으로 온갖 방법을 다하고 있으니, 그들을 비록 제거하지 못하더라도 청나라 사람들로 하여금 두 역관의 행위에 많은 문제가 있음을 분명히 알게 하는 것도 한 가지 방책이다' 하였습니다. 이는 오로지 신들의 망령된 의견이었습니다.

작년에 예부의 김애수란 자가 두 역관의 부정한 물건을 적발하였습니다. 당시 심양으로 올 때 민응협이 노자를 관장하였으므로 형관(刑官)이 민응협에게 물었습니다. 그런데 김애수의 장황한 말끝에 용골대와 마부대까지 포함해 언급하였으므로 부득이 모른다고 답하였습니다. 그러나 만약 황제의 명을 일컫고 다시 힐문한다면 민응협도 사실대로 말하려 했습니다. 형부에서 김애수에게만 장을 때리고 두 역관은 풀어주었습니다. 그 후에 역관들 사이에서 두 역관을 좋아하지 않는 자들이 앞을 다투어 서로 적발하고자 하여 신들에게 와서 뜻을 탐색하였는데, 신들은 허술함을 염려하여 모두 응낙하지 않았습니다.

이룡과 이성시는 모두 우리나라 관서(關西)의 사대부 출신으로 본국을 잊지 않고 있는 자들입니다. 황제가 서방으로부터 돌아온 지 며칠이 지나지 않았는데, 이성시가 용골대의 뜻이라며, 신들에게 와서 물었습니다.

"두 역관이 본국에 온갖 해독을 끼치는데도 공들이 이렇게까지 비호하는 것은 무슨 까닭인가?"

"쉽지 아니한 일을 어찌 가벼이 응할 수 있겠는가."

"이 일은 공들의 한마디 승낙만 얻으면 이루기가 나뭇가지 꺾는 것보다 쉽습니다. 우리들이 스스로 해내겠습니다."

하기에, 신들이 답하기를

"우리들은 그냥 아무 말 없이 있을 뿐입니다."

하였습니다. 그 뒤에 이성시가 몰래 전해오기를

"이번 무역해 온 배와 감은 공동으로 분배하는 물품인데 두 역관이 이처럼 도적질하여 그 숫자가 줄어들었습니다. 이곳은 아무리 사소한 일이라도 반드시 고발합니다. 하물며 이것을 들은 사람이 많은데… 우리들의 이 거사는 오로지 우리나라와 공들을 위한 것이니 조금도 의심하지 마십시오."

하였습니다. 따라서 그대로 허락하였습니다. 이성시가 말하기를

"반드시 강원의 하인을 증인으로 삼아야 합니다."

하기에 신들은 강효원이 항상 두 역관이 하는 짓을 분하게 여기는 것을 보고 조심스럽게 알아보고 싶었습니다. 그런데 강효원이 스스로 나섰습니다. 그가 두어 번 이룡의 집을 찾아가 심천로란 자와 만나 약속을 하였습니다. 그리고 신들이 이성시, 이룡에게 조심하고 절대로 급하게 그 말을 꺼내지 말도록 했는데, 그것은 대개 우리 조정에서 온 문안사(問安使)가 일을 마치기 전에 문제가 생길까 염려해서입니다.

문안사 일행이 우리나라로 떠나던 날, 신 김종일은 세자를 모시고 대

궐로 가고, 신 정뇌경은 세자의 궁을 지키고 있었습니다. 그런데 갑자기 형부의 관원 4명이 찾아와서 강원의 관원을 찾았습니다. 신 김종일은 여러 사람이 있는 가운데에서 그들을 대하기가 불편하여 모른다고 대답했더니, 형부의 관원이 묻기를

"강원의 관원은 문서를 맡은 사람이 아닌가? 어찌하여 모른다고 하오?"

하므로, 신이 대답하기를,

"동료가 그 일을 관장한다. 내가 맡은 일이 아니오."

하였습니다. 형관이 주변 사람들을 모두 물리치고 강효원을 불러 물은 다음, 신 정뇌경을 불렀습니다.

"황제가 묻는 것이니 숨겨서는 안 되오."

라며, 청나라 칙사가 조선을 다녀올 때 두 역관이 의주(義州)에다 뇌물을 맡겨놓았다가 나중에 실어온 이유와 그리고 배, 감을 훔쳐 축낸 일 등에 대해 죄를 들어가면서 따져 물었습니다. 신이 처음에 누설하기 어려운 기색을 보였더니, 형관이 재삼 재촉하기를

"받은 자에게 죄가 있지 준 사람이 무슨 죄가 있겠소."

하기에, 신이 답하기를

"그때 내가 마침 명령을 받아 본국 의주에 나갔더니, 통사(通事) 최득남이란 자가 과연 그 말을 하였으나, 맡겨놓은 것이 무슨 물품인지는 나도 묻지 않았습니다. 배와 감은 헌상받아 오던 날 두 역관이 관소에서 감 1천 개, 배 1천 개를 덜어냈습니다. 세자가 말하기를 '국왕이 헌상한 물품을 어찌하여 마음대로 줄이는가' 하니, 두 역관이 '모든 일을 일체 내가 알아서 한다. 설이 가까워지면 저절로 처리될 것이다' 하였습니다.

이것은 다른 사람들은 모르는 사실이며, 봉황성(鳳凰城)에서 훔쳐 축낸 물건에 대해서는 더욱 모릅니다."

하였더니 그들이 일어나 나갔습니다.

하루 뒤에 또 3명이 와서 물었는데, 신은 전날과 똑같이 대답을 하였을 뿐입니다. 그 3명 가운데 책임자가 되는 듯한 자는 두 역관을 편들면서 신에게 말하기를

"비록 장물이 있다 하더라도 이미 다 써버려서 현재 잡을 수가 없으니 어찌하겠소?"

하므로 신이 답하기를

"황제께서 묻는 일이라서 사실대로 대답하지 않을 수 없지만, 나와 두 역관은 모두 조선 사람으로 아침저녁으로 서로 본 지가 지금 3년이나 되었으니, 어찌 서로 친애하는 마음이 없겠는가. 두 역관이 죄를 면한다면 우리들도 다행입니다."

하였더니, 세 형관이 말하기를

"감과 배의 수효는 필시 해당 관리가 기록해 놓았을 것이니 내가 가서 알아보겠소."

하였습니다. 26일에 아문의 역관들이 와서 신 정뇌경과 강효원을 불러 형부로 갔는데 저희들에게 또 물어서 신이 전날과 똑같이 대답했습니다. 곧 또 두 재신(宰臣)을 불러 물었는데, 두 재신이 모른다고 답하였습니다. 어두워진 뒤에 용골대와 형부의 관원이 와서 말하기를

"정뇌경의 말이 재신과 같지 아니하니, 이것은 반드시 원한을 갖고 고발한 것이다."

하며 힐책하였는데 일이 마침내 여기까지 이르렀습니다. 이것은 신들의 본성이 광망스럽고 경박하여 위아래 사람에게 의논하지 않고 갑자기 이룡 등의 감언에 속아 작은 분을 참지 못하고 국가에 큰 욕을 끼친 것입니다. 원하건대, 신들의 죄를 바르게 다스리어 뒷사람들을 경계하소서.

정뇌경, 의연하게 죽다

심양으로부터 비밀히 전해진 이 글을 받자 조선 조정은 매우 당황해하며 사태를 무마시키기 위해 몇 차례에 걸쳐 회의를 거듭했다. 어떻게 하면 청나라의 의심을 풀고 정뇌경 등을 살릴 수 있겠는가 하는 것이었다. 그러나 서로의 의견이 달라 결정을 할 수 없자, 결국 비변사의 신하들이 임금에게 나아가 아뢰었다.

"재신들이 올린 장계의 뜻에 따라 곧장 처리하도록 허락하여 우리 조정의 임금과 신하까지 의심을 받지 않게 하소서."

그런데 이조 판서 이경석이 홀로 글을 올렸다.

"곧바로 저들이 처리하도록 허락하면 단연코 살아날 리가 없습니다. 지금 별도로 사신을 보내 먼저 놀랍고 사례하는 뜻을 말하고, 본국으로 환국시키어 깊이 신문하여 처치하겠다고 하면 허락할지도 모릅니다."

이어 비변사에서 만든 글을 밀봉하여 임금에게 바치자, 임금은 이를 두고 말했다.

"죄 없는 사대부를 죽이도록 내맡겨 두는 것은 내 차마 못하겠다. 이

밖에 달리 선처할 방도가 없겠는가?"

하자, 좌의정 신경진이 아뢰었다.

"여기에서 쾌히 허락한다면 혹 만분의 일이나마 희망이 있을 것입니다."

"내 뜻은 그렇지 않다. 이미 역관에게 원한을 맺었고 고발한 일이 또 두 차례나 되었다. 정명수만 깊이 분풀이하려 할 뿐만 아니라 청나라 아문에서도 반드시 후일을 징계하려고 계획할 것이다."

이어 우의정 심열이 의견을 말했다.

"어제 회의할 때에 결정을 내리지 못했는데, 일이 이미 이에 이르렀으니 선처하기가 극히 어렵습니다. 정뇌경이 세자를 모시고 호랑이 입 속에 가 있으니 한 걸음만 실수하면 생사가 당장에 판가름납니다. 그런데 일개 역관을 제거하여 무슨 일을 하겠습니까. 이는 국가에 일을 내고 조정에 재앙을 옮길 뿐이니 어찌 죄가 없을 수 있겠습니까. 일이 이미 이에 이르렀으니 어찌할 수 없습니다. 황제가 매양 관대함을 스스로 자랑하였으니, 용서를 받게 된다면 이것은 큰 다행입니다."

임금은 좌우 신하들에게 다른 의견을 물었다.

"경들의 뜻은 어떠한가?"

능성부원군 구굉, 예조판서 이덕형, 능천군 구인후, 호조판서 이명 등이 모두 곧바로 쾌히 처단하는 것을 허락하는 것이 옳다고 하였다. 부제학 이경여가 아뢰었다.

"정뇌경의 행동이 가벼워 화가 스스로에게 미치게 되었을 뿐만 아니라 국가에 욕을 끼쳤는데, 성상께서 측은하게 여기는 생각이 이와 같으니 죽은들 무슨 유감이 있겠습니까. 다만 특별히 사신을 보내 놀랍고 사과한다는 뜻을 전하고, 또 법대로 처치하는 것을 허락하되, 혹 속전(贖錢)을 허락하는 일이 있으면 관에서 그 대가를 지급하여 주는 것이 어떻겠습니까?"

임금은 눈물을 흘리며 탄식을 했다.

"듣건대 정뇌경은 늙은 어미가 있고 또 독자라 하니 내가 마음을 가누지 못하겠다. 우리나라 사람이 이역에서 죽는 것이 누군들 애처롭지 않으랴만 정뇌경은 경연에 오래 있으면서 친밀하게 서로 접하였는데, 갑자기 이에 이르니 차마 말하지 못하겠다."

임금의 눈물이 옷을 적시니 좌우 신하들이 모두 슬퍼하였다. 이경여가 또 재촉하였다.

"거듭 생각해 보건대, 사신을 급히 보내는 것이 조금은 도움이 되겠습니다."

"만일 사신을 보낸다면 선물이 있어야 하는가?"

그런데 심열은 사신을 보내는 것에 대해 반대했다.

"반드시 사신을 보낼 필요야 있겠습니까? 군관 중에 영리하고 일을 잘 아는 사람을 가려 보내는 것이 좋을 것 같습니다."

이명도 반대였다.

"사신을 보낸다면 저들이 더욱 의심할 터이니 보내지 않느니만 못합니다."

임금은 신하들의 의견을 모두 들은 뒤에 결정을 내렸다.

"저들이 혹 우리가 구하려는 뜻이 있는가 하고 의심한다면 도리어 해가 있을 듯하니 사신을 보내는 것은 과연 불편할 듯하다. 다만 심부름

꾼을 보내 잘 대응하게 하는 것이 옳다."

그리하여 무신인 이응징을 형조 좌랑이라 거짓 칭하고, 황제에게 올리는 글을 지어 심양에 들여보냈다. 그때 보낸 임금의 글은 다음과 같다.

조선 국왕은 중범을 저지른 죄인을 처단하는 일로 글을 보냅니다. 올 정월 28일에 세자를 배종한 재신 박노 등이 소식을 전해왔는데, 대략 '심가 성을 가진 자가 형부에 나아가 고한 서장에 '정명수, 김돌시가 몰래 우리나라로부터 뇌물을 받았'고 하였는데, 형부가 조사하여 물을 때 정뇌경, 강효원 등이 그 사이에서 증언을 하였다. 용골대가 세자의 관소에 와서 황제 폐하의 뜻을 전하면서 본국에 보고하여 처리하게 하였다' 하였습니다.

일찍이 황상께서 조선에 내린 조칙에, 뇌물 주는 것을 깊이 경계하였습니다. 그러니 우리의 군신들이 흠앙하여 가슴에 새겨두고 감히 사사로 주지 못하였을 뿐만 아니라 상국의 사람들도 어찌 감히 금령을 무릅쓰고 사적으로 받을 수 있었겠습니까. 그런데 정뇌경이 두 역관을 모함하려고 이러한 거짓 증언을 하였으니, 그가 무슨 마음을 품고 있는지 실로 모르겠습니다. 강효원은 천한 하례로 원래 지식이 없으니 본디 꾸짖을 거리도 못 됩니다만, 정뇌경은 이름이 유신(儒臣)의 반열에 있고 신의 자식을 따라가 심양에서 입시하고 있으면서 조심하고 두려워하면서 충실과 정성으로 할 것을 생각하지 않고 감히 고자질을 하여 본국에 일을 만들었습니다. 만일 황조(皇朝)의 밝은 식견으로 사건의 상황을 환하게 보지 않았다면 저희 부자가 어찌 애매한 허물을 면할 수 있었겠습니까.

생각이 이에 이르니 더욱 마음이 놀랍고 뼈가 저림을 견딜 수 없습니다.

　이 사람들의 정상이 이미 드러나서 그 죄가 사형에 해당합니다. 우리나라의 법은 모든 중죄인은 으레 잡아다가 옥에 가두어 형신하고 죄안을 만들어 법에 의거하여 처단합니다. 그런데 이 무리들은 현재 상국에 있으면서 죄를 지음이 이와 같고, 이미 형부의 조사를 거쳐 황상께 보고되었으니 감히 우리나라의 법으로 처리할 수 없습니다. 이 때문에 형조좌랑 이응징을 보내어 밤낮없이 달려가서 저의 놀랍고 아프게 여기는 뜻을 갖추어 아뢰고, 이어서 정뇌경, 강효원을 데려다가 법에 의거하여 처단하려 합니다.

　변란이 끝나고 남한산성에서 바로 나오자마자 세자를 따라 청나라로 따라간 정뇌경은 역관 정명수 등의 횡포에 대해 의분을 참지 못하다가 결국 고국에 늙은 노모와 가족을 둔 채 용골대 등에 의해 이역의 땅에서 목졸려 죽었다. 패전국의 신하로 소현세자를 수행하여 청나라에 간 지 3년, 1640년 4월 18일의 일이다. 그가 죽던 날의 상황을 〈조선왕조실록〉은 당시 심양에서 세자를 수행하고 있던 박노, 신득연 등이 올린 글을 통해 이렇게 전한다.

　4월 18일에 용골대, 마부달 두 장군이 신들을 불러 말하기를

　"정뇌경 등의 죄는 진실로 죽어 마땅하며 조선에서도 이미 자문을 보내왔으니 지금 처치해야 할 것이오."

　하므로 신들이 놀라움을 견디지 못하여 속바치기(죄를 면하기 위해 돈을

바침)를 청하는 뜻으로 언급하였습니다. 그러자 두 장군이

"국왕이 재신으로 하여금 속바치는 것을 도모하게 하였는가, 재신이 스스로 속바치기를 도모하였는가? 재신이 당초 모의에 참여하였으므로 이처럼 그를 구하려는 것인가?"

하므로 신들이

"국왕의 본뜻은 자문 안에 다 들어 있소. 어찌 다른 뜻이 있겠소. 세자와 대군도 모르는 바이오. 다만 우리들이 같이 있은 지 오래되어 그가 죽는 것을 차마 볼 수 없으므로 감히 이 계책을 내었을 뿐이오."

하고, 반복하여 간절히 말하였습니다. 그러자 두 장군이

"우리를 해치고자 도모한 자를 구원하는 것은 그 마음을 알 수 있다. 반드시 우리 두 사람과 두 역관의 살고기를 먹은 뒤에야 마음에 쾌하겠는가?"

하므로 신들이 부득이 세자에게 가서 고하겠다고 말하고 물러났습니다. 세자가 구원하고자 하여 재삼 물었으나 다른 계책이 없으므로 친히 아문에 나아가려 하였습니다. 그런데 정명수, 김돌시 두 역관이 여러 통사(通事)와 함께 말 앞에 늘어서서 큰 소리로 말하기를

"내 머리가 부서져야 앞으로 갈 수 있습니다."

하므로, 세자가 말을 멈추고 주저하는데 아문의 재촉이 성화보다 급하므로 세자가 부득이 도로 관소로 들어왔습니다. 정명수의 무리가 정뇌경을 나오라고 독촉하자 정뇌경이 새 옷으로 갈아입고 관문 밖에서 하직하니 세자가 인견하고 술을 하사하였습니다. 정뇌경이 하직하고 나가 대문 안에서 동쪽으로 본국을 향하여 네 번 절하고 또 그 어미를 향

하여 두 번 절하고 나가니, 청나라 사람이 목졸라 죽였습니다. 서리 강효원도 일시에 죽임을 당하였습니다.

신들이 용골대, 마부달에게 말하여 겨우 시체를 거두어 염하였는데, 옷과 이불은 모두 대내에서 내었으며, 강효원에게도 염할 옷을 주었습니다. 그리고 내관 박지영으로 하여금 관을 호위하여 나가게 하였습니다.

글을 받고 나서 임금은 다음과 같이 지시했다.

"정뇌경의 죽음은 몹시 놀랍고 참혹하다. 해조로 하여금 장례 물품을 지급하게 하라. 그리고 그의 어미와 아내에게 달마다 양식과 찬거리를 주어 나의 애처로워 하는 뜻을 표하게 하라. 강효원에게도 똑같이 시행하라."

16장
비운의 왕세자, 소현

8년의 볼모 생활

소현세자, 그는 인조 임금의 첫째 아들이다. 병조호란이 끝나고 패전국의 세자로서 아버지 대신 청나라에 볼모로 잡혀 8년이라는 젊음의 시간을 절치부심하다가 드디어 돌아와서는 겨우 70여 일 만에 의문의 죽음을 맞이한 비운의 왕세자이다.

소현세자는 잡혀간 지 2년이 지나서야 인조의 병을 핑계로 조선을 다녀간 적이 있었다. 그때 인조는 편전에서 아들의 옷깃을 붙잡고 어루만지며 눈물을 흘렸었다. 그리고 세자빈의 아버지인 강석기가 죽었을 때 다시 한 번 다녀간 적이 있었다. 그러나 그때는 예전과 달리 인조로부터 몹시도 냉대를 받고 돌아가야 했다.

소현세자는 8년간 심양에 머물면서 많은 고초를 겪었다. 동시에 조선과 청나라 사이에서 창구 역할을 맡아 조선인 포로 도망자의 속환 문제, 청나라의 조선에 대한 병력, 군량, 선박 요구, 각종 물품의 무역 요구 등 정치·경제적 현안을 맡아 처리하였다. 1645년 영구 귀국하였으나 청나라에서의 행실을 문제 삼아 인조의 냉대를 받았고 급기야는 병을 얻어 급사하였다. 일설에는 그가 독살되었다는 주장도 있는데, 당시 조야의 배청적인 분위기를 염두에 두면 충분한 가능성이 있다. 그가 죽은 뒤 인조는 왕권 강화 차원에서 세손(世孫: 소현세자의 큰아들)을 폐위하고 봉림대군을 세자로 책봉하였다. 이러한 전후 과정에서 부인인 강빈 역시 죽음을 당하고, 세 아들은 유배되었다가 모두 죽었다. 이후로 강빈의 옥사를 억울하게 여기고 소현세자를 추모하는 분위기가 있어, 19세기 말에는 그의 후손을 왕으로 추대하려 했다는 역모 사건이 일어나기도 했다.

병자호란은 소현세자의 전 생애를 관통하는 사건이었다. 이 책의 마지막으로 그를 다루고자 함은 그를 빼놓고는 병자호란으로 야기된 이후의 국내 상황을 이해할 수 없고, 이 책의 또한 종결적 의미를 지니고 있기 때문이다.

스스로 인질을 자처하다

병자호란이 일어나자 임금을 비롯하여 모든 신하들이 남한산성으로 피신, 청나라에 포위된 채 어떤 대책도 수립하지 못하고 앞날에 전개될 상황에 오직 두려워하며 넋을 놓고 있었다. 임진왜란과 정묘호란을 거치면서 백성은 이미 지칠 대로 지쳐 있었기 때문에 고구려 시대부터 외적이 침입했을 때마다 분연히 일어섰던 백성들의 의기도 없었고, 북쪽에서 남쪽에 이르기까지 8도의 군사들은 진격의 모습만 갖춘 채 머뭇거리며 청나라 군사에 대항해 싸울 용기도 없었다. 고립무원의 상태에서 김상헌을 필두로 젊은 간언들의 척화 소리만이 가득했던 산성의 유일한 탈출구는 청의 요구대로 세자를 볼모로 삼아 화의를 전개시키는 것뿐이었다.

당시 동북아 정세는 새로이 흥기한 청이 몽고를 정벌하고 일약 대국의 면모를 갖춰가고 있었으며, 명나라는 심양을 청나라에 넘기고 남쪽으로 계속 쫓겨가던 형국이었다. 그러나 조선의 조정은 정묘호란을 통해 굴욕적인 맹약을 맺고 그들의 세를 파악했음에도 청에 대해 안면몰수의 정책을 계속 고집하고 있었다. 대책도 없이 오직 명나라에 대한 300년의 부자간 사이의 도리만이 이 나라를 지키고 종묘사직을 보호할 수 있다는 실익 없는 강상의 윤리에 전도되어 있었다.

이는 또한 패륜과 부도덕한 행위로 쫓겨난 광해군의 대를 이어 왕위에 등극한 인조로서는 명나라가 아버지의 나라라고 고정되어버린 윤리의식의 틀에서 한 발자국도 벗어날 수 없었다. 외교에 있어서는 영원한 친구도 원수도 없다는 지금의 외교적 잣대로는 이해하기에는 참으로 어려운 일이지만 당시의 상황은 그러할 수밖에 없는 시대적 윤리 의식이 지배했던 때였다. 또한 그것을 넘어서기에는 인조반정의 정통성이 훼손될 수밖에 없었기 때문이기도 했다.

그러나 어쩌랴. 항복 이외에는 어떤 계책도 없는 상황에서 삼전도에 머물고 있던 청나라는 계속 화의의 조건으로 세자의 출성을 요구하고 있었고 화의를 진행시킬 방법은 그것밖에 없었다. 결국 세자는 스스로 나서서 나아가기를 원했다. 나만갑이 쓴 〈병자록〉에는 1636년 12월 16일 소현세자의 말을 다음과 같이 전하고 있다.

"만일 일이 그렇게 급박하다면 제가 마땅히 가겠습니다."

이에 인조가 "그리 하라"하며, 세자의 손을 붙잡고 울었다. 세자는 좌의정 김신국, 이성구, 최명길, 장유, 한여직, 윤휘, 홍방 등을 거느리고 적진으로 갔다. 세자는 자신을 신이라 칭하고, 청나라 칸을 황제라 불렀다. 예조판서 김상헌이 비변사에서 울분에 차 지르는 외침이 밖에까지 들렸다.

"그렇게 건의한 자를 내 칼로 목을 베고 맹세코 이들과 한 하늘에 살지 않겠노라."

이로써 화의는 진행이 되었고, 지루한 밀고 당김 속에 1월 30일 인조는 성에서 나와 세 번 절한 뒤 아홉 번의 읍을 하고 항복을 하게 된다. 이날의 사건이 곧 치욕의 '삼전도 항복 사건'이다. 그 후 청은 이미 강화도에서 잡혀왔던 봉림대군, 인창대군을 비롯하여 그 부인들과 함께 소현세자를 앞세우고 심양으로 떠났다. 1637년 2월 18일의 일이다.

소현세자는 볼모 생활 8년 동안 보다 넓은 세상에로의 눈을 뜨게 된다. 그는 1644년 청나라의 원정군을 따라 베이징에 들어갔다가 그곳에서 독일인 선교사 샬 폰 벨을 만나 그로부터 서양 역법과 여러 가지 과학에 관련된 지식을 전수받고 천주교에 관해 눈을 뜨기 시작한다. 성리학이 조선의 모든 의식구조를 지배하고 있던 때에 이교인 천주교를 접하고, 새로운 과학 문물에 대한 인식의 폭을 넓혀간 것이다.

또한 그는 8년 동안의 볼모 생활 동안 청나라 조정과의 유대를 쌓아 갔다. 특히 용골대와의 친분은 그가 환국할 때 극진한 대우를 받았음이 이를 증명한다. 심양에서도 소현세자는 당당했다. 어느 날 용골대가 세 자를 위협하고 핍박했는데, 세자가 "내가 그래도 일국의 왕세자인데 일 개 장수가 어찌 나를 능멸하느냐?"고 꾸짖자 그제야 용골대가 웃으며 미 안하다고 사과했다는 실록의 기록이 있다.

아버지 인조와의 갈등

그러나 그가 비로소 영구 귀국을 하자 인조의 행동은 180도로 변한 다. 냉혹하기 그지없이 그를 대했고 경원시했다. 부푼 희망을 안고 돌아 온 세자로서는 심상치 않게 돌아가는 궁궐의 분위기로 인해 하루하루 가 긴장과 고통과 외로움의 나날이었을 것이다.

그러나 당시 조선 조정과 청나라 사이의 미묘한 분위기는 인조가 그 리 할 수밖에 없었던 크고 작은 몇 가지 이유들이 잠재하고 있었다.

첫째, 인조는 세자의 전격 귀국을 의심하고 있었다. 그 의심의 배경에 는 이미 8년 동안 청 조정과 가까워진 세자가 왕위를 넘보는 것이 아닌 가 하는 것이었다. 그는 청 조정이 아직도 그들에게 믿음을 주지 못하고 있는 자신을 몰아내고 이미 친분이 돈독하고, 청을 대국으로 인정하고 있는 세자를 왕위에 올릴 것이라는 의심이었다. 그것은 약간의 근거를 지니고 있기도 하다. 1640년, 인조가 병환이 들자 조정은 청에 요구해 세자를 잠시 귀국시켜 임금의 환우를 돌볼 수 있도록 해달라고 요청했다. 그런데 발단은 생각지도 않은 곳에서 일어났다. 일시 귀국하는 소현세자를 위해 청나라 황제가 직접 환송연을 베풀어 준 것이었다. 특히 직접 안장을 얹은 말 한 필과 소현세자가 입고 갈 옷을 용골대를 통해 주었는데, 그 옷은 바로 왕만이 입을 수 있는 옷(大紅蟒龍: 붉은 용을 수놓은 옷)이었다. 물론 세자는 깜짝 놀라 극구 사양하여 입지 않고 왔지만 그때 세자를 수행했던 신득연이 인조에게 이 사실을 아뢰었다.

조선 조정은 심각한 의구심에 휩싸일 수밖에 없었고, 그렇지 않아도 의심이 많은 인조가 이를 무시하고 넘어갈 리 만무했다. 특히 그 이전에도 청이 인조에게 입조하라는 요청이 있었는데, 이때 인조는 청이 자신을 볼모로 잡고, 세자를 왕위에 세우려는 것이 아닌가하고 심각하게 의심을 했었다.

둘째는 인조 22년 3월에 발생한 역모 사건이었다. 당시 소현세자의 장인인 강석기가 사망하자 소현세자와 세자빈 강씨가 일시 귀국을 했다. 그러나 머나먼 거리라 그들이 도착했을 때는 이미 상을 치른 후였다. 세자빈은 아버지의 빈소를 찾아 곡을 하고자 하였으나 인조는 의정부 3정승의 간곡한 청에도 불구하고 끝내 허락을 하지 않았다. 여기서부터 인조와 세자빈 강씨의 불화가 싹트기 시작했고, 소현세자의 급서 후, 급기야는 강씨 역시 사약을 받고 사사되는 비운을 맞게 된다. 당시 여론은 인조의 비정한 처사에 대해 격론이 분분했고, 며느리에게 불효를 야기한 인조에 대해 사대부들의 반발이 이어졌다.

결국 이를 기화로 인조반정의 일등 공신인 청평부원군 심기원 등이 인조를 왕위에서 끌어내리려는 역모 사건이 발생한 것이다. 그들은 처음에는 소현세자를 옹립하려다 효자인 소현세자가 이를 받아들일 수 없을 거라 생각하고, 그 대타로 종실인 회은군 이덕인을 추대하고자 했다. 소현세자가 귀국하기 1년 전의 일이었다. 이 사건으로 인조는 더욱더 소현세자를 자신의 자리를 넘보는 경계의 대상으로 삼았고, 그를 의심하고 미워하는 강도가 더 심해졌다.

셋째는 인조가 사랑하던 조소용과의 불화였다. 인조는 여러 후궁 중에서 특히 조소용을 사랑했다. 그런데 조소용은 옛날부터 세자, 세자빈과 사이가 그리 좋지 않았다. 따라서 조소용은 밤낮으로 임금의 옆에서 세자 내외를 헐뜯고 험담을 일삼았으며, 임금을 저주했다느니, 대역부도한 행위를 했다느니 하면서 갖은 모함을 일삼았다. 인조는 그 이야기를 늘 사실로 받아들였고, 세자와 세자빈의 주변 인물들이 그것으로 인해 많이 죽고 다쳤다.

소현세자 가족의 의문의 죽음들

이러한 세 가지 일들로 인해 인조는 소현세자가 환국하자 의도적으로 불신했고 미워했다. 아버지의 아들에 대한 불신과 미움은 소현세자를 숨막히도록 괴롭혔을 것이다. 결국 소현세자는 환국한 지 70여일 만에 병에 걸려 눕게 되고 누운 지 3일 만에 그만 급서를 하고 말았다. 그러나 소현세자의 죽음은 두고두고 의문에 꼬리를 달고 다녔다. 당시 〈인조실록〉의 기록을 보자.

　세자가 돌아온 지 얼마 안 되어 병을 얻었다. 병이 난 지 며칠만에 죽고 말았는데, 온몸이 검은 빛이었고 이목구비의 일곱 구멍에서는 모두 선혈이 흘러나와 있었기 때문에 검은 천으로 그 얼굴 반쪽만 덮어놓았다. 옆에 있는 사람조차도 얼굴빛을 분별할 수 없어서 마치 약물에 중독되어 죽은 것처럼 보였다.

　이 말은 소현세자의 시체를 염습하러 들어간 종실 인원군 이세완의 아내가 소현세자의 시체를 보고 나와서 한 말이었다. 그런데 소현세자가 독살을 당했다는 이러한 기록은 상당한 근거와 추론할 수 있는 정황을 지니고 있다.

　세자를 치료했던 의관 이형익은 세자 측과 불화를 겪고 있던 인조의 후궁 조소용의 사가에 출입하던 자로, 소현세자가 환국할 무렵에 특채되었다. 이 때문에 더욱 소현세자의 죽음에 대한 의문이 증폭되었다. 이형익은 세자가 앓아누운 첫날인 24일부터 25일 이틀간 침을 놓았는데, 바로 그 다음날 세자가 돌연 죽어버린 것이다. 어의는 소현세자의 병을 학질이라고 하였으나 이틀 만에 죽을 만큼 중병은 아니었다. 대개 조선 시대에는 왕을 비롯해 왕실의 사람이 죽었을 때는 이유 여하를 불문하고 담당 어의를 문책했다. 그러나 인조는 의관을 처벌해야 한다는 사헌부, 사간원의 상소에도 불구하고 꿈쩍도 하지 않았다.

　그런데 더욱 이상한 일은 소현세자가 죽자 인조는 부랴부랴 염습을 하고 시체조차 자세히 검안을 하지 않은 채 장례를 서둘렀다는 점이다. 특히 장례 절차에 있어서 인조의 행위는 이해할 수 없는 모순 투성이었다. 성리학의 예에 의해 장례가 치러지는 것은 특히 왕실에서의 불문율이었다. 예송논쟁이 결국 거대한 사화로 번지기까지 했던 조선 사회이고 보면 더욱 그렇다.

인조는 세자의 관에 재궁(梓宮: 임금 또는 세자의 관)이라는 글을 쓰지 못하게 하고, 일반 사대부들이 쓰는 널 구(柩)자를 쓰도록 했다. 재궁으로 써야 만이 당시의 예법으로 맞는 것이었다. 무덤에 대한 호칭도 또한 그랬다. 원래는 원(園)자를 써야 하나 일반인이 쓰는 묘(墓)로 호칭하게끔 했다. 더구나 3년 상의 기간을 이상한 역법으로 환산하여 7일만에 탈상을 하고 말았다. 지평 송준길 등이 이의 부당함을 상소했으나 인조는 회답도 없이 화를 내고 그를 파면하라고 지시했다.

세자빈 강씨의 죽음

불운의 왕세자 소현세자, 그의 불행은 여기에서 멈추지 않았다. 인조는 소현세자가 죽자 이제 화살을 세자빈 강씨에게로 돌렸다. 소현세자가 죽자 대사헌 김광현이 세자의 병을 간호한 이형익의 죄를 강력히 거론하자 인조는 김광현이 세자빈 강씨 집안의 사주를 받고 그러는가 여겨 매우 분노했다. 세자빈의 오빠 강문명이 김광현의 사위였기 때문이었다. 그런데 또 강문명이 세자의 장례 날짜가 불길하다고 불만을 토로했는데 인조는 이를 문제 삼아 강문명 형제를 유배시켰다가 다시 불러 장형으로 때려죽이고 말았다.

이 무렵 인조의 전복구이에 독이 묻은 일이 발생함으로써 사태는 걷잡을 수 없게 된다. 인조는 이를 세자빈이 사주했다고 의심하고는 세자빈 수하의 궁녀들을 고문하고, 세자빈은 후원의 별당에 감금했다. 그리고 문에 구멍을 내 음식물을 건네주게 하고 누구든 세자빈과 접촉을 하지 못하도록 엄명을 내렸다.

그러나 그 이전부터 인조는 세자빈 강씨와 말하는 자는 죄를 주겠다고 엄명을 내렸기 때문에 사실상 세자빈의 수하 궁녀를 비롯해 그 누구도 임금이 있는 근처에는 갈 수 없는 상황이었다. 이것은 단지 며느리를 옭아매기 위한 인조의 치졸한 억지였다. 이러한 모든 것은 인조의 총애를 믿고 횡포를 부리던 조소용의 모함 때문이라고 당시 사람들은 생각했다. 그러나 독을 넣은 주범의 실상이 끝내 밝혀지지 않자 인조는 영의정 김류를 비롯해 대신들을 불러 놓고 일장 엄포를 놓았다.

"내간의 일이 오늘에 이르러 극도에 이르렀는데 경들은 대대로 국록을 먹고 있으면서 묵묵히 한마디 말도 없이 태평하게 세월을 보내는가?"

결국 이 말은 빨리 세자빈을 처벌하라고 상소를 올리든 무슨 말을 하든 하라는 독촉이었다. 그리고는 비망기를 내렸다.

"강빈이 심양에 있을 때 은밀히 역모를 도모하면서 미리 홍금적의(紅錦翟衣)를 만들어 놓고 내전의 칭호를 외람되이 사용하였으며, 지난해 가을에 매우 가까운 곳에 와서 분한 마음으로 시끄럽게 성내는가 하면 사람을 보내 문안하는 예까지도 폐한 지가 이미 여러 날이 되었다. 이런 짓도 하는데 어떤 짓인들 못하겠는가. 이것으로 미루어 헤아려 본다면 흉한 물건을 파묻고 독을 넣은 것은 모두 다른 사람이 한 것이 아니다. 예로부터 난신적자가 어느 시대나 없었겠는가마는 그 흉악함이 이 역적처럼 극심한 자는 없었다. 임금을 해치고자 하는 자는 천지의 사이에서 하루도 목숨을 부지하게 할 수 없으니, 해당 부서로 하여금 율문을 상고해 품의하여 처리하게 하라."

그러나 이 비망기는 결국 후세가 추론하기엔, 자신이 세자의 죽음과 세자빈의 죄를 얽어 그들을 죽인 비극의 주모자임을 인정한 것이나 다름이 없었다.

한편 최명길을 비롯하여 세자빈을 사사하지 말라는 상소가 연이어 올라왔으나 인조의 며느리에 대한 증오는 거두어지지 않았다. 특히 그중에서도 한낱 장응일은 용감히 혼자서 왕에게 아뢰어 "어찌 지친에게 죄목을 억지로 지어 사사하려느냐?"고 그 부당함을 직소하기도 했다. 결국 소현세자빈 강씨는 시집오기 전에 살던 사가로 폐출되었다가 바로 사약을 마시고 절명했다. 의금부 도사가 검은 가마니로 강씨를 싣고 선인문을 나서자 사람들이 담장처럼 둘러서서 한탄을 하였다.

원래 강씨는 성격이 강했다. 그러다가 임금의 비위를 거슬러 죽음에 이르게 된 것인데 죄가 밝혀지지 않았는데도 죽음을 당했으니 인조에 대한 비난의 여론이 수그러들지 않았다. 더욱이 세자빈의 어머니까지 옥사에 연루하여 죽였으니 더 말할 나위가 없으리라.

소현세자에 이어 강빈마저 인조에 의해 세상을 떠났지만 인조의 혈육에 대한 잔혹한 응징은 여기서 끝나지 않았다. 소현세자가 죽고 나자 인조는 봉림대군을 왕세자로 책봉했다. 원손이었던 소현세자의 큰아들 이석철이 이어받아야 할 왕세자의 자리였다. 이 역시 예법에 맞지 않다 하여 잠시 논란이 있었으나 이미 인조의 혈육을 죽이기 시작한 피 묻은 손은 멈춰지지 않았다.

인조의 끝나지 않은 전쟁

소현세자에게는 세 아들이 있었다. 원손이었던 이석철과 둘째 이석 린, 세째 이석견이었다. 당시 이석철은 12살이었고, 이석린은 8살, 이석견 은 이제 겨우 4살이었다. 인조는 이들 3형제를 제주도로 귀양을 보냈다. 이때 〈인조실록〉의 사관은 인조의 이러한 행위를 두고 다음과 같이 비판 하고 있다.

"사신(史臣)은 논한다. 지금 석철 등이 비록 국법에 있어서는 마땅히 연좌되어야 하나 조그마한 어린아이가 무엇을 알겠는가. 그를 독한 안 개와 뜨거운 장기(瘴氣: 축축하고 더운 땅에서 일어나는 습기=瘴毒)가 나는 큰 바 다 외로운 섬 가운데 버려두었다가 만약 하루아침에 병에 걸려 죽기라 도 한다면 성인의 자애로운 덕에 누가 되지 않겠는가. 그리고 죽은 자가 지각이 있다면 소현세자의 영혼이 또한 깜깜한 지하에서 원통함을 품지 않겠는가."

그런데 사관이 지적한 대로 이석철은 장독으로 이듬해 9월 죽고 만다. 인조는 석철이 죽었다는 보고를 받자 지시를 내렸다.

"석철의 일에 대해서는 내가 매우 놀랍고 슬프게 여기고 있다. 중관(中官: 심부름하는 내시)을 내려보내 그의 관을 호송해 와서 그의 아비 묘 곁에다 장사지내게 하라."

이에 대해 다시 사관은 논하기를,

"석철이 역적 강빈의 아들이기는 하지만 임금의 손자가 아니었단 말인가. 할아버지와 손자 사이의 지친으로서 아무것도 모르는 어린아이를 장독이 있는 제주도로 귀양 보내 결국은 죽게 하였으니, 그 유골을 아버지의 묘 곁에다 장사지낸들 또한 무슨 도움이 있겠는가. 슬플 뿐이다."

이에 앞서 용골대가 조선에 다녀갈 때, 석철을 데려다 기르겠다고 말했기 때문에 사람들이 모두들 그가 반드시 살아남을 수 없을 것이라고 여겼다. 특히 용골대가 조선에 올 때마다 소현세자의 묘를 찾아 슬퍼하는 등, 석철로 인한 자신의 폐위를 염려한 인조가 결국 손자들까지 죽음에 이르게 한 것이었다. 석철이 죽자 이어서 3개월 후, 둘째인 석린도 병으로 죽었다. 비록 그 책임을 물어 시중들던 나인을 죽여 책임을 회피하고자 했지만 인조의 광폭한 혈육 살생은 의혹과 비난의 과녁에서 벗어날 수가 없다.

이처럼 인조는 큰아들을 비롯해 며느리, 손주를 죽이는 패륜을 저지르고 말았다. 광해군의 패륜을 문제삼아 반정을 일으켜 왕위에 올랐던 인조로서는 반정의 정통성을 훼손하는, 지극한 자기부정에 맞닥뜨려야 했다. 조선의 역대 왕들 중에 인조만큼 무능하고 그러면서도 냉혹한 왕도 없었으리라.

이러한 인조도 손자들이 죽은 2년 후에 결국 세상을 떠나고 만다.

주요 인물 사전

김수익 金壽翼, 1600~1673

본관 안동. 자 성로(星老). 호 청악(靑岳). 시호 충경(忠景). 1624년(인조 2) 사마시에 합격하여 참봉이 되고, 1630년 별시문과에 병과로 급제하여 성균관전적·지제교 등을 역임하였다. 1636년 병자호란 때 인조를 남한산성에 호종하였으며, 화의가 성립된 후 척화론자로서 스스로 근신하면서 지냈다. 1640년 괴산군수, 1648년 병조참의에 임명되고, 이듬해 제주목사로 부임하였다. 탐관오리로 탄핵받아 영남에 유배되었다가 1658년(효종 9)에 풀려났다. 그 뒤 여주목사로 잠시 있었다. 문집에 《청악집》이 있다.

강석기 姜碩期, 1580~1643

본관 금천(衿川). 자 복이(復而). 호 월당(月塘)·삼당(三塘). 시호 문정(文貞). 김장생에게 성리학을 공부하였다. 1612년(광해군 4) 사마시를 거쳐, 1616년 증광문과에 병과로 급제하고, 승문원정자로 등용되었다. 그러나 광해군의 문란한 정치와 이이첨의 폐모론 등에 불만을 품고 벼슬을 버리고 낙향하였다. 1623년 인조반정 후 다시 관직에 나가 예문관박사 등을 역임하였다. 동부승지 때 딸이 세자빈이 되었다. 1640년(인조 18) 우의정에 올라 세자부(世子傅)를 겸하다가, 1643년 중추부영사가 되었다. 죽은 후 세자빈이 사사될 때에 관작이 추탈되었으나 숙종 때 복관되었다. 문집에 《월당집(月塘集)》이 있다.

구굉 具宏, 1577~1642

본관 능성 자 인보. 호 군산 시호 충목. 좌찬성 사맹의 아들. 인헌왕후의 오빠. 김장생의 문인. 1598년(선조 31) 감목관이 되고, 이어 선전관·도총부도사·양성현감·고창현감 등을 지낸 다음 1608년 무과에 급제, 다시 선전관이 되었다가 곧 장연현감이 되었다. 1617년(광해군 9) 폐모론이 일어나자 이서·신경진·구인후 등과 함께 인조를 추대할 것을 모의하고 1623년 김류(金)·이귀 등과 합류, 인조반정을 이룩하여 정사공신 1등으로 능성부원군에 봉해졌다. 1624년(인조 2) 이괄의 난 때 공주까지 왕을 호종하였고, 한성부판윤·3도수군통제사·형조판서를 거쳐 1636년(인조 14) 공조판서로 있을 때 병자호란이 일어나자 남한산성을 지켜 공을 세웠다. 난이 끝난 후 병조판서가 되었으며, 일생 동안 형조판서 3번, 공조판서 4번, 병조판서 2번을 지냈다. 별직으로도 도총관·의금부판사·훈련대장·어영대장·포도대장·총융사 등을 역임하였다.

구인후 具仁垕, 1578~1658

본관 능성(綾城). 자 중재(仲載). 호 유포(柳浦). 시호 충무(忠武). 좌찬성 사맹(思孟)의 손자이고, 대사성 성의 아들이며, 인조의 외종형이다. 김장생의 문인이다. 1603년(선조 36) 무과에 급제하고 1611년(광해군 3) 고원군수·갑산부사를 지냈으며 1614년 선전관이 되었다. 1621년 진도군수가 되었으나, 광해군의 폭정에 반감을 품고 이서·신경진 등의 반정모의에 참여하였다. 1623년 반정이 일어나자 외지에 있던 그는 서울에 도달하지 못하여 거사현장에는 없었으나, 처음부터 반정계획을 세운 공로로 정사공신2등에 책록되고 능천군에 봉해졌다. 이듬해 수군통제사가 되고 1627년 정묘호란으로 인조가 강화도로 피난하였을 때는 주사대장(舟師

大將이 되어 후금의 군사를 막아 싸웠다. 1628년 자헌대부에 올라 한성부윤·전라도관찰사·포도대장 등을 역임하였다. 1636년 병자호란이 일어나자 군사 3,000명을 이끌고 남한산성에 들어가 왕을 호위하였으며, 그 후 어영대장·도총부도총관·비변사제조·의금부판사 등을 역임하였다. 어영대장으로 있던 1644년에는 심기원의 모역음모를 적발한 공으로 영국공신 1등에 책록되고 능천부원군에 봉해졌다. 훈련대장, 공조 및 병조판서를 거쳐 1653년(효종 4) 우의정에 오르고 이듬해 사은사(謝恩使)로 청나라에 다녀왔다. 그 후 처형당한 소현세자빈 강씨의 신원을 요구하다 죄를 입은 김홍욱을 옹호하다가 관직을 박탈당하였으나 곧 복관되어 좌의정이 되었다.

김경징 金慶徵, 1589~1637

본관 순천(順天). 자 선응(善應). 승평부원군 김류의 아들. 1623년(인조1) 인조반정 때의 공으로 정사공신 2등에 책록되고 순흥군에 봉해졌다. 이해 개시문과에 병과로 급제하였고, 뒤에 도승지 한성부판윤을 지냈다. 병자호란 때 강화도 검찰사로 부임하였으나, 아무런 대책도 강구하지 않고 매일 술만 마시는 무사안일에 빠졌다. 강화가 함락되자, 수비 실패를 이유로 대간에게 탄핵을 받아 사사되었다.

김류 金, 1571~1648

본관 순천. 자 관옥(冠玉). 호 북저(北渚). 시호 문충(文忠). 임진왜란 당시 신립 휘하에서 종군하다가 탄금대싸움에서 죽은 김여물의 아들.

1596년(선조 29) 문과에 급제하여 벼슬길에 나아갔다. 광해군 때는 정인홍·이이첨 등의 북인들과 관계가 좋지 않아, 이렇다 할 중앙관직을 맡지 못한 채 주로 지방관으로 전전하였다. 광해군 말년 폐모론이 일어난 이후로는 조정에서의 출세보다 시사에 통분을 느껴, 1620년(광해군 12)경부터 이귀 등과 반정을 도모하였다. 1623년 인조반정 때 대장으로 추대되었고 거사의 성공으로 정사1등공신에 책록되어 정치적 전성기를 맞았다. 이후 인조의 절대적 신임 속에 이조판서·좌의정·도체찰사·영의정 등을 역임하면서 인조 초·중반의 정국을 주도하였다. 그러나 병자호란 전후에 주화(主和)와 척화(斥和) 사이에서 일관되지 못한 입장을 가졌다는 비판을 받았다. 전란 당시에는 방어를 총책임진 도체찰사의 직임을 소홀히 했을 뿐 아니라, 휘하의 군관을 주로 자신의 가족과 재물을 보호하는 데 동원하였다. 또 아들 김경징이 당시 소현세자를 비롯한 왕족과 비빈들이 피난한 강화도의 방어를 책임진 검찰사의 임무를 맡았음에도 안일하게 처신하다가 강화도가 함락되자 그에 대한 비난은 가중되었다. 난 이후 경징은 처형되었고, 그 자신도 간관들의 탄핵을 받아 사임하였다. 이후 정국이 불안하자 다시 기용되었고, 1644년 다시 영의정이 되었다. 심기원(沈器遠)의 역모사건을 처리한 공로로 공신에 책봉되었고, 봉림대군을 왕세자로 책봉할 것을 주장하였다. 그러나 병자호란 이후로는 뚜렷한 정치적 입장 표시보다는 왕의 측근에서 원만히 처신하였다. 문집에 《북저집(北渚集)》이 있다.

김반 金泮, ?~?

강서김씨(江西金氏) 시조. 자 사원(詞源). 호 송정(松亭). 권근의 문인. 1399년(정종 1) 식년문과에 을과로 급제하고, 11423년(세종 5) 예조의 추천으로 효자의 정문이 세워지고, 이듬해 좌헌납에 올랐으나, 뇌물을 받은 혐의로 면직되었다. 1428년 서장관으로 명나라에 가서 시가 4편을 지어 선종의 은혜에 사례하였는데, 이후로 중국에도 그의 글이 알려졌다. 1441년 대사성, 이듬해 중추원첨지사, 1446년 행대사성에 제수되었다. 1448년 윤상·김말과 더불어 경서에 대한 논쟁 중 꾸짖고 욕하다가 파직되었다. 강서에 돌아가 곤궁하게 여생을 보내다 굶어 죽었다. 김구·김말과 함께 성균관에서 교수하여 많은 인재를 길러냈으므로, '경학삼김'이라 불렸다.

김상용 金尙容, 1561~1637

본관 안동. 자 경택(景擇). 호 선원(仙源)·풍계(楓溪). 시호 문충(文忠). 1582년(선조 15) 진사(進士)가 되고, 1590년 증광문과에 급제하여 검열에 등용되었으며, 정철, 판서 김찬의 종사관으로 있었다. 병조좌랑·응교 등을 역임하고, 원수 권율의 종사관으로 호남지방을 왕래하였으며, 1598년(선조 31)에 승지가 되고, 그해 겨울 성절사가 되어 명나라에 다녀왔다. 대사성을 거쳐 정주·상주의 목사를 역임하고, 광해군 때에 도승지에 올랐으며, 1623년 인조반정 후 집권당인 서인(西人)의 한 사람으로 돈령부판사를 거쳐 예조·이조의 판서를 역임하고, 1627년(인조 5) 정묘호란 때는 유도대장으로 있었다. 1630년 기로소(耆老所)에 들어가 노령으로 관직을 사퇴하려고 하였으나 허락되지 않고, 1632년(인조 10) 우의정에 임명되자 거듭 사양하여 허락받았다. 1636년 병자호란 때 왕족을 시종하고 강화로 피란하였다가, 이듬해 강화성이 함락되자 화약에 불을 질러 자결하였다.

김수현 金壽賢, 1565~1653

본관 풍산(豊山). 자 정수(廷叟). 호 둔곡(遁谷). 시호 정헌(靖憲). 1602년(선조 35) 별시문과에 급제하였다. 정언·사서가 되었다가, 전적·교리를 거쳐 1617년(광해군 9) 정주목사로 선정을 베풀어 통정대부에 올랐다. 그 후 승지·대사헌을 거쳐 이조·예조의 참판(參判)이 되었으며, 우참찬에 올랐다.

김신국 金藎國, 1572~1657

본관 청풍. 자 경진(景進). 호 후추(後瘳). 1591년(선조 24) 생원이 되었다. 이듬해 임진왜란이 일어나자 영남에서 의병 1,000여 명을 모집·분전하여 적에게 큰 타격을 주고 참봉이 되었다. 1593년 전주 별시문과에 병과로 급제하여, 검열을 거쳐 도원수 권율의 종사관으로 활약하였다. 정언(正言)을 거쳐 1599년 사복시정(司僕寺正)이 되어 어사로서 관서지방을 순시하였다. 북인(北人)이 소북(小北)·대북(大北)으로 갈라지자, 소북의 영수로 대북을 공격하다가 그들에 의해 삭직되었다. 1608년 보덕으로 기용되고, 광해군 때 사간을 거쳐 익사공신에 책록, 청릉군에 봉해졌다. 평안도관찰사·우참찬·호조판서를 거쳐, 1623년(인조 1) 인조반정으로 광해군 때의 훈작이 삭제되었다. 곧 평안도관찰사가 되어, 당시 후금(後金)의 침략에 대비하여 성지(城池)수축·군량저축 등에 힘썼다. 이듬해 이괄의 난 때 국문을 당했으나, 혐의가 없음이 밝혀졌다. 1627년 정묘호란 때 호조판서로서 이정구와 함께 금나라 사신과 화약을 논정(論定)하고, 공조와 형조의 판서를 지냈다. 1635년 병자호란 때 인조를 호종하여 남한산성에 들어가서 끝까지 싸울 것을 강력하게 주장하였다. 이듬해 볼모로 가는 소현세자를 선양에 배종(陪從)하였다. 1640년 귀국하여 기로소(耆老所)에 들어갔으며 1646년 중추부영사가 되었다.

김영조 金榮祖, 1577~1648

본관 풍산(豊山). 자 효중(孝仲). 호 망와(忘窩). 김성일(金誠一)의 사위. 1601년(선조 34) 사마시를 거쳐 1612년(광해군 4) 증광문과에 병과로 급제, 전적(典籍)에까지 올랐으나 광해군의 혼란한 정치를 보고 10여 년 간 은거생활을 하였다. 1623년 인조반정으로 복관되어 예조·병조의 낭관을 거쳐 3사(三司)의 벼슬을 두루 역임하고, 어사(御史)로 6차례나 나갔다. 대사간(大司諫)을 거쳐 부제학, 병조·예조·형조의 참판 등을 지내고 이조참판으로 있을 때 인사행정에 부정이 있다 하여 파직되었다.

김익겸 金益兼, 1614~1636

본관 광산. 자 여남. 시호 충정(忠正). 1635년(인조 13) 생원이 되었다. 1636년 후금(後金) 태종이 국호를 청(淸)으로 고친 것을 축하하기 위하여 파견된 이곽등이, 청나라 사신 용골대와 함께 귀국하자 성균관유생들과 함께 청나라 경축행사에 참가한 사신과 용골대의 주살을 주장하였다.

병자호란이 일어나 청나라에게 남한산성이 포위되자, 강화로 가서 성을 지키다가 함락되기 직전에 김상용을 따라 남문(南門)에 올라가 분신 자결하였다. 뒤에 영의정이 추증되고, 광원부원군에 추봉되었다. 강화 충렬사(忠烈祠)에 배향되었다. 구운몽의 저자인 김만중의 아버지이자 조선예학의 거두 김장생의 손자이다.

김자점 金自點, 1588~1651

본관 안동. 자 성지(成之). 호 낙서(洛西). 성혼(成渾)의 문인. 음사로 벼슬길에 나아가 광해군대에 병조좌랑에 이르렀다. 인목대비 폐모론이 발생한 이후로 벼슬길을 단념하고, 이귀·최명길 등과 함께 반정을 기도하였다. 1623년 인조반정이 성공하자 1등공신으로 책록되었고 이후 출세가도를 달렸다. 또한 순검사(巡檢使)·한성판윤 등을 맡아 능력을 인정받고 강직하다는 평판을 얻기도 했으나, 병자호란 당시 도원수로서 임진강 이북에서 청군을 저지해야 할 총책임을 맡고도 전투를 회피하여 적군의 급속한 남하를 방관하였다. 호란이 끝난 뒤 군율로 처형해야 한다는 간관들의 비난 속에 유배에 처해졌으나, 1640년(인조 18) 1월 강화유수로, 그해 2월에는 호위대장으로 재기용되었다. 계속된 비난 속에서도 인조의 비호를 받아 승진을 거듭, 1644년에는 심기원(沈器遠)의 역모사건 이후 권력기반을 확고히 하고 1646년에는 영의정에까지 올랐다. 이후 소현세자의 부인인 강빈을 처형할 것을 주장하였고, 자신의 손자인 세룡(世龍)을 인조소생인 효명옹주(孝明翁主)와 결혼시킴으로써 인조와의 밀착을 더욱 확고히 하였다. 그 후에도 인조의 신임 아래 정권을 담당하면서 청(淸)나라의 위세에 빌붙어 정치적 입지를 굳혀갔는데, 반청적인 성향의 임경업을 처단하는 데 앞장선 것 역시 이러한 배경에서 나온 것이었다. 효종 즉위 이후 송시열·송준길 등 산림(山林) 세력들이 대거 조정에 등용되고 이들을 중심으로 북벌론이 대두되자 위협을 느끼고, 청나라의 앞잡이인 역관 정명수(鄭命壽) 등을 통해 그 계획을 청나라에 누설하였다. 그러나 당시 대간들의 극렬한 탄핵을 받아 광양으로 유배되었고, 뒤에 아들 익(釴)의 역모사건이 발생하자 처형되었다.

나만갑 羅萬甲, 1592~1642

본관 안정(安定). 자 몽뢰(夢賚). 호 구포(鷗浦). 1613년(광해군 5) 진사시에 장원으로 급제하여, 성균관에 들어갔으나 인목대비의 서궁유폐 사건이 일어나자 낙향하여 학문에 열중하였다. 인조반정 후에 순릉참봉이 되고, 그 해 통덕랑으로 알성문과에 병과로 급제, 검열을 거쳐 교리가 되었다. 그때 노서(老西)인 김류가 북인(北人)인 남이공을 등용하자 소서(少西)로서 이에 반대하여, 강동현감으로 좌천되었다. 1627년(인조 5) 정묘호란에는 왕을 모시고 강화로 갔다. 환도한 뒤 병조정랑·수찬·지평을 역임하였으며, 1635년 형조참의로 시정을 논하다가 파직되었다. 이듬해 병자호란 때에는 남한산성에서 농성 중에 공조참의로 기용되고, 이어 병조참지로 전직되었다. 그러나 강화 후 무고로 남해에 유배되었으나, 1639년에 풀려나 영주에서 죽었다. 저서에 《병자록(丙子錄)》《구포집(鷗浦集)》이 있다.

마부대 馬夫大, ?~?

병자호란 때 조선에 침입한 중국 청나라의 장군. 1636년(인조14)의 병자호란(丙子胡亂) 때 조선에 침입한 장수로서 청나라의 전신인 후금(後金) 때부터 사신으로 여러 차례 조선을 왕래했다. 1635년에는 후금의 친서(親書)를 가지고 조선에 오기도 하였다. 병자호란 때는 청태종(淸太宗)의 막료(幕僚)로서 행패가 심하였다.

민성휘 閔聖徽, 1582~1648

본관 여흥(驪興). 초명 성징(聖徵). 자 사상(士尙). 호 졸당(拙堂). 시호 숙민(肅敏). 1609년(광해군 1) 증광문과에 급제하고 사관이 되었다. 우승지를 거쳐 1624년(인조 2) 개성부유수 재직 중 이괄의 난이 일어나자 관내의 이괄 일파를 상계하지 않고 처형한 죄로 파직되었다. 이듬해 다시 전라도 관찰사로 기용되었으며 1630년 평안도관찰사로 있을 때 선사·광량(廣梁) 등지에 진을 설치, 변방 경계를 엄중히 하였다. 병자호란 때 김상헌과 함께 척화파로 선양에 잡혀갔다가 1642년 귀환하여 호조·형조 판서를 지냈다. 영의정이 추증되었다.

박난영 朴蘭英, ?~1636

시호 충숙. 선조 때 면천군수·중군(中軍) 등을 거쳐 1619년(광해군 11) 강홍립을 따라 금나라 정벌에 출전, 포로가 되었다. 1627년(인조 5) 정묘호란 때 후금군의 길잡이로 함께 들어왔다가 석방된 뒤 회답관·선위사·선유사 등으로 심양을 여러 번 왕래하며 후금의 회유에 힘썼다. 1636년 병자호란 때에는 청나라와 휴전교섭에 나서 청(淸)나라 장수 용골대 등과 청나라 병영에서 회담했다. 그 때 왕자를 볼모로 보내라는 청나라의 요구에 왕자 대신 능봉군과 심집을 가장시켜 청나라 진영에 보낸 일이 탄로나 청나라 장수에 의해 살해되었다. 영의정에 추증되었다.

신경진 申景禛, 1575~1643

본관 평산(平山). 자 군수(君受). 시호 충익(忠翼). 김장생(金長生)의 문하에서 수학, 음보(蔭補)로 선전관에 등용, 이어 경원부사, 벽동군수를 지낸 후 사임하였다. 광해군의 문란·무도한 정치에 불만을 품고 1620(광해군 12) 김류와 반정을 협의한 데 이어 이귀·최명길 등과 거사를 모의하였다. 1622년 박원종의 천거로 효성령 별장이 된 것을 기회로 이듬해 반정군의 선봉장으로 활약하여 정사공신이 되어 공조참의·병조참지·병조참판을 역임하였다. 1636년(인조 14) 병조판서에 올라 3대장을 겸임하고 공서파의 영수가 되었다. 같은 해 병자호란이 일어나자 남한산성을 수비하였으며 우·좌의정을 거쳐 1640년 평성 부원군에 봉해졌고, 1642년(인조 20) 영의정에 이르렀다.

신익성 申翊聖, 1588~1644

본관 평산(平山). 자 군석(君奭). 호 낙전당(樂全堂)·동회거사(東淮居士). 시호 문충(文忠). 선조의 사위, 척화5신의 한 사람이다. 12세에 선조의 딸 정숙옹주와 결혼하여 동양위에 봉해졌다. 임진왜란 때 선무원종공신 1등에 책록되고, 1606년(선조 39) 오위도총부부총관이 되었다. 광해군 때는 폐모론에 반대하여 벼슬이 박탈되었다. 1623년(인조 1) 인조반정 후 재등용되고, 이괄의 난 때는 3궁(宮)을 호위했고, 1627년 정묘호란에는 세자를 호위, 전주로 피란, 1636년 병자호란 때 왕을 호종하고 남한산성에 있으면서 끝까지 척화를 주장하여, 선양으로 붙잡혀 갔다가 뒤에 풀려났다. 문장과 글씨에 능하였다.

심기원 沈器遠, 1587~1644

본관 청송. 자 수지(遂之). 권필에게서 배웠다. 유생의 신분으로 인조반정에 참여, 1등공신에 녹훈되고 청원부원군(靑原府院君)에 봉해졌다. 반정 직후 형조좌랑으로 등용되어 동부승지·병조참판으로 파격적인 승진을 거듭하였다. 이괄(李适)의 난 때 한남도원수로서 진압군을 지휘하고, 정묘호란 때는 경기·충청·전라·경상도의 도검찰사로서 세자를 수행하였다. 강화부유수·공조판서를 지내고, 병자호란 때는 유도대장으로 서울 방어를 맡았다. 패전 뒤 1642년 우의정을 거쳐 좌의정에 임명되었고, 1643년 성절사로 청나라에 다녀왔다. 1644년 남한산성 수어사를 겸하였을 때 회은군 이덕인을 추대하는 반란을 꾸몄다는 고발을 받아 여러 심복과 함께 죽임을 당하였는데, 모의의 사실 여부는 확실하지 않다. 병자호란 뒤 권력을 잡은 최명길에 동조하면서 김자점 중심의 세력과 대립하였는데, 역모로 처형됨으로써 이후 김자점이 권력을 독점하는 계기가 되었다.

심집 1569~1644

본관 청송(靑松). 자 자순(子順). 호 남애(南崖). 시호 효간(孝簡). 1596년(선

조 29) 정시문과에 급제, 승문원(承文院) 등의 각 청환직(淸宦職)에 보직되었으나 한때 사직하였다. 1601년(선조 34) 검열(檢閱)이 되고, 수원부판관에 올라 무고를 받은 성혼을 변호한 일을 비롯하여 광해군 초에도 직언을 서슴지 않아 좌천·면직이 거듭되는 등 관로에 우여곡절이 많았다. 그 뒤 폐모론이 일어나자 사직, 1623년 인조반정으로 재등용되어 도승지, 예조·형조 참판을 지내고 1629년(인조 7) 형조판서가 되었다. 1636년 병자호란 때는 대신으로 가장하고 청진에 가서 화의를 교섭했으나 탄로, 이로 인해 이듬해 파직되었다가 1638년 용서되었다.

오달제 鳴達濟, 1609~1637

본관 해주. 자 계휘(季輝). 호 추담(秋潭). 시호 충렬(忠烈). 19세 때 사마시에 합격, 1634년(인조 12) 별시문과에 장원하고 전적·병조좌랑·사서 등을 거쳐 1635년 정언·지평이 되고, 1636년 수찬을 거쳐 부교리가 되었다. 그때 후금의 위협으로 사신을 교환하게 되자 이에 반대하고, 주화파의 최명길을 탄핵하고 병자호란이 일어나자 남한산성에 들어가 청나라와의 화의(和議)를 극력 반대하였다. 인조가 청군에 항복한 뒤 적진에 송치되었으나 적장 용골대의 심문에 굴하지 않아 다시 선양으로 이송, 그곳에서도 모진 협박과 유혹에 굴하지 않아 윤집·홍익한과 함께 죽임을 당하였다.

원두표 元斗杓, 1593~1664

본관 원주(原州). 자 자건(子建). 호 탄수(灘叟)·탄옹(灘翁). 시호 충익(忠翼). 박지계의 문하생. 1623년 인조반정 때 공을 세워 정사공신 2등에 책록, 원평부원군에 책봉되었다. 1624년 전주부윤을 거쳐 전라도관찰사 등을 지냈다. 1636년(인조 14) 병자호란 때 어영부사로서 남한산성을 지켰다. 1642년 형조참판에 이어 경상도관찰사 등을 역임하였다. 이 기간에 서인(西人)의 공서(功西)에 소속, 청서(淸西)를 탄압하면서 같은 파 김자점과의 권력 다툼으로 분당되자, 원당의 영수가 되었다. 호조판서를 거쳐, 1651년(효종 2) 좌참찬 등을 지냈다. 1654년 병조판서 때는 김육의 대동법에 반대하였다. 1656년 우의정을 거쳐, 1662년(현종 3) 좌의정에 이르렀다.

유림 柳琳, 1581~1643

본관 진주(晉州). 자 여온(汝溫). 시호 충장(忠壯). 현감 회(淮)의 아들. 1603년(선조 36) 무과에 급제하여 병자호란때 평안도 병마사로 있으면서 강원도 김화에서 청군을 격퇴하였으나, 왕이 남한산성에서 항복하고 화의하자 임경업과 함께 원병장으로서 청나라에 갔는데, 병으로 명나라와의 싸움을 피하였다. 귀국 뒤 통제사·총융사 등을 역임하고, 1643년 포도대장에 임명되었으나, 교지를 받기 전에 죽었다. 원종공신에 두 번 책록되고 좌의정이 추증되었다.

유백증 兪伯曾, 1587~1646

본관 기계(杞溪). 자 자선(子先). 호 취헌(翠軒). 시호 충경(忠景). 1612년(광해군 4) 증광문과에 급제, 1621년 병조좌랑이 되었다. 인목대비 폐모론이 일어나자 사직하였으며, 인조반정에 공을 세워 정사공신 3등에 책록, 기평군에 봉해졌다. 1624년(인조 2) 사간 때 김신국·조성 등을 탄핵하였으

며, 이듬해 부응교 때 남이공이 불법을 자행한다고 논박하였다가 이천현
감으로 좌천되었다. 1627년 정묘호란 때 사도시정(司導寺正)이 되어 화의
의 잘못을 소론하였다. 1629년 이조참의 때 안일한 대신들을 비난, 다시
수원부사로 좌천되었다. 그뒤 부제학 등을 지내고, 1636년 이조참판이
되었다. 병자호란이 일어나자 부총관으로 남한산성에 인조를 호종하였
으며, 화의를 주장한 윤방·김류 등의 처형을 상소하다가 다시 파직되었
다. 1637년 화의 성립 뒤 경연동지사를 거쳐 대사헌이 되어, 신주를 모독
한 윤방을 탄핵하였다. 국가자강책을 올린 뒤 사직 낙향하였다.

윤방 尹昉, 1563~1640

본관 해평(海平). 자 가회(可晦). 호 치천(稚川). 시호 문익(文翼). 이이(李珥)
의 문인. 1582년(선조 15) 진사가 되고 1588년 식년문과에 급제, 승문원정
자가 되었다. 1591년 아버지 윤두수가 당쟁으로 유배되자 사직했다가 정
언으로 복직, 응교·직강·사예 등을 거쳐 1597년 경상도순어사로 나갔다
가 평산부사 등을 지냈다. 1601년 병조참판으로 춘추관동지사를 겸직,
임진왜란 때 불탄 실록 재간에 참여하였고 도승지·한성부판윤 등을 거
쳐 형조판서를 지냈다. 1618년(광해군 10) 인목대비(仁穆大妃)를 폐위하자는
정청에 불참, 사직했다가 인조반정으로 예조판서에 등용되었다. 이어 우
의정·좌의정을 거쳐 1627년(인조 5) 영의정이 되었다. 정묘호란이 일어나
자 왕을 강화에 호종했다. 1636년 병자호란 때는 묘사제조로서 40여 신
주를 강화에 모셔 화를 면했으나 인순왕후의 신주를 분실, 소홀히 다룬
죄로 파직 유배되었다가 1640년 풀려나 중추부영사가 되었다. 문집에

《치천집》이 있다.

윤집 尹集, 1606~1637

삼학사(三學士)의 한 사람. 본관 남원. 자 성백. 호 임계·고산. 시호 충정. 22세에 생원이 되고, 1631년(인조 9) 별시문과에 급제, 1636년(인조 14) 이조정랑(吏曹正郎)·교리(校理)가 되었다. 병자호란 때 화의를 적극 반대, 척화론자로 오달제·홍익한과 함께 청나라에 잡혀가서 갖은 고문을 받았으나 끝내 굴하지 않고 중국 선양 서문(西門) 밖에서 사형되었다. 영의정에 추증되었다.

윤황 尹煌, 1572~1639

본관 파평(坡平). 자 덕요(德耀). 호 팔송(八松)·노곡(魯谷). 시호 문정(文正). 1597년(선조 30) 알성문과에 급제, 1601년 전적(典籍)에 이어 감찰·정언을 지냈다. 1623년의 인조반정 뒤 동부승지·이조참의·전주부윤 등을 지냈다. 1624년 부응교로서 이괄의 난 때 검찰사로 있던 이귀가 임진강 싸움에서 패한 죄를 탄핵하였다. 정묘호란과 병자호란 때 사간으로서 극력 척화를 주장하였다. 환도 후 부제학 전식의 탄핵을 받아 영동군에 유배되었다가 병으로 풀려나와 죽었다. 죽은 뒤 영의정이 추증되었다. 저서로는《팔송봉사(八松封事)》가 있다.

윤휘 尹暉, 1571~1644

본관 해평(海平). 자 정춘(靜春). 호 장주(長洲)·천상(川上). 1589년(선조 22)

진사가 되고, 1594년 별시문과에 을과로 급제, 사관이 되었다. 1596년 병
조좌랑을 거쳐 이듬해 병조정랑에 승진하고, 이어 사서(司書)·장령(掌令)·
사간 등을 거쳐 전라도·경상도 관찰사를 역임하였다. 1613년(광해군 5) 계
축화옥에 관련, 삭직되었다가 다시 기용되어, 1618년 동지겸진주사로 명
나라에 다녀왔다. 1623년 인조반정 때 장흥(長興)·아산 등지에 유배되었
다가, 1627년 정묘호란 때 기용되어 한성부좌윤 등을 지냈다. 1636년 병
자호란 때 인조를 남한산성까지 호종, 적진을 오가면서 화의교섭을 벌였
다. 환도 뒤 도승지가 되어 청나라와의 외교를 전담하였다. 한성부판윤·
형조판서를 거쳐, 우찬성으로서 주청사가 되어 청나라에 다녀왔다. 글씨
를 잘 썼으며, 문집에《장주집》이 있다.

이경석 李景奭, 1595~1671

본관 전주(全州), 자 상보(尙輔), 호 백헌(白軒), 시호 문충(文忠)이다. 정종
의 후예이며 김장생에게 배웠다. 1613년(광해군 5) 진사시, 1617년 문과에
급제하였으나 북인이 주도하는 인목대비 폐비론에 반대하다 취소되었다.
1623년 인조반정 후 알성문과에 급제하고 승문원에 들어갔다. 그 후 예
문관 검열·봉교 등으로 진출하여 핵심 관직을 두루 거쳤고, 1632년 가
선대부에 올라 재신(宰臣)에 들었다. 병자호란 끝에 인조가 척화신들을
배격하는 상황에서 도승지를 맡아 국왕을 모셨다. 이때 예문관제학을
겸하여 청나라의 승전을 기념하는 삼전도비의 비문을 썼다. 1637년 예
문관과 홍문관의 대제학을 겸하고 이조판서를 거쳐 1641년 이사(貳師)가
되어 청나라로 가서 소현세자를 보필하였다. 이때 평안도에 명나라의 배

가 왕래한 전말을 사실대로 밝히라는 청 황제의 명령을 어겼다 하여 청나라에 의해 등용이 금지되었다. 1644년(인조 22)에 이조판서를 거쳐 우의정·좌의정이 되었으며 이듬해 영의정에 올랐다. 1650년(효종 1) 조선의 반청정책이 알려져 청나라에서 파견된 조사관이 국왕과 백관을 협박하는 상황에서 영의정으로서 목숨을 걸고 책임을 전담하여 위기를 넘겼다. 국왕의 간청으로 처형은 면했으나 의주 백마산성에 감금되었다가 이듬해에 풀려났다. 1653년 이후 중추부영사에 올랐고, 기로소에 들어갔으며, 국왕의 특별한 존경과 신임의 표시인 궤장(几杖)을 하사받았다. 청나라의 침략으로 인한 위기에서 국가를 구하는 데 큰 공을 세웠으나, 송시열 등 명분을 앞세우는 인물들에 의해 삼전도 비문 작성과 같은 현실적인 자세가 비판받기도 했다. 이념과 정책은 숙종대의 소론으로 연결된다. 문집에 《백헌집》이 있으며 글씨에 능하였다. 남원의 방산서원(方山書院) 등에 제향되었다.

이경직 李景稷. 1577~1640

본관 전주(全州). 자 상고(尚古). 호 석문(石門). 시호 효민(孝敏). 정종의 후예로 중추부동지사 유간의 아들이며 영의정을 지낸 이경석의 형이다. 이항복과 김장생에게 배웠다. 1601년(선조 34)에 진사시와 생원시, 그리고 1605년 문과에 급제하여 승문원에 들어갔으며, 1606년(선조 39)에 여우길을 따라 일본에 사신으로 다녀왔다. 여러 관직을 두루 거쳐 1613년(광해군 5) 병조정랑으로 있을 때에 북인들이 일으킨 계축화옥로 축출되었다. 그 후 복직되어 평안도경차관 등을 맡고, 1617년에는 회답사로 일본에 다녀왔다. 1618년 북인들이 주장하는 인목대비 폐비론을 피해 고향으로 물러갔다. 1622년에는 가도에 주둔한 명나라 장수 모문룡을 상대하는 임무를 수행하였다. 인조반정 후 의주부윤 등을 거쳐 이괄의 난에는 전라병사로 군사를 모은 공으로 종2품에 올라 수원부사가 되었다. 경기도 관찰사·도승지 등을 역임하였고 병자호란 후에는 호조판서·도승지·강화유수를 지냈다. 정묘호란 때 접반사 활동한 것에 이어, 병자호란 때에도 초기에 최명길을 따라 청나라 군의 부대로 찾아가 진격을 늦춤으로써 국왕을 피신시키는 등 주로 청나라 장수를 상대하는 일을 맡았다. 폐모론 반대에 보이듯이 광해군대의 북인들과 대립하였지만 이이첨의 사돈으로 개인적인 관계가 없지 않았고, 인조대에는 공신 권세가 김류(金瑬)의 지지를 받은 탓에 일반 관인들의 깊은 신임은 받지 못하였다. 좌의정이 추증되었다.

이민구 李敏求, 1589~1670

본관 전주(全州). 자 자시(子時). 호 동주(東洲)·관해(觀海). 1609년(광해군 1) 진사가 되고 1612년 증광문과에 장원급제한 후 수찬·지평·선위사·응교 등을 지냈다. 1623년(인조 1) 사가독서한 후 이듬해 이괄의 난 때 장만의 종사관으로 난을 진압했다. 1626년 대사간을 거쳐 이듬해 정묘호란 때 병조참판으로 세자를 모시고 남으로 피난했다. 1636년 이조참판·동지경연사를 거쳐 병자호란 때 강도검찰부사가 되어 왕을 강화에 모시려 하였으나, 적군이 어가의 길을 막아 책임을 다하지 못했다. 후에 돌아와 경기우도 관찰사가 되었으나 강화 함락의 책임으로 아산에 귀양가고 1643년 영변에 이배된 후 1649년 풀려났다. 문장이 뛰어나고 특히 사부에 능했다. 저서에 《동주집(東洲集)》《독사수필(讀史隨筆)》《간언귀감(諫言龜鑑)》《당률광선(唐律廣選)》 등이 있다.

이서 李曙, 1580~1637

본관 전주(全州). 자 인숙(寅叔). 호 월봉(月峰). 시호 충정(忠正). 1603년(선조 36) 무과에 급제, 진도군수 등을 지냈다. 1618년(광해군 10) 인목대비의 폐모론에 반대, 중형을 받을 뻔하였으며 뒤에 장단 부사와 경기방어사를 겸직하였다. 1623년 인조반정 때 김류·이귀 등과 군사를 일으켜 광해군을 내쫓고 인조를 세워 정사공신 1등으로 완풍부원군에 봉해졌고, 호조판서·총융사·호위대장을 역임하였다. 1626년 수어사가 되어 남한산성을 수축하였고, 병자호란 때 남한산성에서 적군을 막다가 진중에서 병사하였다. 산수(算數)에 밝고 독서를 즐겼으며 효심도 지극하였다.

이성구 李聖求, 1584~1643

본관 전주(全州). 자 자이(子異). 호 분사(汾沙). 시호 정숙(貞肅). 1603년(선조 36) 진사를 거쳐 1609년 별시문과에 을과로 급제하고, 전적(典籍), 예조·병조·형조의 좌랑, 병조정랑 등을 역임하였다. 이어 교리가 되었을 때, 마침 부친 이수광은 대사헌, 아우 이민구는 홍문관에 있었으므로 한 집에서 3인이 삼사(三司)를 지내게 되었다. 이항복이 정협의 문제로 반대파의 모함을 받자 지평으로서 이들을 물리치고 이항복을 도왔다. 그후 영평판관으로 포천에 이항복의 사우(祠宇)를 세웠다가 대간의 탄핵으로 파직되었다. 1623년 인조반정 초에 사간에 발탁되고 대사헌을 거쳐 이조·형조·병조의 판서를 역임하였으며, 1636년(인조 14) 병자호란 때 왕을 남한산성으로 호종하고 세자가 볼모로 선양에 가게 되자 좌의정으로 이를 수행하였다. 그 후 한때 면직되었으나 이듬해 사은사로서 회은대군과 함께 선양에 가서, 명나라를 치는데 원군(援軍)을 보낼 수 없다는 조정의 방침을 전달하였다. 이듬해 돈령부영사로 사신이 되어 다시 청나라에 다녀와서 1641년 영의정에 오르기도 했다. 저서에 《분사집》이 있다.

이시방 李時昉, 1594~1660

본관 연안. 자 계명(季明). 시호 충정(忠靖). 호 서봉(西峯). 이귀 아들이며 영의정 시백의 동생이다. 인조반정을 주도한 아버지를 따라 유생으로 거사에 참여하여 정사공신 2등에 녹훈되고 연성군에 봉해졌다. 서산군수·공조참판 등 여러 관직을 역임하였으며 이괄의 난과 정묘호란 때에 군사와 군량을 모으는 데 공을 세웠다. 광주목사·나주목사·전라도관찰사 등에 임명되어 지방 행정을 수행하거나 남한산성방어사 등을 맡아 국방체계의 정비에 깊이 관여하였다. 1636년 병자호란 때 남한산성을 구원하지 않았다는 죄명으로 정산(定山)에 유배되었다가 1640년 풀려났다. 그 후 심기원의 옥사 때 연관되었다는 비판도 받았으나 공조와 형조의 판서로 승진하여 갔으며, 1649년 사은사로 청나라에 다녀왔다. 효종 즉위 후 재차 판서를 역임하다가 청나라에 빌붙어 나라를 배신한 김자점(金自點)과 가까웠다는 이유로 파직되었으나 현종 재위 시에 다시 공조판서를 지냈다. 반정공신 세력의 중심에 속하여 정치적 격동 속에 여러 번 위기를 맞았으나 일에 신중히 대처하고 군사·민생 등의 실무에 열중하면서 일반 사족들과 무리없는 관계를 유지하였다. 호조참판이나 공조판서로 있을 때는 대동법 시행을 강력히 주장하였다. 문집으로 《서봉일기》가 있다.

이시백 李時白, 1581~1660

본관 연안(延安). 자 돈시(敦時). 호 조암(釣巖). 시호 충익(忠翼). 우찬성까지 오른 이귀의 아들이며, 판서를 지낸 이시방의 형이다. 성혼과 김장생의 문인. 1623년 인조반정에 아버지와 함께 참여하여 정사공신(靖社功臣) 2등에 녹훈되었다. 그 후 양주목사·경주부윤 등의 지방관, 수원방어사·총융사 등의 주요 부대 사령관, 형조·공조·병조의 판서 등을 두루 역임하였다. 효종대에는 이조판서·좌참찬을 거쳐 영의정까지 올랐다. 자기를 크게 내세우지 않은 채 국가의 위기가 있을 때마다 공을 세웠다. 1623년 이괄이 난을 일으키자 안현 전투에 참가하여 반란군을 격파하였으며, 정묘호란 때에는 수원방어사로서 인조를 무사히 강화도로 대피시켰다. 병자호란으로 남한산성에서 농성할 때에도 주화론과 척화론의 갈등에 동요되지 않고 묵묵히 산성 방위의 책임을 다하여 인조의 신임을 받았다. 인조대에는 공신들과 일반 신하들(士類) 사이에 분란이 계속되었으나 공신의 중심 인물이면서도 사류들과 원만한 관계를 유지하였다. 병자호란 후에 수어사(守禦使)를 맡아 반청(反淸) 정책의 상징인 남한산성 재건 작업을 담당하고, 소현세자가 죽은 뒤 봉림대군을 세자로 세우려는 국왕 인조와 권신 김자점(金自點)에 반대하여 소현의 아들을 세자로 할 것을 사림들과 함께 주장한 것이 그 예들이다. 그리하여 가까운 사이인 반정공신 심기원과 김자점이 반역죄로 처형당할 때에 혐의를 피할 수 있었다. 장유·최명길·조익과 친하게 지냈으며, 최명길과 함께 병자호란에서의 패전 상황을 수습하고 대동법 실시 등을 통해 사회를 안정시키는 데 큰 공을 세웠다. 효종대에 연양부원군에 봉해졌다.

이의배 李義培, 1576~1636

본관 한산(韓山). 자 의백(宜伯). 시호 충장(忠壯). 1599년(선조 32) 문과에 급제하여 선전관·감찰을 역임한 후 1623년 인조반정에 참여한 공으로 정사공신에 책록되었고, 1630년(인조 8) 한천군에 봉해졌으며, 그 후 충청·전라·황해·함경 병마절도사 등을 지냈다. 1636년 병자호란 때 죽산에서 적군에 포위되어 혈전 끝에 전사하였다. 영의정이 추증되고 고향에 정문이 세워졌다.

이홍주 李弘胄, 1562~1638

본관 전주(全州). 자 백윤(伯胤). 호 이천(梨川). 시호 충정(忠貞). 1582년(선조 15) 진사가 되고, 1594년 별시문과에 급제, 사관(史官)이 되었으며, 1599년 예조의 좌랑·정랑을 거쳐 1612년(광해군 4) 의주부윤을 지냈다. 1618년 전라도관찰사·형조참의를 역임하고 가자(加資)된 후 이듬해 사은사로 명나라에 다녀왔으며, 재차 진주사가 되었으나 사직하였다. 1620년 병조참판이 되고 의금부지사·도승지를 거쳐 1624년(인조 2) 이괄의 난 때 팔도도원수가 되어 토벌의 공을 세웠다. 1626년 우참찬으로 경연지사를 겸하고, 이듬해 호태감접반사·대사헌·전주부윤·도승지를 거쳐 1629년 병조·예조판서를 역임하였다. 1632년 인목대비 사후에 춘추관지사로 국장도감 (國葬都監) 서사관이 되고, 이듬해 병조판서를 지냈으며 의금부판사를 거쳐 1636년 우의정에 올랐다. 같은 해 병자호란이 일어나자 화의를 교섭했으나 항복에는 반대하였다. 중추부영사를 거쳐 영의정에 이르렀다.

인조 仁祖, 1595~1649

경기도 파주시 탄현면 갈현리. 사적 제203호. 조선 제16대 인조(仁祖)와 비 인열왕후(仁烈王后) 한씨의 능. 자 화백(和伯). 호 송창(松窓). 휘 종(倧). 선조의 손자이고 아버지는 정원군, 어머니는 인헌왕후이다. 비는 한준겸의 딸 인열왕후), 계비는 조창원의 딸 장렬왕후이다. 1607년(선조 40) 능양도정에 봉해졌다가 후에 능양군으로 진봉되었다. 1623년 김류, 김자점, 이귀, 이괄 등 서인의 반정으로 왕위에 올랐다. 1624년 이괄이 반란을 일으켜 서울을 점령하자 일시 공주로 피난하였다가 도원수 장만이 이를 격파한 뒤 환도하였다. 광해군 때의 중립정책을 지양하고 반금친명 정책을 썼으므로, 1627년 후금의 침입을 받게 되자 형제의 의를 맺었는데, 이것을 정묘호란이라 한다. 정묘호란 이후에도 조정이 은연중 친명적 태도를 취하게 되자, 1636년 국호를 청(淸)으로 고친 태종이 이를 이유로 10만 대군으로 침입하자 남한산성(南漢山城)에서 항전하다가 패하여 청군(淸軍)에 항복, 군신(君臣)의 의를 맺고 소현세자와 봉림대군이 볼모로 잡혀가는 치욕을 당하였는데, 이것을 병자호란이라고 한다. 임진왜란 이후 여러 차례의 내란·외침으로 국가의 기강과 경제상태가 악화되었는데도 집권당인 서인은 공서(功西)·청서(淸西)로 분열되어 싸웠고, 김자점이 척신으로 집권하여 횡포를 일삼았다. 이이, 이원익이 주장한 대동법을 실시했으며, 여진족과의 관계를 고려하여 국경지대인 중강(中江)·회령(會寧)·경흥(慶興) 등지에 개시(開市)하여 그들과의 민간무역을 공인하였다. 1628년 벨테브레이(Weltevree:朴淵) 등의 표착으로 서양 사정을 알게 되었고, 또 정두원과 소현세자를 통하여 서양의 문물에 접하게 되었다. 1634년 토지조사를 실시하여 토지제도를 시정하였으며, 연등9분의 법을 정비하여 세제를 합리화하였다. 1645년 볼모생활에서 들어온 소현세자가 죽자 조정은 세자 책봉문제로 시끄러웠으며, 봉림대군을 세자로 책봉한 뒤 소현세자빈 강씨를 사사하는 비극이 일어났다. 그러나 이와 같은 난국 속에서도 군제(軍制)를 정비하여 총융청, 수어청 등을 신설하였으며, 북변(北邊) 방위와 연해 방위를 위하여 여러 곳에 진을 신설하였다. 한편 능은 교하의 장릉이다.

임경업 林慶業, 1594~1646

본관 평택(平澤). 자 영백(英伯). 호 고송(孤松). 시호 충민(忠愍). 충주(忠州) 출생. 철저한 친명배청파 무장이다. 1618년(광해군 10) 무과에 급제, 1622년 중추부첨지사를 거쳐 1624년(인조 2) 정충신 휘하에서 이괄 난을 평정하는 데 공을 세워 진무원종공신 1등이 되었다. 1627년 정묘호란 때 좌영장(左營將)으로 강화에 갔으나 화의가 성립된 후였다. 1630년 평양중군으로 검산성과 용골성을 수축하는 한편 가도(椵島)에 주둔한 명나라 도독 유흥치의 군사를 감시, 그 준동을 막았다. 1633년 청북방어사 겸 영변부사로 백마산성과 의주성을 수축했으며, 공유덕등 명나라의 반도(叛徒)를 토벌, 명나라로부터 총병 벼슬을 받았다. 1634년 의주부윤으로 청북방어사를 겸임할 때 포로를 석방했다는 모함을 받고 파직되었다가 1636년 무혐의로 복직되었다. 같은 해 병자호란이 일어나자 백마산성에서 청나라 군대의 진로를 차단하고 원병을 청했으나 김자점의 방해로 결국 남한산성까지 포위되었다. 그 후 청나라가 명나라 군대를 치기 위해 병력을 요청하자 수군장으로 참전했으나 명나라와 내통, 피해를 줄이게 했다. 1640년 안주목사때 청나라의 요청에 따라 주사상장으로 명나라를 공격하기 위해 출병, 다시 명군과 내통하여 청군에 대항하려다가 이 사실이 탐지되어 체포되었으나 금교역에서 탈출했다. 1643년 명나라에 망명, 명군의 총병이 되어 청나라를 공격하다가 포로가 되었다. 이 때 국내에서 좌의정 심기원의 모반에 연루설이 나돌아 1646년 인조의 요청으로 청나라에서 송환되어 친국을 받다가 김자점의 밀명을 받은 형리에게 장살(杖殺)되었다.

장유 張維, 1587~1638

본관 덕수(德水). 자 지국(持國). 호 계곡(谿谷). 시호 문충(文忠). 판서 운익의 아들, 우의정 김상용의 사위이며, 효종비 인선왕후의 아버지이다. 김장생의 문인으로 1605년(선조 38) 사마시를 거쳐 1609년(광해군 1) 문과에 급제하였다. 예문관·승문원 등에서 관직생활을 하였으나 북인(北人)들의 권력독점 과정에서 김직재의 옥사 때 축출당했다. 1623년 인조반정에 가담하여 2등공신에 녹훈되었다. 맑고 화려한 관직을 두루 역임하였으며, 1636년 병자호란 때는 공조판서로 남한산성에 임금을 호종하였다. 이듬해 정국을 주도하던 최명길에 의해 우의정에 임명되었으나 끝내 사퇴하였다. 성격이 곧아 인조반정에 참여하고서도 모시던 국왕을 쫓아낸 일을 부끄러워하였으며, 공신 김류(金)의 전횡을 비판하고 소장 관인들을 보호하다 나주목사로 좌천되기도 하였다. 병자호란 때는 최명길과 더불어 화의를 주도하여 현실에 책임을 졌다. 양명학을 익혀 기일원론(氣一元論)을 취하였으며, 수양의 방법으로 성리학의 거경이 아니라 정을 내세웠다. 문장이 뛰어나 조선 중기의 사대가로 꼽혔을 뿐만 아니라 철학적 규범에 대한 문학의 독자성과 순수성을 옹호하는 경향을 보였다.

정명수 鄭命壽, ?~1653

조선 중기 매국노. 청나라 말을 배우고 조선의 사정을 밀고하여 청나라 황제의 신임을 얻었다. 병자호란 때는 용골대·마부대 등 청나라 장수의 역관으로 들어와 동포를 괴롭히고 매국행위를 일삼았다. 일명 명수(命守). 평안도 은산(殷山)에서 관노의 아들로 태어났다. 1619년(광해군 11) 강홍립의 군대를 따라 청나라에 갔다가 포로가 되었는데, 청나라 말을 배우고 조선의 사정을 밀고하여 청나라 황제의 신임을 얻었다. 1636년(인조 14) 병자호란 때는 용골대·마부대 등 청나라 장수의 역관으로 들어와 동포를 괴롭히고 매국행위를 일삼았다. 조정에서는 뇌물을 주고 그의 친척들에게도 벼슬을 주었으나, 선양에서 강효원·정뇌경을 죽게 했다.

정온 鄭蘊, 1569~1641

본관 초계(草溪). 자 휘원(輝遠). 호 동계(桐溪)·고고자(鼓鼓子). 시호 문간(文簡). 1610년(광해군 2) 진사로서 문과에 급제하여 설서(說書)·사서·정언 등을 역임하고, 1614년 부사직으로 영창대군의 처형이 부당함을 상소, 가해자인 강화부사 정항의 참수를 주장하다가 제주도 대정에서 10년간 유배생활을 하였다. 그 동안《덕변록(德辨錄)》과《망북두시(望北斗詩)》《망백운가(望白雲歌)》를 지어 애군우국(愛君憂國)의 뜻을 토로하였고, 1623년 인조반정으로 석방, 헌납에 등용되었다. 이어 사간·이조참의·대사간·경상도관찰사·부제학 등을 역임하고, 1636년(인조 14) 병자호란 때 이조참판으로서 김상헌과 함께 척화를 주장했으며 자실을 시도하기도 했다. 화의가 이루어지자 사직하고 덕유산에 들어가 은거하다가 5년 만에 죽었다. 영의정에 추증되었고, 문집에《동계문집(桐溪文集)》이 있다.

채유후 蔡裕後, 1599~1660

본관 평강(平康). 자 백창(伯昌). 호 호주(湖洲). 시호 문혜(文惠). 17세에 생원, 1623년(인조 1) 개시문과에 장원, 사가독서를 하고, 1636년 병자호란 때 집의로서 왕을 호종, 김류(金) 등의 강화 천도 주장을 반대, 주화론(主和論) 편에 섰다. 1641년 광해군이 제주에서 죽자 호상을 맡아보았다. 효종이 즉위한 뒤 대제학으로서《인조실록》《선조개수실록》 편찬에 참여, 좌부빈객을 거쳐 1660년(현종 1) 이조판서를 지냈다. 작품으로는 시조 2수가 있고, 문집《호주집》이 전한다.

청태종 太宗, 1592~1643

이름 홍타이지 시호 문황제(文皇帝). 태조 누르하치의 여덟째 아들. 4대왕의 한 사람인 두이치 베이레라 불렸다. 너그럽고 어질며 도량이 커서 중망을 얻고 있었으므로, 1626년 태조가 죽자 후금국의 칸[汗]으로 즉위하고 이듬해 천총(天聰)이라 개원(改元)하였다. 즉위 당시에는 명(明)나라와 교전상태에 있었으므로 국사다난하였으나, 만주인과 한인 관계 등 국내의 융화를 꾀한 뒤 외정에 나섰다. 1635년 내몽골을 평정하여 대원전국의 옥새를 얻은 것을 계기로 국호를 대청이라 고치고, 숭덕(崇德)이라 개원하였다. 1637년에는 명나라를 숭상하고 청나라에 복종하지 않는 조선을 침공하였으며, 중국 본토에도 종종 침입하였으나, 중국 진출의 꿈을 이루지 못한 채 죽었다. 그는 문관·육부(六部)의 설치 등 조직정비에 힘썼고, 청나라의 기초 확립에 공적이 컸다. 선양북릉에 묻혔다.

홍명구 洪命耉, 1596~1637

본관 남양(南陽). 자 원로(元老). 호 나재(懶齋). 시호 충렬(忠烈). 1619년(광해군 11) 알성문과에 장원하였으나, 대북파의 횡포로 은거하다가 1623년(인조 1) 인조반정 후에 등용되어 1625년 부수찬이 되었다. 1627년 직강·교리·이조좌랑·좌부승지 등을 지내고, 1633년 우승지, 1635년 대사간·부제학을 거쳐 이듬해 평안도관찰사가 되고, 이 해에 병자호란이 일어나자 군사 2,000명을 거느리고 남하, 김화에 이르러 적군을 만나 수백 명을 살상하고 전사하였다. 이조판서에 추증되고 정문이 세워졌다.

홍서봉 洪瑞鳳, 1572~1645

본관 남양(南陽). 자 휘세(輝世). 호 학곡(鶴谷). 시호 문정(文靖). 1590년(선조 23) 사마시에 합격, 2년 후 별시문과에 병과로 급제, 이조좌랑·교리 등을 역임, 1608년 사가독서를 하고 이듬해 문과 중시에 갑과로 급제하였다. 1612년 김직재의 무옥에 장인 황혁이 화를 입자 이를 변호하다 파직당하고, 1623년 인조반정에 가담하여 병조참의가 되었으며, 정사공신에 책록, 익녕군에 봉해졌다. 1628년 유효립의 모반음모를 고변하여 영사 공신이 되고 의금부지사에 올랐다. 1633년 예조판서가 되고 1635년 대제학을 겸임하였으며, 이듬해 우의정을 거쳐 좌의정으로 세자 사부를 겸하였다. 이 해 병자호란이 일어나자 최명길과 함께 화의를 주장하였다. 1639년 부원군이 되고, 이듬해 영의정에 올랐다가 1644년 좌의정에 전직되었고, 이듬해 소현세자가 급사하자 봉림대군의 세자책봉을 반대하고 세손으로 적통을 잇도록 주장하였으나 용납되지 않았다. 문장과 시에 능했으며, 저서에 《학곡집(鶴谷集)》이 있고, 시조 1수가 《청구영언》에 전한다.

홍익한 洪翼漢, 1586~1637

본관 남양(南陽). 자 백승(伯升). 호 화포(花浦). 초명 습. 시호 충정(忠正). 1624년(인조 2) 공주행재정시문과에 장원, 사서(司書)를 거쳐 장령이 되었다. 1636년 청나라가 속국시하는 모욕적 조건을 내세워 사신을 보내왔을 때 사신을 죽임으로써 설욕하자고 주장하였다. 병자호란이 일어나자 척화론을 폈으나, 남한산성에서 왕이 화의하니 오달제·윤집과 함께 선양에 잡혀가 끝내 굽히지 않고 죽음을 당해 적들이 감탄하여 '삼한삼두(三韓三斗)'의 비(碑)를 세웠다. 영의정에 추증되었으며, 광주(廣州)의 현절사에 배향되었다. 저서에 《화포집》《북행록(北行錄)》《서정록(西征錄)》 등이 있다.

병자호란 47일의 굴욕

1쇄 발행 2013년 12월 17일
3쇄 발행 2017년 4월 7일

지은이 윤용철
펴낸곳 도서출판 말글빛냄
펴낸이 한정희
마케팅 최윤석 **디자인** 조연경
주소 경기도 파주시 회동길 445-1 경인빌딩 B동 4층
전화 02-325-5051 **팩스** 02-325-5771 **홈페이지** www.wordsbook.co.kr
등록 2004년 3월 12일 제313-2004-000062호
ISBN 978-89-92114-89-9 03910
가격 15,000원